高等职业教育核心素养系列教材

学前教育学

主　编　赵　朵
副主编　杨　兰
参　编　陈北辰　刘　欢　乔园锋
　　　　李　路　彭　瑜　常慧娟
　　　　蒋奇奇　刘　刘　沈玉叶
　　　　朱慧慧

北京理工大学出版社
BEIJING INSTITUTE OF TECHNOLOGY PRESS

版权专有　侵权必究

图书在版编目（CIP）数据

学前教育学／赵朵主编. --北京：北京理工大学出版社，2021.9（2021.10 重印）

ISBN 978-7-5763-0336-0

Ⅰ.①学… Ⅱ.①赵… Ⅲ.①学前教育-教育理论 Ⅳ.①G610

中国版本图书馆 CIP 数据核字（2021）第 184880 号

出版发行　／北京理工大学出版社有限责任公司
社　　址　／北京市海淀区中关村南大街 5 号
邮　　编　／100081
电　　话　／（010）68914775（总编室）
　　　　　　（010）82562903（教材售后服务热线）
　　　　　　（010）68944723（其他图书服务热线）
网　　址　／http：//www.bitpress.com.cn
经　　销　／全国各地新华书店
印　　刷　／唐山富达印务有限公司
开　　本　／787 毫米×1092 毫米　1/16
印　　张　／12　　　　　　　　　　　　　　　　　责任编辑／徐艳君
字　　数　／283 千字　　　　　　　　　　　　　　　文案编辑／徐艳君
版　　次　／2021 年 9 月第 1 版　2021 年 10 月第 2 次印刷　责任校对／周瑞红
定　　价　／36.00 元　　　　　　　　　　　　　　　责任印制／施胜娟

图书出现印装质量问题，请拨打售后服务热线，本社负责调换

编写委员会

主　任：史宝凤
副主任：张　琦　徐宏俊　姚月霞
顾　问：刘晓林
委　员：（按照姓氏笔画排序）
　　　　王克林　王海舟　纪忠杰　刘　芳　祁丛林
　　　　孙洪泉　孙丽丽　孙淑萍　仲菊芳　陈偶娣
　　　　宋应杰　吴海华　张　盛　张立图　罗　纯
　　　　季国华　屈赛英　赵　朵　夏　勤　徐意雯
　　　　曹加文　梁文亮　程显毅　薛胜军　戴国梅

总 序

教材亦即课本,是根据教学大纲和实际需要,为师生教学应用而编选的材料,有教科书、讲义、讲授提纲等不同形式。这种依据课程标准编制的、系统反映学科内容的教学用书,是课程标准的具体化,是体现国家意志,是解决为谁培养人、培养什么人、怎样培养人这一根本问题的载体。新时代的教材不仅要始终坚持正确的政治方向和价值导向,而且要紧扣学校人才培养目标,以学生为本,注重学生的兴趣、能力和社会的需要,按照有关科学知识的内在逻辑顺序组织教材,依法依规推进教材建设。这不仅是新时代的需要,也是党的教育方针的要求,亦是硅湖职业技术学院推进"立德树人、产学一体,培养具有创新创业精神和能力的高素质技术技能人才"的"一体两翼"发展战略。

"一体两翼"人才培养模式改革,旨在培养产教融合创新创业人才,并在全院推行完全学分制的教学改革的基础上,形成了"烙印课""平台课""校企合作课""创新创业课""课程思政示范课"五位一体的硅湖特色课程体系;把知识点重组后的教学内容通过教材的形式固化,将"人工智能""创新创业"等学科前沿理念贯穿于高等职业教育系列教材。这不仅是学校的教学改革成果,更是学校响应国务院《国家职业教育深化改革实施方案》("职教 20 条")中强调"校企双元"合作开发教材的要求,从而全面贯彻教育部《职业院校教材管理办法》(教材〔2019〕3 号)相关规定,达到由院内自编教材为起点,分阶段逐步打造具有"活页式+资源库"特色的新型正式出版教材的终极目的。基于此,学院计划自 2020 年起,用 3~5 年的时间着力打造一批产教深度融合、校企共同开发、具有"硅湖"特色的校级系列规划教材。

我们希望该系列教材既要结合区域专业职业岗位要求,符合地区行业发展,又要结合使用人群学习能力实际情况;内容要科学、合理,既要符合学生认知规律,也要符合行业操作规范,还要适合实际岗位需求,更要适应社会发展行业更替的需要。

硅湖职业技术学院教材编写委员会
二〇二一年七月五日

前 言

本书从13个模块对学前教育学进行了知识体系的梳理，介绍了学前教育概述、学前儿童发展、儿童观、学前教育目标、幼儿园课程、学前教育活动、学前儿童游戏概述、幼儿园游戏指导、幼儿教师、幼儿园班级管理、幼儿班级生活的年龄特点与指导、幼儿园与家庭、社区和小学、幼儿园教育评价，从内容上满足了学前教育学专业的教学要求。

模块内的内容设计符合读者的认知规律。每个模块以知识框架和情境导入这种生动形象的方式引导读者进入阅读情境，使读者更加容易接受；接着根据情境导入的问题和知识框架引出知识内容，同时在内容中穿插相应的思考题和幼儿教师资格证笔试考试真题，还可以扫描二维码获取知识拓展内容；模块的最后进行巩固练习，帮助读者巩固所获取的知识。

本书的读者对象为高职高专婴幼儿托育服务与管理、学前教育等专业在读学生，及从事相关专业教学的一线教师、科研工作人员、准备参加幼儿教师资格证的考试人员等。

准备使用本书的课程已经立项了2021年硅湖职业技术学院校级课程思政项目。本书每个模块的教学目标被分解为知识目标、技能目标和素质目标，在专业课程中融入课程思政目标，并通过情境导入、思考与总结、思政之窗等形式，将马克思主义理论教育、社会主义核心价值观教育、道德修养教育等思政元素融入其中，实现课程思政教育与专业知识技能教育的有机统一，坚持立德树人这一根本任务，贯彻落实课程思政育人目标。

由于作者水平有限，书中难免有不足之处，请读者将阅读中发现的问题发送到E-mail：shiwu_zhao_cn@163.com，作者不胜感谢。

编 者

目　　录

模块一　学前教育概述 ··· 1

　　一、学前教育的含义 ··· 2
　　二、学前教育的意义 ··· 3
　　三、学前教育的原则 ··· 3
　　四、学前教育的产生与发展 ··· 7
　　五、学前教育与社会发展 ··· 14

模块二　学前儿童发展 ··· 17

　　一、学前儿童发展的含义 ··· 18
　　二、学前儿童发展的特点 ··· 18
　　三、学前儿童发展理论 ·· 20
　　四、影响学前儿童发展的因素 ······································ 28

模块三　儿童观 ·· 32

　　一、儿童观的内涵 ··· 33
　　二、西方儿童观的演变历史 ·· 33
　　三、中国文化中儿童观的演变历史 ······························· 34
　　四、"育人为本"的儿童观 ··· 34

模块四　学前教育目标 ··· 38

　　一、教育目的概述 ··· 39
　　二、学前教育目标的基本内容 ······································ 40
　　三、我国学前教育的目标 ··· 41
　　四、我国学前教育目标的特点 ······································ 42

模块五　幼儿园课程 ··· 44

　　一、幼儿园课程概述 ·· 45
　　二、幼儿园课程的目标和内容 ······································ 46

三、幼儿园课程的实施 ·· 48
　　四、幼儿园课程的评价 ·· 50
　　五、国外幼儿园课程典型模式 ·· 52

模块六　学前教育活动 ··· 59
　　一、学前教育活动概述 ·· 60
　　二、学前教育活动设计 ·· 63

模块七　学前儿童游戏概述 ·· 71
　　一、游戏的界定 ··· 72
　　二、游戏的特征 ··· 72
　　三、游戏的分类 ··· 74
　　四、游戏的功能 ··· 78

模块八　幼儿园游戏指导 ·· 84
　　一、角色游戏 ·· 85
　　二、表演游戏 ·· 89
　　三、结构游戏 ·· 92
　　四、智力游戏 ·· 96
　　五、音乐游戏 ·· 98
　　六、体育游戏 ·· 100

模块九　幼儿教师 ·· 105
　　一、职业理解与职业资格 ··· 106
　　二、幼儿教师应具备的素质 ·· 106
　　三、教师在幼儿发展中的角色 ··· 110
　　四、幼儿教师必备的技能和能力 ·· 113
　　五、幼儿教师的专业化 ·· 118

模块十　幼儿园班级管理 ··· 123
　　一、幼儿园班级管理的组织 ·· 124
　　二、幼儿行为辅导 ·· 127

模块十一　幼儿园班级生活的年龄特点与指导 ··· 131
　　一、对 2 岁左右幼儿的生活管理 ·· 132
　　二、对 3~4 岁幼儿的生活管理 ··· 134

三、对 4~5 岁幼儿的生活管理 ……………………………………… 136
四、对 5~6 岁幼儿的生活管理 ……………………………………… 137

模块十二　幼儿园与家庭、社区和小学 …………………………… 140
一、幼儿园与家庭的合作共育 ……………………………………… 141
二、幼儿园与小学的衔接 …………………………………………… 147
三、幼儿园与社区的合作 …………………………………………… 151

模块十三　幼儿园教育评价 …………………………………………… 153
一、幼儿园教育评价概述 …………………………………………… 154
二、幼儿园教育评价的主要内容与方法 …………………………… 160

参考文献 ……………………………………………………………… 172
附录 …………………………………………………………………… 174

模块一

学前教育概述

教学目标

1. 知识目标：重点掌握学前教育的含义，学前教育的特殊原则以及学前教育各发展阶段中教育家的教育思想。
2. 技能目标：能够合理运用所学知识分析并判断常见的学前教育现象和问题。
3. 素质目标：养成自我反思学习、独立思考、互助合作的良好习惯。

知识框架

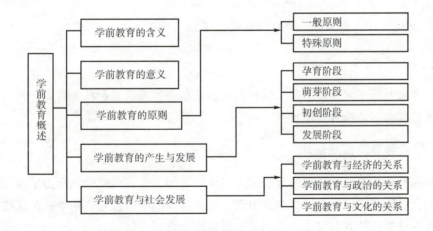

情境导入

中班馨馨的左手臂先天发育不良，协调能力和运动能力都低于其他幼儿。虽然馨馨很喜欢唱歌跳舞，但每当要登台表演她都会默默地退出。幼儿园一年一度的艺术节就要开幕，王老师特意编排动作与队形相对简单的舞蹈"蓝精灵"鼓励馨馨加入。排练中，连续几个八拍跳下来，馨馨手忙脚乱，王老师放慢速度，并降低动作要求，可馨馨动作仍然不到位。馨馨有些焦急，王老师安慰她："不要急，你已经跳得很好了，老师陪你慢慢跳。"馨馨点点头,跳得更认真了。可有几个孩子却抱怨:"老师,馨馨总是撞到我。""老师,馨馨跳得太慢了。"旁边的李老师也说:"安排馨馨去大合唱不是更简单吗?"王老师摇摇头说:"馨馨比任何孩子都更在乎跳舞,我一定要帮她做到。"王老师随后对孩子们说:"你们知道吗?蓝精灵正是因为善良、勇敢,又相互关心,才最终打败格格巫。我们要像蓝精灵一样互帮互助,才能跳好舞蹈。"艺术节如期举行,馨馨和小伙伴们在舞台上成功表演了"蓝精灵",获得大家热烈的掌声。

请从教育观的角度,评析王老师的教育行为。

一、学前教育的含义

下面主要介绍学前教育的定义,以及学前教育的几种机构形式。

微课:学前教育学的含义

(一) 学前教育的理论概念

学前教育的概念可以从狭义与广义两个角度界定。

广义的学前教育:凡是能够影响学前儿童身体成长和认知、情感、性格等方面的有目的的活动。

狭义的学前教育:主要是指幼儿园和其他专门开设的幼儿教育机构的教育。

我国颁布的《幼儿园工作规程》明确指出:"幼儿园是对3周岁以上的学龄前幼儿实施保育和教育的机构,是基础教育的有机组成部分,是学校教育制度的基础阶段。"

【思考】

1. 家长教幼儿学习穿衣、刷牙等生活技能,属于广义的学前教育吗?
2. 社会上的节日庆典活动,帮助幼儿认识了解当地的社会文化风俗,属于广义的学前教育吗?

【总结】

广义的学前教育不仅仅是指幼儿园的教育,还包含家庭教育和社会教育。因此,平时所说的幼儿园教育,只是狭义的学前教育。

(二) 学前教育的实践形式

随着学前教育的普及化,我国政府大力兴建幼儿园,并积极鼓励社会力量参与学前教育事业。因此,除幼儿园以外,社会上还出现了越来越多的学前教育机构形式,这些不同的机构形式,对学前教育的兴起与发展起到了不可或缺的作用。例如:

①托儿所(0~3岁);
②幼儿园(3~6岁,分小班、中班、大班);
③托幼一体化／日托中心;
④学前班(半年到一年);
⑤早教中心;
⑥儿童之家(蒙台梭利)。

二、学前教育的意义

学前教育对儿童、家庭、社会都有重要的意义和积极作用。

（一）学前教育对儿童个体发展的意义

学前教育对个体发展的意义是指学前教育可以促进学前儿童身体、认知、社会性和情感等方面健康全面和谐地发展。学前期是人生发展的重要时期，这一时期的环境和教育质量直接影响儿童今后的发展，主要表现在以下4个方面：

①促进生长发育，提高身体素质；
②开发大脑潜力，促进智力发展；
③发展个性，促进人格的健康发展；
④培育美感，促进想象力、创造力的发展。

【思考】

请和你周围的同学讨论并举例说明，幼儿园开展的哪些教育活动分别促进了儿童以上4个方面的发展。

（二）学前教育对家庭和社会发展的价值

学前教育不仅对儿童个体的身心发展有着重要的作用，对家庭的幸福、教育事业的发展以及社会的稳定与进步也有重要的作用。

1. 学前教育对于家庭的价值

儿童能否健康成长和发展越来越成为决定家庭幸福、影响家庭生活质量的关键性因素。家庭是社会的基本单元，每个儿童背后都是一个或几个家庭，学前教育质量的高低直接关系着家长能否放心工作和安心学习。

2. 学前教育对于社会发展的价值

学前教育是我国教育体系中的重要组成部分，是我国基础教育的开端，直接影响着我国教育事业发展的规模与质量，同时也可有效提高义务教育的质量与效益。

【思考】

请和你周围的同学讨论并举例说明，学前教育对家庭有什么作用和价值，对社会又有什么作用和价值。

微课：学前教育的原则

三、学前教育的原则

（一）教育的一般原则

1. 尊重儿童的人格尊严和合法权益原则

作为学前教育对象的儿童首先是一个人，他们也享有人的尊严和权利。首先要尊重儿童的人格尊严，即尊重儿童的思想感情、兴趣、爱好、要求、愿望、自尊心等；其次要尊重儿童的合法权益,即生存权、受教育权、受抚养权、发展权、游戏权等。

【思考】

洋洋是大班出名的"捣蛋鬼",老师经常惩罚他,命令他不许说话,还用胶带粘住洋洋的嘴巴,平时活动和游戏时,也让他自己待在角落里,不许打扰别的小朋友。

1. 你认为老师的做法对吗?
2. 老师应该怎么做是合理的?

2. 发展适宜性原则

学前教育的出发点和最后归宿都是促进儿童身心和谐发展,促进每一个儿童在现有的水平基础上获得最大限度的发展。按照维果斯基的理论找准每一个儿童的"最近发展区"(如图1-1所示),使每个儿童通过教学活动都能在原有的基础上有所提高。教师在选择教学内容、手段和方法时既要符合儿童现有的发展水平,又要满足儿童"跳一跳能够达到的水平"。

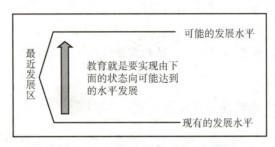

图1-1 "最近发展区"理论示意图

3. 目标性原则

学前教育活动的全部过程都必须紧紧围绕所设定的教育目标进行,教师在安排和实施教育活动时不能任由自己的主观心情和爱好决定活动的内容、时间和次序,要注意把握目标的层次性和生成性。教育目标分为学前教育总目标、各年龄班目标、具体教育活动目标,三个层次的教育目标相互制约,共同控制教育活动的全过程。教师在组织教育活动时应针对儿童的身心发展特点以及环境因素,及时调整目标或生成新的教育目标。

4. 主体性原则

儿童是学习的主体,发挥主体性原则,首先要尊重儿童人格、尊重儿童的需要、激发儿童的主动性。教师在教育活动过程中要根据儿童学习的实际情况不断调整教育策略,适时给予支持,充分调动儿童参与活动的积极性。其次,发挥主体性原则还要求教师准确把握儿童的发展特点和现状。

5. 科学性、思想性原则

学前教育必须保证科学性和思想性,具体体现在:学前教育内容安排健康、合理,对儿童有积极向上的引导作用;教育活动设计和实施从实际出发,科学、正确,注意各活动间的联系,灵活使用多种教学方法,科学组织儿童在幼儿园的一日活动。

6. 整合性原则

学前教育的整合性原则主要体现在三个方面:首先是教育目的的整合,要求教师将认知、情感、动作技能三个维度融入目标；其次是教育内容的整合，要求教师尽可能将幼儿园五大领域（健康、社会、语言、科学、艺术）的活动通过合理编排和资源整合融入幼儿园课程设计里；最后是教育手段的整合，要求教师能够在教学过程中，综合运用讲授法、游戏法、体验法等教育方法。

（二）学前教育的特殊原则

1. 保教结合的原则

保教结合是一个整体概念，"保"和"教"是学前教育整体的不同方面，对儿童同时产生影响。"保"指"保育"，即保护儿童的健康，包括身体、心理和社会；"教"是指"教育"，即促进儿童的发展，比如促进认知、情感、社会性等方面的发展。

【思考】

请举例说明幼儿园哪些活动属于保育活动，哪些属于教育活动。

2. 以游戏为基本活动的原则

《幼儿园工作规程》已明确规定了"游戏"在幼儿园教育中的地位，将"以游戏为基本活动，寓教育于各项活动中"专门作为幼儿园教育的一条指导原则，指出"游戏是对幼儿进行全面发展的重要形式"。因此，我们应把游戏作为主要的活动形式，渗透在儿童的一日生活中。

【思考】

游戏可以促进儿童哪些方面的发展？

3. 教育的活动性和直观性原则

学前儿童思维的具体形象性的特点，决定了他们必须通过活动去接触各种事物和现象，与人交往，实际操作物体，才能逐步积累经验，获得真知。离开了活动，就没有儿童的发展。学期教育机构的教育，不能只让儿童静坐着看和听，而应该尽各种办法，引导儿童主动活动。因为，对儿童来说，只有在活动中的学习，才是有意义的学习，才是理解性的学习。

【思考】

幼儿园的孩子如何学习加减法？（如图1-2所示）

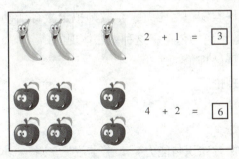

图1-2 幼儿园数学教学资料示例

4. 生活化和一日生活整体性原则

生活化是幼儿园教育的重要特点。这是由于儿童阶段的学习特点是"经验的积累"，只有在获得丰富的感性经验的基础上，儿童才能理解事物，而这些感性的经验主要来源于儿周围的生活,不可能全部由教师通过教学进行传授。所以儿童必须要在生活中学习,在交往中学习。儿童的一日生活,都是其获得各种经验的有效途径。所以,幼儿园的课程具有浓厚的生活化特征,课程的内容来自儿童的生活,课程的实施也贯穿于儿童的生活。

【思考】

哪些能力和知识是儿童在生活中学习到的?

【资料卡】

《3~6岁儿童学习与发展指南》教育原则

1. 遵循幼儿的发展规律和学习特点。珍视幼儿生活和游戏的独特价值,充分尊重和保护其好奇心和学习兴趣,创设丰富的教育环境,合理安排一日生活,最大限度地支持和满足幼儿通过直接感知、实际操作和亲身体验获取经验的需要,严禁"揠苗助长"式的超前教育和强化训练。

2. 关注幼儿身心全面和谐发展。要注重学习与发展各领域之间的相互渗透和整合,从不同角度促进幼儿全面协调发展,而不要片面追求某一方面或几方面的发展。

3. 尊重幼儿发展的个体差异。既要准确把握幼儿发展的阶段性特征,又要充分尊重幼儿发展连续性进程上的个别差异,支持和引导每个幼儿从原有水平向更高水平发展,按照自身的速度和方式到达《3~6岁儿童学习与发展指南》呈现的发展"阶梯",切忌用一把"尺子"衡量所有幼儿。

【思考】

以上内容体现了所学的哪些教育原则?

 真题链接

1. (2018年下半年《保教知识与能力》)教师在重阳节组织幼儿到敬老院探访老人,这反映幼儿园教育的什么原则?(　　)

    A. 兴趣性　　　　B. 时代性　　　　C. 生活性　　　　D. 发展性

2. (2016年上半年《保教知识与能力》)教师拟定教育活动目标时,以幼儿现有发展水平与可以达到水平之间的距离为依据,这种做法体现的是(　　)。

    A. 维果斯基的最近发展区理论

    B. 班杜拉的观察学习理论

    C. 皮亚杰的认知发展理论

    D. 布鲁纳的发展教学法

3. (2019年上半年《保教知识与能力》)芳芳在数积木,老师问她有几块三角形,芳芳点数:"1,2,3,4,5,6,6个三角形。"老师又给她2个,问她现在有几块三角形,芳芳边点数边说:"1,2,3,4,5,6,7,8,我有8块啦!"就数学领域而言,下面哪条最贴近芳芳的最近发展区?(　　)

    A. 认识和命名更多的几何图形

B. 默数、接着数等计算能力
C. 以一一对应的方式数10个以内的物体，并说出总数
D. 通过实物操作进行10以内加、减法的运算能力

四、学前教育的产生与发展

（一）孕育阶段

学前教育学最早起源于古代智者对学前儿童教育与养育问题的思考，即最初的学前教育思想。

1. 西方的早期儿童教育思想

西方在古希腊和罗马时期已经存在了早期学前教育思想。如柏拉图，在西方学前教育史上第一次较为系统地阐述了学前儿童的教育问题，他主张儿童公育，并论述了学前儿童的游戏和故事材料的选择等问题。还比如亚里士多德，在人类教育史上第一个提出"教育要遵循自然"的论点，为人类研究儿童、教育儿童指明了正确方向。

2. 我国的早期儿童教育思想

我国也很早就有学者在其著作中就儿童教育发表自己的观点，《大戴礼·本命》中有关于儿童出生后年龄特点的记载，《礼记·内则》中记录了中国教育史上最早的学前教育思想，提出关于儿童出生后选择保姆的要求及从儿童能食能言时便进行教育，从小教儿童日常生活的习惯、礼节和常识等。据史料记载，我国实施胎教的历史可以追溯到3000多年前的西周时期，西汉贾谊在《新书·胎教》中记载了公元前11世纪周成王的母亲注意胎教之说。

（二）萌芽阶段

1. 夸美纽斯

捷克教育理论家、实践家夸美纽斯（如图1-3所示）被誉为"教育史上的哥白尼"和"现代教育学之父"。夸美纽斯一生撰写了大量的教育论著，其中最著名的就是《大教学论》。夸美纽斯认为，教学论是指教学的艺术，大教学论"就是一种把一切事物教给一切人的全部艺术"。在学前教育方面，夸美纽斯则撰写了《母育学校》一书，提出家庭是一所母育学校，母亲负责对儿童进行学前教育。

图1-3 夸美纽斯

【主要观点】

教育适应自然

在《母育学校》中，夸美纽斯提出了教育要遵循儿童的自然性原则。他认为，旧学校最大的弊端就是违背自然，强迫学生死记硬背，用无用的知识填塞儿童的头脑，造成儿童时间及精力的极大浪费。要改革旧教育，就必须贯彻"教育适应自然"的原则。所以，他提出"学前教育必须遵循儿童的自然，感官教育是儿童学习的基础"等观点。

【主要贡献】

① 《大教学论》(1632年)：标志着教育学形成独立学科的开始；
② 《母育学校》(1632年)：世界第一本系统论述学前教育的专著；
③ 《世界图解》(1658年)：世界第一本儿童读物。

【资料卡】

夸美纽斯教育观点摘录

1. 凡是生而为人的人都有受教育的必要。
2. 假如要去形成一个人，那便必须由教育去形成。
3. 整个国家的基础在于童年的正确教育。
4. 在人身上，唯一能够持久的东西是从少年时期吸收得来的……一个人假如不从睡在摇篮里的时候开始养成人生的清洁的习惯，那是最危险不过的。

2. 洛克

英国哲学家洛克（如图1-4所示）在《教育漫话》一书中提出了儿童体育、美育、德育和智育的具体建议。洛克反对将教育概念狭窄地理解为单纯求学问。他认为教育的目的是培养绅士，即身体健康、有道德、有礼貌、有学问的人。为此，在《教育漫话》中，洛克说明，如何使用三种不同的方式来进行教育：发展健康的身体；形成善良的德行；选择一种适当的学问课程发展智力。

图1-4　洛克

【主要观点】

儿童是空白板

洛克假定儿童的意识是"空白"的，如同一块"白板"，需要经验来填充。所以，他认为人的差异十分之九都是教育决定的。

【资料卡】

洛克《教育漫话》摘录

1. "健康的精神寓于健康的身体"——这是对人世幸福状态的一种简洁而充分的描绘。
2. 一位绅士应具备的各种品性中，我将德行放在首位，视之为最必需的品性。
3. 学习的目的不是要使年轻人"精通任何一门学问"或"扩大心的所有物"，而是打开他的心智，培养他对学习的态度，并且装备他的心智，"增加心的活动能力"。

3. 卢梭

卢梭（如图1-5所示）是法国伟大的启蒙思想家、哲学家、教育家、文学家，是18世纪法国大革命的思想先驱，启蒙运动最卓越的代表人物之一。他在其教育代表作《爱弥儿》中集中表达了他的重要教育观点。

图1-5　卢梭

【主要观点】

自然教育思想

卢梭强调教育要"回归自然",主张按照儿童的自然发展历程来进行教育。

【资料卡】

卢梭《爱弥儿》片段阅读

1. 在万物的秩序中,人类有它的地位;在人生的秩序中,童年有它的地位;应当把成人看作成人,把孩子看作孩子。

2. 大自然希望儿童在成人以前就要像儿童的样子。如果我们打乱了这个顺序,就会造成果实早熟,他们长得既不丰满也不甜美,而且很快就会腐烂。

4. 裴斯泰洛齐

瑞士教育家裴斯泰洛齐(如图1-6所示),继承了卢梭教育要遵循儿童自然发展的思想,他热爱儿童,尊重儿童,著有《林哈德和葛笃德》《母亲读物》等书。

【主要观点】

图1-6 裴斯泰洛齐

教育心理学化

裴斯泰洛齐强调教育必须考虑儿童的心理特点,他最早提出"儿童年龄越小越需要心理学知识的指导",从而启迪教育工作者,把心理学引入教育领域,遵循儿童的身心发展特点进行教育。

【资料卡】

裴斯泰洛齐教育观点摘录

1. 儿童最好的学习方式是操作。
2. 以感官教育为基础。
3. 母亲是儿童的最好教师,教育的主要原则是爱。

【总结梳理】

请填写表1-1,总结学前教育孕育与萌芽阶段思想家的著作及代表观点。

表1-1 学前教育孕育与萌芽阶段总结

阶段	思想家	代表作	主要观点
孕育阶段	柏拉图		
	亚里士多德		
萌芽阶段	夸美纽斯		
	洛克		
	卢梭		
	裴斯泰洛齐		

(三) 初创阶段

1. 福禄贝尔

学前教育学成为一门科学源于德国教育家福禄贝尔（如图 1-7 所示）。他继承和发展了夸美纽斯和裴斯泰洛齐的主张，于 1840 年创办了世界上第一所幼儿园，建立了较完整的幼儿园教育体系，并倡导幼儿园运动，撰写了《人的教育》《幼儿园教育学》等著作，为学前教育学从普通教育学中分化出来并成为一门独立的科学做出了巨大贡献。

图 1-7　福禄贝尔

【主要观点】

游戏有重要的教育价值

福禄贝尔认为，儿童早期的各种游戏，是一切未来生活的胚芽。游戏是内部存在的自我活动的表现，也是一种创造性的生活，可以促进儿童的成熟与学习。他还在幼儿园的教学方案中把游戏作为主要活动。

【主要贡献】

①理论贡献：将学前教育学从普通教育学中分化出来，逐渐建立一套独立的范畴与体系，成为一门独立的学科。

②实践贡献：创办世界上第一所幼儿园；设计了游戏教具"恩物"。

(四) 发展阶段

1. 杜威

在美国，杜威的实用主义教育思想影响深远。杜威（如图 1-8 所示）是 20 世纪对幼儿教育理论影响极大的教育家与哲学家，他是实用主义教育理论的创始人，是当时传统教育的改造者，是新教育的拓荒者。他的著作主要有《我的教育信条》《学校与社会》《儿童与课程》《民主主义与教育》《经验与教育》等。

【主要观点】

(1) 教育的中心——儿童中心论

传统教育提倡以"教师为中心、书本为中心、课堂为中心"，杜威作为现代教育的代表人物，提出学校教育应以"儿童为中心、活动为中心、经验为中心"，一切教育措施都应该是为了促进儿童的生长。

图 1-8　杜威

微课：杜威的教育思想

(2) 教育的本质——三大主张

①教育即生活：最好的教育就是"从生活中学习，从经验中学习"，而不是把外面的东西强迫儿童吸收。

②教育即生长：教育中要考虑儿童的本能或先天的能力，学校教育工作

的中心任务就是要促进儿童的生长。

③教育即经验的改组与改造:"教育不是知识的简单叠加,而是经验的不断合理化",让儿童在做中学,通过实际操作获得经验。

(3)教学方法论——做中学

基于对传统教育唯"书本中心"的批判,杜威提出了"做中学",即从活动中学,从经验中学。这是他的教学方法论,也是他的全部教学理论的基本原则。从这一原则出发,他要求以各种活动来取代传统的书本式教材。所以,课程需要与具体的经验相结合,让儿童在"做中学",通过活动,使得教育机构成为儿童生长的地方,而不是学习现成教材的地方。

2. 蒙台梭利

蒙台梭利(如图1-9所示)是学前教育发展阶段的典型代表。她于1907年创办了"儿童之家",以医学、生理学等理论为基础,把教育缺陷儿童的方法用于教育正常儿童,该实验创造了教育的奇迹。其代表作有《蒙台梭利教育法》《童年的秘密》《有吸收力的心灵》等。

图1-9 蒙台梭利

【主要观点】

(1)蒙台梭利的儿童观

①儿童具有"吸收的心智"。儿童与生俱来地能够向周围环境吸收一切。这种"吸收的心智"是儿童特有的无意识的记忆力,是吸收环境并加以适应以形成人格的能力。

②儿童心理发展具有"敏感期"。每个儿童在成长过程中各种能力的获得都有一个最佳阶段,在这个阶段里儿童可以轻松地获得各种能力,所以称这个阶段为敏感期。所以在敏感期里要给儿童创造适宜发展各种能力的环境。

(2)蒙台梭利的教学观

①"有准备的环境"。有准备的环境是蒙台梭利教育的基本术语之一,也是蒙台梭利教育的核心。儿童与环境的关系异于成人与环境的关系,成人欣赏环境,可以记住它、回想它,但是儿童却吸收了它,儿童不仅记住了所看见的东西,而且使它成为心灵的一部分。所以,在一个经过精心设计、会引起儿童兴趣的环境中,儿童会有目的地、自由地与环境相互作用,同时产生自己的想法。

②"工作"。蒙台梭利发现,儿童具有工作的本能,儿童可以通过工作来完整建构自我。蒙台梭利所谓的"工作",就是儿童在有准备的环境中和环境相互作用的活动,蒙台梭利认为儿童必须通过自己的"工作"才能使得自己达到心理的健康发展。

3. 陶行知

陶行知(如图1-10所示)是我国人民教育家,他在学前教育方面提出了很多进步的教育主张。他强调6岁之前的教育的重要性——"儿童学者告诉我们凡人生所需要的重要习惯、倾向、态度多半可以在6岁以前培养成功。"他还主张创办适合国情的幼儿园,批评清末民初我国幼儿教育机构的"外国病、花钱病和富贵病"。总之,他的教育思想和教育实践是留传给后人的宝贵财富。

【主要观点】

(1) 生活教育理论

生活即教育、社会即学校、教学做合一。

(2) 创造教育理念（六大解放）

解放孩子的眼睛、解放孩子的头脑、解放孩子的双手、解放孩子的嘴巴、解放孩子的时间、解放孩子的空间。

【思考】

教学活动中如何实现这六大解放？

图 1-10　陶行知

4. 张雪门

张雪门（如图 1-11 所示）是我国著名的学前教育专家，他一生为幼儿教育留下了 200 多万字的著作，写下了《幼稚教育》《幼稚园课程活动中心》《幼稚园行为课程》等。

【主要观点】

(1) 幼儿园的行为课程

行为课程和一般的课程一样，包括工作、游戏、音乐、故事等材料，但这些课程完全源于生活，从生活中而来，从生活中而展开，也从生活中而结束。

(2) 幼儿师范教育的实习和见习

张雪门在中国率先关注幼儿师范教育，他认为要重视幼儿师范教育的实践环节，即实习和见习。

图 1-11　张雪门

5. 陈鹤琴

陈鹤琴（如图 1-12 所示）是我国现代著名的学前教育专家，他一生都在为儿童教育事业不懈努力，从理论创立和实践两个方面对儿童成长与发展进行了长期的观察和实验性探索研究。

【主要观点】

(1) 家庭教育思想

赏识教育与挫折教育相结合；根据年龄能力实际进行教育；凡儿童能够自己做的事情，千万不要替他做；在其能力以内且非用力不可的原则；加强习惯的早期培养；注意第一次，不要有例外，以身作则，持之以恒。

(2) 儿童心理研究

儿童有以下主要特点：好动、好模仿、好奇、易受暗示、喜欢成功、喜欢群体、喜欢野外生活。

(3) 活教育理论

①活教育的目的论——做人、做中国人、做现代中国人。

②活教育的课程论——大自然、大社会，都是活教材。

图 1-12　陈鹤琴

微课：陈鹤琴的教育思想

③活教育的方法论——做中教、做中学。
(4) 教学理论

在教学方面提出"整个教学法"，就是把儿童应该学习的东西，整个地、有系统地教儿童学，打破传统的分科教学模式。他提倡以自然和社会为中心，以儿童日常生活所见、所闻、所感、所经历的事物或事件为主题，以儿童活动为线索，综合进行课程组织。

(5) 五指活动课程

儿童学习的内容，应是一个既有区别又有联系的内容，就像人的手掌，五指相互区分，代表着不同领域的经验，但都融汇于手掌之中，也就是融汇于生活之中，因此他创设了五指活动课程。

【总结梳理】

请填写表1-2，总结学前教育形成与发展阶段思想家的著作及代表观点。

表1-2 学前教育形成与发展阶段总结

来自	思想家	代表作	主要观点
国外	福禄贝尔		
	杜威		
	蒙台梭利		
国内	陶行知		
	张雪门		
	陈鹤琴		

真题链接

1. （2018年下半年《保教知识与能力》）下列说法属于蒙台梭利教育观点的是（   ）。
   A. 注重感官教育   B. 注重集体教学作用
   C. 重视实物作用   D. 通过游戏使自由与纪律相协调

2. （2018年上半年《保教知识与能力》）陶行知创立的培养幼教师资的方法是（   ）。
   A. 讲授制   B. 五指活动   C. 感官教育   D. 艺友制

3. （2019年上半年《保教知识与能力》）对杜威"教育即生长"的正确理解是：（   ）。
   A. 教育以儿童的本能和能力为依据   B. 儿童的生长以教育目标为依据
   C. 教育以促进教师的专业成长为基础   D. 教育应促进儿童的身体发育

4. （2020年上半年《保教知识与能力》）陶行知的生活教育理论注重"教学做合一"，强调（   ）。
   A. 做是中心   B. 学是中心
   C. 教与学是中心   D. 教是中心

五、学前教育与社会发展

（一）学前教育与经济的关系

1. 社会经济制约着学前教育发展的规模和速度

学前教育发展的规模和速度取决于两个方面的因素：一是社会经济发展导致的对学前教育发展需求的上升或下降；二是社会经济发展为学前教育发展本身提供可能性。经济发展良好的上升型社会与生产力低下的旧社会相比，无论是幼教机构的数量还是从业人员的数量都大幅上涨。

例如：1957 年我国幼儿园有 16400 所，1958 年幼儿园有 695300 所，2018 年幼儿园有 26.67 万所。

2. 学前教育的任务、手段、内容受社会经济发展的影响

从漫长的历史发展过程来看，学前教育的任务发展大致经历了以下四阶段：照管儿童—注重儿童身体健康—发展儿童的智力—儿童身体的、情感的、智力的和社会性的全面发展。内容和手段越来越丰富，越来越现代化。

整个变化和发展的趋势离不开社会进步和教育科学的普及，因为不同社会发展阶段的水平和特征不同，学前教育的任务、手段和内容也不同。

3. 学前教育可以提高劳动力素质、培养人才，促进经济发展

学前教育是整个教育的最初基础。学前教育在提高劳动力素质和促进社会经济发展方面的作用越来越为人们所重视。

（二）学前教育与政治的关系

1. 社会政治制约学前教育的性质

政治主要指国家性质、各阶级和阶层在政治生活中的地位、国家管理的原则和组织形式等，它包括理念、意识及权力机构。

①统治阶级利用其拥有的立法权制约学前教育；
②统治阶级利用其拥有的组织、人事权力控制教育者的行为导向；
③统治阶级通过行政部门控制公职人员的选拔与录用；
④社会政治制约着教育目标的制定。

2. 社会政治影响学前教育的发展

政治权力机关对学前教育的重视与领导，是发展学前教育的决定条件。除此之外社会政治对教育财政的影响还体现在教育份额的多少和教育经费的筹措方面。

（三）学前教育与文化的关系

1. 文化影响学前教育的培养规格——培养什么样的人、培养具备何种民族特征的人

教育所要培养的人的规格，除了受社会政治、经济的因素制约，往往也深刻反映了文化因素的影响，不同文化背景下，培养人的规格也大不相同。

例如：日本的学前教育强调对儿童心理健康的培养和情感的教育，美国受现代儿童脑科学研究和蒙台梭利、福禄贝尔的影响，关注儿童在生理、智力、情感及社会行为等方面的全面发展；我国学前教育的开拓人陈鹤琴先生指出，幼儿园的教育目标应当是育人，培养国家民族所需要的新生一代，培养那种身体健康、能建设、能创造、能合作、能服务的"现代中国人"。

2. 文化影响学前教育内容的选择

教育所传授的内容，都是人类积累的文化财富。从这种意义讲，教育就是通过传递、延续、内化和更新文化而造就人才的活动。教育内容的选择，相当程度上受文化因素的影响。

例如，民族传统文化中可资利用的课程资源很丰富，包括语言、仪式、民间游戏、民族文化传统等，这些都为幼儿园课程提供了广阔的教育空间，其中民间游戏集中体现了这种丰富性和重要性。

3. 文化影响师生关系和教育教学方法

教育者对待受教育者的态度，往往受其特定的文化背景和文化传统影响。比如，我国传统"好孩子"的形象是"听话"，服从师长的训导，教师高高在上；而现代在看重独立自主的文化背景下，则更强调儿童的独立性和自主性，教师在教育教学的过程中需要理解和尊重儿童的需要。因此不同时代或不同国家文化观念直接影响师生关系和教育教学方法。

例如：
①传统文化——尊卑：教师高高在上；
②现代文化——平等：理解、尊重。

> **思政之窗**
>
> 鲁迅先生说过"越是民族的，越是世界的"，然而在当今社会，"世界的"越来越多，"民族的"则不断边缘化。从校园到社会，从文艺到科学，传统文化的概念在各行各业各个年龄段人们的脑海中越来越淡漠。上至成人，下至儿童，这种现象也因成人传播在无形之中影响着我国的年轻一代孩子的思想、行为和价值观念。所以在幼儿教育中积极宣扬保护中国传统文化，在新一代中国人中继承和发扬中国文化，激发民族自豪感、自信心，是学前教育的一个重要课题。
>
> 中华文化博大精深、源远流长，可以挖掘的教育内容更是丰富多彩，然而培养孩子对传统文化的兴趣绝非一朝一夕之事，这就要求学前教育的教师首先要做到从教育日常的点滴中去创设营造学习传统文化的优良教育环境。可以在幼儿园的宣传栏、走廊、班级内的活动区域增设一些民族文化符号，如京剧脸谱、剪纸书法作品、文物赏析、古诗词阅读区等，用一种孩子感兴趣的方式展现传统文化的魅力。

巩固练习

一、选择题

1. 某幼儿园存在剥夺幼儿游戏时间和户外活动时间，过多地安排课程，让幼儿学习算术、写字、拼音的现象，这违背了幼儿园教育的哪一项原则？（　　）

A. 保教结合原则　　　　　　　　B. 以游戏为基本活动原则

C. 直观性原则　　　　　　　　　D. 生活化原则

2. 教师在开展教育活动中，常常使用实物、图片、模型作为教具，帮助幼儿理解事物，所遵循的教育原则是（　　）。

　　A. 生活化原则　　　　　　　　　　B. 保教结合原则
　　C. 游戏化原则　　　　　　　　　　D. 直观性原则

3. 关于世界上第一所幼儿园，其创办者和创办时间描述正确的是（　　）。

　　A. 柏拉图，1810 年　　　　　　　　B. 夸美纽斯，1752 年
　　C. 福禄贝尔，1840 年　　　　　　　D. 洛克，1901 年

4. 下列哪一项不是杜威进步主义教育思想的内容？（　　）

　　A. 教育即生活　　　　　　　　　　B. 做中学
　　C. 教育即学习　　　　　　　　　　D. 教育即经验的不断改造

5. 《爱弥儿》和《教育漫话》，分别是哪两位教育家的著作？（　　）

　　A. 卢梭与洛克　　　　　　　　　　B. 蒙台梭利与杜威
　　C. 柏拉图与杜威　　　　　　　　　D. 洛克与夸美纽斯

6. 创建"活教育"体系的教育家是（　　）。

　　A. 蒙台梭利　　B. 杜威　　C. 福禄贝尔　　D. 陈鹤琴

7. 提出"教育即生活"的教育家是（　　）。

　　A. 卢梭　　B. 蒙台梭利　　C. 亚里士多德　　D. 杜威

8. 杜威认为，学校生活的组织中心是（　　）。

　　A. 教材　　B. 家长　　C. 教师　　D. 儿童

9. （　　）是著名教育理论家和实践家，他的代表作《母育学校》是世界上第一部学前教育学著作。

　　A. 柏拉图　　B. 昆体良　　C. 夸美纽斯　　D. 杜威

10. 意大利教育家（　　）是继福禄贝尔之后，对学前教育理论有着重大影响的代表人物，是世界上第一位杰出的女性学前教育家。

　　A. 卢梭　　B. 艾丽比斯　　C. 蒙台梭利　　D. 瑞吉欧

二、简答题

1. 简述学前教育与经济的关系。
2. 简述陈鹤琴的活教育理论。
3. 简述杜威教育的三大主张。

【拓展资源】

各国幼教动态

模 块 二

学前儿童发展

1. 知识目标：理解学前儿童发展的含义、学前儿童发展的相关理论及影响学前儿童发展的因素。
2. 技能目标：能够根据实际案例分析影响学前儿童发展的因素并阐述每种因素的作用。
3. 素质目标：初步感受学前儿童发展理论的重要性与价值，形成正确的教育观与儿童观。

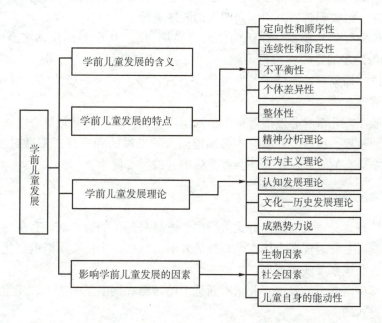

情境导入

美国纽约一个小女孩名叫基尼。基尼的妈妈双目失明，爸爸从小虐待她。她从小就一直生活在一间完全被隔离的小房间里，除了哥哥偶尔会急急忙忙送些食物给她，没人照顾她，所以她从小到大几乎没有听过他人说话，也没人教她学习说话。在基尼3岁时偶然被人发现，送往医院，受到医生们的特殊照顾。几个月后，基尼的智商得分只相当于1岁正常儿童；而且基尼直到13岁时，也未能学会与人沟通交流。

请思考并说说影响基尼身心发展的因素是什么。

一、学前儿童发展的含义

学前儿童发展是指学前儿童在成长过程中生理和心理有规律地进行量变与质变的过程。其中生理发展指儿童机体的正常生长和发育，包括形态的增长和功能的成熟；心理发展指儿童的认识过程、情感、意志和个性的发展。二者密不可分，生理发展是心理发展的前提和基础。

二、学前儿童发展的特点

在人的不同发展阶段，由于脑的发展水平不同、生活条件和教育条件的变化，以及所参加的实践活动的差异，个体发展过程表现出不同特点。

（一）定向性和顺序性

在正常的条件下，个体的身心发展总是按照一定的方向并遵循一定的先后顺序，并且这种顺序是不可逆的。个体发展都按照从低级到高级、从简单到复杂的固定顺序进行，都要按照由一般到特殊、由头到脚、由中间向四周的顺序进行。

例如：身体发展是从头部、躯干向四肢（首尾律），从中心部位向全身的边缘发展的（近远律）；行为的发展是先爬后行再跑；记忆的发展是从机械记忆到意义记忆；思维的发展是从具体思维到抽象思维；情感的发展是先有喜、怒、惧等一般情感，而后出现道德感、理智感等高级情感。

这种发展顺序在儿童身心发展过程中是固定不变的，从而使儿童身心发展成为一种连续的、不可逆转的过程。所以，在教育中必须遵循人的发展的顺序性，不可揠苗助长；否则，不但不能得到本应有的效果，甚至还会严重影响人的身心健康。

（二）连续性和阶段性

所谓连续性是指儿童发展是渐进式进行的，发展只是量的改变而没有质的变化。连续论者认为儿童的发展主要表现在个体整个心理的发展，这是一个持续不断的变化过程，可以用一条平滑的成长曲线来反映发展所产生的变化。

例如，儿童口语能力的发展、儿童对新词汇的习得和词汇量的扩大、儿童对语法规则的掌握等都是渐进式的。

所谓阶段性是指儿童身心发展时刻都发生着变化，随着量的积累，到了一定程度就会发生质变，从而使儿童的发展可以区分为不同的阶段，每个阶段的特点具有质的不同。根据生理和心理特点进行划分，学前儿童可以分为新生儿期、乳儿期、婴儿期、先学前期、幼儿早期、幼儿中期、幼儿晚期。不同年龄阶段具有不同的发展特点，教育就是要根据不同年龄阶段展开，提出不同的具体任务，采用不同的教育内容和方法，从而更好地发挥教育的主导作用。

例如，儿童思维发展的规律告诉我们，幼儿园的孩子通常以具体形象性思维为主，抽象概括能力比较差，但上了小学以后，儿童的思维方式将发生质的变化，逐渐过渡到抽象逻辑思维占主导。

（三）不平衡性

个体发展的不平衡性主要是针对同一个体而言的，它主要表现在两个方面：

1. 同一方面的发展在不同时期发展速度不相同

例如，身高、体重在出生后一年发展最快，以后缓慢，到青春期又高速发展。

2. 不同方面发展的不平衡性

例如，感觉与直觉在青少年期之前已发展到相当的水平，而逻辑思维要到青年期才有相当程度的发展。

正是由于人的身心发展的不平衡性，所以教育一定要遵循人的这一身心发展规律。当代许多心理学家和教育家都十分重视研究不同阶段儿童智力发展的速度，探明智力发展的关键期。他们认为，在智力发展的关键期内，一年的环境和教育对智力发展产生的影响，会超过其他时间8~10年的效果。因此，教师要了解学前儿童发展的关键期，并抓住关键时机，加强教育力度。

（四）个体差异性

学前儿童发展的个体差异性是指由于遗传、环境及教育等因素的不同，在发展中会存在有差别的现象。具体表现在以下几方面：

1. 不同的人发展速度与水平不同

由于受遗传、环境等因素的影响，人的发展表现出明显的个体差异性，这种差异性具体表现为同一方面的发展速度和水平是不同的。如：有的早慧，有的大器晚成；有的人能说会道，有的人沉默寡言。

2. 同一个人在不同方面的发展水平和速度不同

不仅不同的人在同一方面的发展速度和水平不同，即使同一个人在不同方面的发展水平和速度也是不同的。如有的人第一信号系统比第二信号系统占优势，他们的绘画能力已经达到一定的高水准，但他们的识字能力可能达不到一般要求。

3. 不同的人个性心理倾向不同

不同的人个性心理倾向各不相同，如：有的学前儿童具有艺术能力，有的学前儿童具有组织才能，还有的学前儿童具有体育才能；有的学前儿童性格沉稳，情绪不易外露，有的学前儿童性格好冲动，情绪表现强烈。

（五）整体性

儿童的发展是个体在各个方面由低级水平向高级水平发展的过程，是一个系统的整体，不能将其发展的各个领域割裂开来看待，应该让学前儿童用身心感知、体验成长的过程，教育者面对的是一个完整的个体。因此，在生活和教育中，都应该以儿童整体发展为主。正如杜威所说："我们所需要的是儿童整体的身心和整个心灵来到学校，并以更圆满发展的心灵，甚至更健全的身体离开学校。"

例如，儿童某些运动能力的发展，如躯体动作（跑、跳、爬楼梯等）和精细动作（扣纽扣、穿衣服、系鞋带等）都有助于儿童了解外界的环境，增加儿童对外界世界的认识，从而提高其认知水平。当儿童的认知和行为能力增强时，就会通过游戏、语言等来促进情感和社会性领域的发展。

真题链接

1.（2016年下半年《保教知识与能力》）教师要依据幼儿的个体差异进行教育，下列现象，不属于幼儿个体差异表现的是（　　）。

A. 某幼儿往常吃饭很慢，今天为了得到老师的表扬，吃得很快
B. 有的幼儿吃饭快，有的幼儿吃饭慢
C. 某幼儿动手能力很强，但语言能力弱于同龄幼儿
D. 男孩通常比女孩表现出更多的身体攻击性行为

2.（2018年下半年《保教知识与能力》）下列针对幼儿个体差异的教育观点，哪种不妥？（　　）

A. 应该关注和尊重幼儿不同的学习方式和认知风格
B. 应支持幼儿富有个性和创造性的学习与探索
C. 应确保每位幼儿在同一时间达成的学习与探索
D. 应对有特殊需要的幼儿给予特别关注

三、学前儿童发展理论

（一）精神分析理论

精神分析理论是现代西方心理学的主要流派之一，代表人物是弗洛伊德和埃里克森。精神分析是从治疗人的心理障碍开始发展起来的，为了治疗，弗洛伊德十分重视探索人类的动机和行为根源，从而弥补了传统心理学的不足，改变了心理学研究的趋势。

1. 弗洛伊德

弗洛伊德（如图2-1所示）是19世纪末20世纪初奥地利著名的精神病学家和精神分析学派的创始人。

弗洛伊德认为幼年的生活经验对人格发展有重要影响，并提出了一套关于人格发展的理论，他把人格分为本我、自我及超我。

①本我：由一切与生俱来的本能冲动组成，遵循"快乐原则"。

②自我：从本我中分化出来的一部分，使本我适应现实，从而调节、控制或延迟本我欲望的满足，并协调本我与超我的关系，遵循"现实原则"。

图2-1　弗洛伊德

③超我：人格最高部分，是理想的自我，遵循"至善至美"原则。

【案例】

某人在朋友家看到一张一百元钞票：

本我——想去拿；

自我——意识到这样可能导致问题，就想办法拿走而不为人知；

超我——意识到即使不被发现，也是违背道德的。

一个真正健康的人格中，本我、自我和超我这三个组成部分必须是均衡、协调的，我们要使自己有一个完整、健康的人格，就应该学会平衡和协调自我、本我、超我这三者的关系。

2. 埃里克森

美国心理学家埃里克森（如图2-2所示）是新精神分析学说的重要代表人物，他接受了弗洛伊德的人格结构理论，但他并不主张把一切活动和人格发展的动力都归结为生物学方面的原因，而强调人格发展会受特定文化背景的影响和制约。出于对文化和个体关系的重要性的认识，埃里克森提出了心理社会发展阶段理论。

图 2-2　埃里克森

埃里克森认为，人的发展是按阶段依次进行的，如果人的生命是一个周期，那么可划分为8个阶段，就像我们的身体器官是按照一个预定的遗传时间表发展的一样，我们同样也遗传了一个心理时间表来发展我们的人格。在出生的时候，所有8个阶段都是未充分展开的，之后每一个阶段呈现出一个新的整体，就像是从前一个阶段脱胎进化而来，这便是埃里克森的"胚胎渐次生成说"，他以此来类比人发展的原则。

这8个阶段是以不变的顺序依次出现的，而且具有跨文化的一致性，因为它们是由遗传因素决定的；不过每一个阶段是否能够顺利度过则是由社会环境决定的，社会环境不同，阶段出现的时间可能不一样，因此这种阶段发展理论也可称作心理社会发展阶段理论。

埃里克森认为，在心理发展的每一个阶段都存在一种"危机"，这里所说的危机并非灾难性的事件，而是指发展中的一个重要转折点。积极解决危机可以增强自我的力量，帮助个体更好地适应环境，从而顺利地度过这一阶段，并且扩大后一阶段危机积极解决的可能性；消极解决危机则会削弱自我的力量，阻碍个体适应环境，并缩小后一阶段危机积极解决的可能性。积极解决与消极解决之间并非全或者无的关系，事实上每一次危机的解决都同时包含着积极和消极因素。

埃里克森把人的心理社会发展分为8个阶段，如表2-1所示。

表 2-1　埃里克森理论的心理社会发展阶段

期别	年龄	阶段	发展危机	发展顺利者的心理特征	发展障碍者的心理特征
1	0~1.5岁	婴儿期	信任对不信任	对人信任，有安全感	面对新环境时焦虑不安
2	1.5~3岁	儿童早期	自主对羞怯疑虑	能按社会要求表现目的性行为	缺乏信心，行动畏首畏尾
3	3~6岁	学前期	主动感对内疚感	主动好奇，行动有方向，开始有责任感	畏惧退缩，缺少自我价值感

续表

期别	年龄	阶段	发展危机	发展顺利者的心理特征	发展障碍者的心理特征
4	6~12岁	学龄期	勤奋感对自卑感	具有求学、做事、待人的基本能力	缺乏生活基本能力，充满失败感
5	12~18岁	青春期	自我同一性对角色混乱	有明确的自我观念与自我追寻的方向	生活无目的和方向，时而感到彷徨迷失
6	18~25岁	成年早期	亲密感对孤独感	与人相处有亲密感	与社会疏离，时感寂寞孤独
7	25~65岁	成年中期	繁殖感对停滞感	热爱家庭，关怀社会，有责任感	不关心别人，缺乏生活意义
8	65岁以上	成年晚期	自我整合对绝望感	随心所欲，安享余年	悔恨旧事

埃里克森认为，心理发展的每个阶段都有一对主要矛盾，还有许多次要矛盾，主要矛盾的解决可以使人在下一阶段顺利发展，否则，下一阶段也可能发展，但是会受到上一阶段的影响而发展不顺利。

真题链接

1. （2018年上半年《保教知识与能力》）根据埃里克森的心理社会发展理论，1~3岁儿童形成的人格品质是（　　）。
   A. 信任感　　　　B. 主动性　　　　C. 自主性　　　　D. 自我同一性
2. （2014年上半年《保教知识与能力》）照料者对婴儿的需求应给予及时回应是因为：根据埃里克森的观点，在生命中第一年的婴儿面对的基本冲突是（　　）。
   A. 主动性对内疚　　　　　　　　B. 基本的信任对不信任
   C. 自我同一性对角色混乱　　　　D. 自主性对羞耻感

（二）行为主义理论

行为主义学派创立于20世纪初期，是西方心理学的主要流派之一，华生、斯金纳、班杜拉是行为主义学派不同时期的代表人物。该学派的学习理论是联结论和刺激-反应论。这一学派的基本观点是：学习是环境刺激与学习者行为反应之间的联结过程。行为主义学派注重学习的外部条件对学习的影响，又注重学习者对环境的行为反应。

1. 华生（经典行为主义）

美国心理学家华生（如图2-3所示）是行为主义理论的创始人。华生在发展心理问题上主要的观点是环境决定论，否认遗传的作用。在教育问题上，华生的行为主义理论夸大了环境和教育的作用，认为学习本质上是刺激与反应之间的联系。

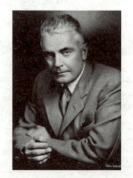

图2-3　华生

【资料卡】

华生的"婴儿害怕实验"

"婴儿害怕实验"是华生运用条件反射理论所做的,对心理发展的行为决定论进行了有力的解释。11 个月大的小男孩艾伯特与小白鼠一起玩了 3 天,之后当艾伯特开始伸手去触摸白鼠时,脑后突然响起了钢条的敲击声,艾伯特受到了惊吓,但没有哭。第二次,当他的手刚触摸到白鼠时,钢条又被敲响,他猛然受到惊吓,摔倒在地上并大哭起来。如此反复多次,以后只要当白鼠单独出现时,艾伯特会表现出极度恐惧,并下意识躲避白鼠。在该实验中,白鼠成为剧烈声响的替代刺激,引发了艾伯特的条件反应。

【案例分析】

心理学家华生强调"给我一打健康的婴儿,一个由我支配的特殊环境,让我在这个环境里养育他们,我可担保,任意选择一个,不论他父母的才干、倾向、爱好如何,他父母的职业及种族如何,我都可以按照我的意愿把他们训练成为任何一种人物——医生、律师、艺术家、大商人,甚至乞丐或强盗。"

你赞成这个说法吗?为什么?请结合自己的实际生活经验说明原因。

2. 斯金纳(操作行为主义)

美国心理学家斯金纳(如图 2-4 所示)是新行为主义学习理论的创始人。他传承了华生的行为主义基本信条,但与华生不同的是,斯金纳用操作性条件反射作用来解释行为的获得。其主要实验理论如下:

(1)操作性条件反射

斯金纳关于操作性条件反射作用的实验,是在他设计的一种动物实验仪器即著名的斯金纳箱中进行的(如图 2-5 所示)。箱内放进一只白鼠或鸽子,并设一杠杆或键,箱子的构造尽可能排除一切外部刺激。白鼠或鸽子在箱内可自由活动,当它们压杠杆或啄键盘时,就会有一团食物掉进箱子下方的盘中,它们就能吃到食物。实验发现,动物的学习行为是随着一个强化作用的刺激而发生的。斯金纳通过实验,进而提出了操作性条件反射理论。

图 2-4 斯金纳

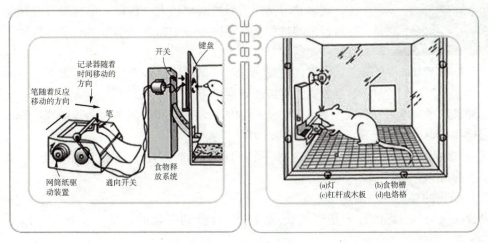

图 2-5 斯金纳箱

斯金纳认为，人的一切行为几乎是操作性条件强化的结果，人们有可能通过强化作用的影响去改变别人的反应。在教学方面教师充当学生行为的设计师和建筑师，把学习目标分解成很多小任务并且一个一个地予以强化，学生通过操作性条件反射逐步完成学习任务。

（2）强化理论

斯金纳认为：人/动物为了达到某种目的，会采取一定的行为，当这种行为的后果对他/它有利时，这种行为就会在以后重复出现；不利时，这种行为就减弱或消失。有目的地改变行为的后果，可以修正他人的行为。

斯金纳提出的强化理论分为两种类型：正强化和负强化。

①正强化：在行为之后，呈现一种积极刺激，功能是奖励有利的行为、增加行为出现的次数。

②负强化：在行为出现后，消除厌恶刺激，功能也是鼓励有利的行为、增加行为出现的次数。

（注意：负强化≠惩罚，惩罚是通过呈现厌恶刺激来降低行为发生的频率）

【练习题】

请把表 2-2 的内容补充完整。

表 2-2　斯金纳的强化理论

项目	条件	行为发生频率	例子
正强化	呈现愉快刺激	增加	
负强化			如教师撤销处分等
惩罚			
	无任何强化物	减少	如不理睬

图 2-6　班杜拉

3. 班杜拉（社会学习理论）

社会学习理论是由美国心理学家班杜拉（如图 2-6 所示）于 1977 年提出的。

（1）观察学习

观察学习是指人通过观察他人（榜样）的行为及其结果而习得新行为的过程。在观察学习中，观察学习的对象称为榜样或示范者。观察学习可分为以下 3 类：

①直接性观察学习：指对示范行为的简单模仿。儿童的主要学习方式为直接性观察学习。

②抽象性观察学习：指观察者从对他人行为的观察中获得一定的行为规则或原理，从而能根据这些规则或原理表现出某种类似的行为。

③创造性观察学习：指观察者通过对各个不同榜样的行为特点进行新的组合，从而形成一种全新的行为方式。

（2）强化的种类

班杜拉认为，习得的行为是否被表现出来，会受到强化的影响。强化分为以下 3 种类型：

①直接强化：观察者因表现出观察行为而受到强化。例如，儿童做一件好事，教师就给他一朵小红花，激发儿童做好事的动机。

②替代性强化：学习者通过观察他人行为所带来的奖励性后果而受到强化。例如，儿童看到榜样的攻击行为受到奖励时，就倾向于模仿这类行为；当看到榜样的攻击行为受惩罚时，就抑制这种行为的发生。

③自我强化：人能观察自己的行为，并根据自己的标准进行判断，由此强化或处罚自己。

真题链接

1. （2015年下半年《保教知识与能力》）班杜拉的社会认知理论认为（　　）。
   A. 儿童通过观察和模仿身边人的行为学会分享
   B. 操作性条件反射是儿童学会分享的重要学习形式
   C. 儿童能够学会分享是因为儿童天性本善
   D. 儿童学会分享是因为成人采取了有效的惩罚措施

2. （2020年下半年《保教知识与能力》）萌萌怕猫，当她看到青青和小猫起玩得很开心时，她对小猫的恐惧也降低了。从社会学习理论的视角看，这主要是哪种形式的学习？（　　）
   A. 替代强化　　　　　　　　　　B. 自我强化
   C. 经典条件反射　　　　　　　　D. 操作性条件反射

（三）认知发展理论

皮亚杰（如图2-7所示）是瑞士杰出的生物学家、哲学家和心理学家，是认识发生论的创始人，也是20世纪最有影响的认知发展理论家。皮亚杰对心理学最重要的贡献，是他把弗洛伊德的那种随意、缺乏系统性的临床观察，变得更为科学化和系统化，使日后临床心理学有长足的发展。皮亚杰的认知发展理论摆脱了遗传和环境的争论和纠葛，旗帜鲜明地提出内因和外因相互作用的发展观，即心理发展是主体与客体相互作用的结果。皮亚杰认为智力是一种适应形式具有动力性的特点，随着环境和有机体自身的变化，智力的结构和功能必然不断变化，以适应变化的条件。

图2-7　皮亚杰

皮亚杰认知发展理论如表2-3所示。

表2-3　皮亚杰认知发展阶段理论

阶段	年龄	特征
感知运动阶段	0~2岁	仅靠感觉和动作适应外部环境，应付外界事物。其认知特点： （1）通过探索感知与运动之间的关系来获得动作经验； （2）低级的行为图式； （3）获得了客体的永恒性（9~12个月）

续表

阶段	年龄	特征
前运算阶段	2~7岁	(1)"泛灵论"; (2)一切以自我为中心; (3)思维具有不可逆性; (4)缺乏守恒概念
具体运算阶段	7~11岁	(1)守恒观念的形成(守恒性); (2)思维运算必须有具体的事物支持,可以进行简单抽象思维; (3)去自我中心; (4)思维具有可逆性、去集中化(儿童思维发展的最重要特征)
形式运算阶段	11岁以后	(1)能够根据逻辑推理、归纳或演绎方式来解决问题; (2)思维具有可逆性、补偿性和灵活性

真题链接

1.(2014年下半年《保教知识与能力》)按皮亚杰的观点,2~7岁儿童的思维处于(　　)。

　　A.具体运算阶段　　　　　　　　B.形式运算阶段
　　C.感知运动阶段　　　　　　　　D.前运算阶段

微课:前运算阶段

2.(2018年上半年《保教知识与能力》)皮亚杰的"三山实验"考查的是(　　)。

　　A.儿童的深度知觉　　　　　　　B.儿童的计数能力
　　C.儿童的自我中心性　　　　　　D.儿童的守恒能力

3.(2017年上半年《保教知识与能力》)午餐时餐盘不小心掉到地上,看到这一幕的亮亮对教师说,盘子受伤了,它难过地哭了。这说明亮亮的思维特点是(　　)。

　　A.自我中心　　　　　　　　　　B.泛灵论
　　C.不可逆　　　　　　　　　　　D.不守恒

图2-8　维果斯基

(四)文化—历史发展理论

1. 文化—历史发展理论

维果斯基(如图2-8所示)是苏联心理学家,文化—历史发展理论的创始人。与皮亚杰是同时期的人物,但不同于皮亚杰认知发展泛宇宙统一的观点,维果斯基的理论强调文化、社会对儿童认知发展的影响。但由于其理论中有浓厚的西方文化色彩,在1936至1956年间受到苏联政府的打压,禁止讨论其理论。直至20世纪60年代,维果斯基的理论才受到美国心理学界的重视。他认为人的思维与智力是在活动中发展起来的,是各种活动、社会性相互作用不断内化的结果。

2. 教学和发展的关系——最近发展区

维果斯基认为儿童有两种发展水平：一是儿童的现有水平，即由一定的已经完成的发展系统所形成的儿童心理机能的发展水平；二是经他人指导帮助后所能达到的潜在发展水平。这两种水平之间的差异就是最近发展区。

3. 对教学的启示

在维果斯基看来，教学的可能性是由学生的最近发展区决定的，教育者不应只着眼于学生当下已经达到的水平，而应着眼于学生的最近发展区，把潜在的发展水平变成现实的发展，并创造新的最近发展区。维果斯基特别提出"教学应当走在发展的前面"。

真题链接

1.（2016年上半年《保教知识与能力》）教师拟定教育活动目标时，以幼儿现有发展水平与可以达到水平之间的距离为依据。这种做法体现的是（　　）。

　A. 维果斯基的最近发展区理论

　B. 班杜拉的观察学习理论

　C. 皮亚杰的认知发展阶段论

　D. 布鲁纳的发现教学论

2.（2019年下半年《保教知识与能力》）梅梅和芳芳在娃娃家玩，俊俊走过来说我想吃点东西，芳芳说我们正忙呢，俊俊说，我来当爸爸炒点菜吧，芳芳看了看梅梅，说好吧，你来吧，从俊俊的社会性发展来看下列哪一选项最贴近他的最近发展区？（　　）

　A. 能够找到一个自己喜欢的玩伴

　B. 开始使用一定的策略成功加入游戏小组

　C. 在4~5名幼儿的角色游戏中进行合作性互动

　D. 能够在角色游戏中讨论装扮的角色行为

（五）成熟势力说

图2-9　格赛尔

格赛尔（如图2-9所示）是美国著名的心理学家和儿科医生，主张遗传决定论。他用"双生子爬梯实验"（如图2-10所示）证明儿童学习取决于生理的成熟。他认为支配儿童心理发展的因素有成熟与学习，其中成熟更重要。他认为成熟与内环境有关，而学习则与外环境有关。他认为成熟是发展的重要条件，决定机体发展的方向和模式，因此成熟是推动儿童发展的主要动力。

成熟势力说认为个体的心理发展具有方向性，如动作的发展遵循由上而下、由中心向边缘的发展规律。发展取决于成熟，而成熟的顺序取决于基因决定的时间表，因此，年龄便成为心理发展的主要参照物。

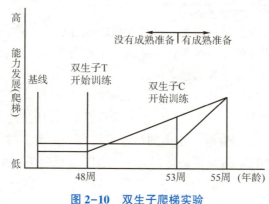

图 2-10　双生子爬梯实验

四、影响学前儿童发展的因素

(一) 生物因素

儿童是有生命的有机体，其发展首先要服从于生物学的规律。生物因素包括遗传因素和生理成熟。

1. 遗传因素

遗传因素是上代继承下来的生理解剖特点，主要包括机体的构造、形态、感官和神经系统的特征等遗传基因传递的生物特征，遗传对儿童心理发展的作用有两个方面：

①遗传因素是心理发展必要的物质前提，为个体的身心发展提供了可能性。如生来便是色盲的儿童，就无法辨别颜色。

②遗传因素是奠定儿童身心发展个体差异的最初基础。遗传因素的不同是造成个体差异的重要基础，也致使不同的儿童具有不同的发展特点。虽然遗传因素在人的发展中具有很大的作用，但是不能决定人的最终发展结果。因为遗传因素为人的发展提供的是可能性，而不是现实性；遗传因素会随着环境和人类实践活动的改变而改变；遗传因素具有可塑性，能够随着环境、教育和实践活动的作用，逐渐发生变化。所以，遗传因素在儿童身心发展中的作用具有一定的局限性。

2. 生理成熟

生理成熟又叫心理发展，是指身体结构和机能生长发育的程度和水平。生理成熟对儿童心理发展的作用表现在以下两方面：

①生理成熟制约着儿童心理发展的顺序。儿童的生理成熟是有一定顺序和规律的，会影响着儿童心理发展的顺序。例如，儿童生长发育的"首尾原则""近远原则"。

②生理成熟的个体差异是儿童心理发展个体差异的生理基础。儿童生理成熟的时间、速度等方面存在个体差异，这些差异影响并制约着儿童心理发展的个体差异，例如，女孩语言发展比男孩早。

【思考】

乐乐3岁，上幼儿园小班。爸爸十分希望未来的乐乐能够成为书法家，于是每天强迫乐乐拿铅笔练习写字，一口气要写上40分钟才允许休息。可是乐乐连笔都拿不稳，既费力又写不好，苦不堪言。

该案例说明了什么问题？

（二）社会因素

社会因素包括儿童所处的社会、家庭、教育机构等各种环境因素。

1. 环境潜移默化地影响儿童的发展

环境是指儿童周围的客观世界，它包括自然环境和社会环境。一切生物都离不开适宜的自然环境，但从人的身心发展来说，不仅需要自然环境，更需要社会环境。

2. 家庭环境给儿童发展奠定基础

家庭是儿童成长的最初环境，父母是儿童的第一任教师。家庭环境是指家庭的经济和物质生活条件、社会地位、家庭成员之间的关系及家庭成员的语言、行为及感情的总和。它对儿童的影响主要包括物质环境、心理环境和教养方式。

3. 教育在儿童发展中起主导作用

教育是环境的重要组成部分，是环境中的自觉因素。它与遗传、家庭相比较，对儿童身心发展具有更为独特的作用。社会教育机构的教育因素与一般的环境因素的不同，在于它对儿童发展的影响是一种有目标、有计划、有组织的影响。

（三）儿童自身的能动性

儿童的能动性主要体现在以下几个方面：

①儿童在发展过程中，不是消极被动地接受外部环境的影响，而是积极主动的学习者，他们对环境的刺激有较强的选择性，并表现出作为独立的生命体所具有的能动性。

②同样的环境对于不同的儿童可以产生不同的影响。

③从儿童的心理发展来看，儿童认识外界是儿童内部的主动活动的过程。

④没有儿童自身能动性的体现，其他因素的作用难以完全得到实现。

【思考】

请在你的现实生活中找出遗传因素与环境因素影响儿童发展的实例各一个，并进行分析。

真题链接

（2017年上半年《保教知识与能力》）生活在不同环境中的同卵双胞胎的智商测试分数很接近，这说明（   ）。

A. 遗传和后天环境对儿童的影响是平行的
B. 后天环境对智商的影响较大
C. 遗传对智商的影响较大
D. 遗传和后天环境对智商的影响相当

思政之窗

教师可将传统文化贯穿在课堂教学中，引用相关案例、古诗词句等内容帮助学生理解，如"时过而后学，则勤苦而难成"，用以说明儿童身心发展的不平衡性的特点。因此，运用国学教育专著分析教育理论，让学生学会尊重教育名著，将经典教育理论传承实践，萌发对国学经典名著的传承之情，产生对未来担当学前教育工作者的敬业之感。

巩固练习

一、选择题

1. 如果是色盲或失明儿童就无法发展视力，也就培养不成画家。这表明（   ）。
   A. 遗传决定一切
   B. 遗传因素为儿童发展提供前提
   C. 后天环境决定遗传因素
   D. 教育起主导作用

2. "玉不琢，不成器"说的是（   ）对心理发展的作用。
   A. 遗传因素   B. 自然环境
   C. 社会环境和教育   D. 生理成熟

3. 皮亚杰的认知发展理论认为，具有明显自我中心主义特征的是（   ）。
   A. 感知运动阶段   B. 前运算阶段
   C. 具体运算阶段   D. 形式运算阶段

4. 格赛尔认为儿童学习取决于（   ）。
   A. 学习   B. 成熟   C. 遗传   D. 训练

5. 最近发展区是由（   ）提出来的。
   A. 华生   B. 埃里克森 C. 斯金纳   D. 维果斯基

6. 根据埃里克森的心理社会发展阶段理论可知，5岁幼儿的发展危机是（   ）。
   A. 信任对不信任   B. 勤奋对自卑
   C. 自主对羞怯疑虑   D. 主动对内疚

7. "近朱者赤，近墨者黑"说明（   ）对个体的影响。
   A. 环境   B. 遗传   C. 教育   D. 生理成熟

8. 操作行为主义的代表人物是（   ）。
   A. 华生   B. 斯金纳   C. 格赛尔   D. 维果斯基

9. 古时对"戴罪立功"的犯人一般会"从轻发落"是（   ）。
   A. 正惩罚   B. 负惩罚   C. 正强化   D. 负强化

10. 小明今天帮助老奶奶过马路，老师知道后奖励给他一朵小红花，这是（   ）。
    A. 正强化   B. 负强化   C. 惩罚   D. 消退

二、简答题

1. 简述皮亚杰认知发展阶段中2~7岁年龄阶段的主要特点。
2. 简述影响儿童发展的主要因素。

3. 简述最近发展区理论及对教学的启示。
4. 简述班杜拉的社会学习理论。

【拓展资源】

皮亚杰与维果斯基认知发展理论比较

模块三

儿童观

教学目标

1. 知识目标：能够理解"育人为本"的含义，掌握现代科学儿童观的内容。
2. 技能目标：能够运用"育人为本"的幼儿观，在保教实践中公正地对待每一个幼儿。
3. 素质目标：初步形成科学的儿童教育理念，热爱幼儿、尊重幼儿。

知识框架

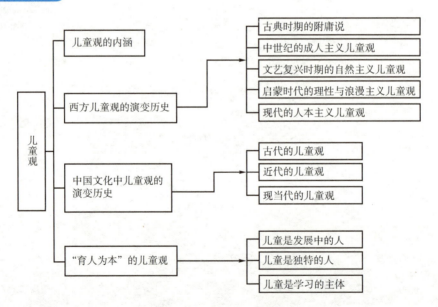

情境导入

班上有些孩子不喜欢洗手。即使有些孩子洗手，他们也只是简单地冲洗。孩子们户外活动结束后，韩老师把孩子们分成两组：一组一边认真洗手一边念儿歌；另一组暂时不洗手。韩老师拿出两块柚子皮，每组一块，让孩子们摸一下柚子皮的内侧。红红突然尖叫起来：

"天黑了！"果然，那群孩子摸过的柚子皮内层已经黑了。韩老师趁机问："为什么柚子皮变黑了？"孩子们急忙说："他们没洗手，手很脏。""手上有土，把柚子皮弄脏了。"韩老师迅速引导："这是我们能看到的，我们看不到的呢？""细菌、病毒。"孩子们大声说。韩老师趁热打铁："不洗手直接吃饭，手上的脏东西就会沾到食物上。脏东西进入我们的胃，我们的身体会怎么样，我们该怎么办？"孩子们边聊边讨论，最后得出结论：一定要认真洗手，做健康的小主人。

活动结束后，没有洗手的孩子们立即跑到洗手池洗手，他们非常认真地洗手。有些洗过手的孩子觉得没有洗干净，于是又认真地洗一遍。从那时起，大多数孩子都能有意识地洗手，如果有孩子忘记洗手，其他孩子也会提醒他。

结合材料，从儿童观的角度评析韩老师的教育行为。

一、儿童观的内涵

儿童观是人们对儿童的各种认识和看法，包括对儿童的地位和权益的看法、对儿童的特质和能力的认识程度、对儿童在其发展过程中所起作用的各种因素的看法。

二、西方儿童观的演变历史

（一）古典时期的附庸说

直到公元前4世纪，杀婴和遗弃在古希腊仍然很流行。根据古罗马第一部成文法第4条"父权法"的规定，子女是父母的私有财产，父亲有权杀害其子女。

在古代西方，儿童被"忽视"，他们的价值和权利未被承认，儿童没有独立的人格，他们是成年人的附庸。当然，也有一些思想家关注和思考儿童的生活、教育和成长。例如，柏拉图认识到游戏在儿童生活中的意义，亚里士多德尝试对儿童进行年龄分期，贾文纳尔（Juvenal）提出"给孩子以最大的尊严"等。

（二）中世纪的成人主义儿童观

1. 原罪说

基督教义称儿童带着"原罪"来到世上，因此他们天生具有罪恶。即使是在出生时死亡的婴儿尚未犯下任何罪行，但他仍然是一个罪人，因为他有与生俱来的原始罪过。因此，教会应为刚出生的婴儿施洗，并在以后严格控制他的欲望。

《圣经·旧约·箴言篇》："不可不管教孩童，你用仗打他，他必不至于死。你要用仗打他，就可以从地狱的深渊救出他的灵魂。"

2. 预成说

该学说又叫小大人说，它把儿童看作缩小的成人，是成人的预备。

（三）文艺复兴时期的自然主义儿童观

文艺复兴时期的人文主义教育家和思想家批评基于邪恶自然理论的儿童观点，反对将儿童视为被原罪污染并等待赎罪的羔羊，并认为儿童是自然生物，应予以照顾。

代表观点：伊拉斯莫斯的自由教育、夸美纽斯的种子论。

（四）启蒙时代的理性与浪漫主义儿童观

该学说认为，孩子天生没有原罪。他们批评体罚，倡导奖励、鼓励和竞争的教育。

代表观点：洛克的白板说、卢梭的儿童和儿童期的发现。

（五）现代的人本主义儿童观

现代的儿童观点越来越以科学心理学的发展为基础，将儿童从"背景"边缘推向"前期"表演中心，从而使儿童成为教育活动的领导者。

杜威的"儿童中心"思想是第一个对当代教育产生重大影响的思想。在蒙台梭利、伯爵、马修斯和贾斯珀斯的提倡下，儿童已成为一种宗教和神话。他们呼吁"以孩子为老师"和"向孩子学习"，将对孩子的崇拜推向极致。

现代的儿童观点认为，儿童首先是"人"，其次儿童就是"儿童"。我们不应该过分夸大儿童的作用，不要让儿童处于较高的水平，而忽略儿童的一些基本特征。

三、中国文化中儿童观的演变历史

（一）古代的儿童观

古代的儿童观基本上是属于工具主义，是一种成人自我中心主义的表现，儿童特别是女童在传统文化中的地位十分低下。例如：性别歧视、养子防老、光耀门楣的工具、"子子"、成人本位、儿童蔑视、传宗接代的工具。

（二）近代的儿童观

近代中国学者开始认识到儿童在家庭和社会中作为独立个体的地位，认识到儿童作为个体的价值和意义，并开始倡导儿童标准。

从康有为、梁启超到胡适、鲁迅和周作人，都对现代中国的儿童概念进行了解释。陶行知、陈鹤琴在西方哲学、心理学和教育学的影响下提出了尊重儿童和解放儿童的口号。

（三）现当代的儿童观

经历了对"童心论"和对"母爱教育"的批判，儿童终于被发现。

1991年七届全国人大通过《中华人民共和国未成年人保护法》，同年中国政府宣布加入《儿童权利公约》。

【想一想】中西方儿童观的异同。

四、"育人为本"的儿童观

微课："育人为本"儿童观的内涵

（一）儿童是发展中的人

儿童是发展中的人是指儿童有发展的潜能和发展的需要，儿童成长的过程就是不断发展的过程。儿童正处于发展之中，有自己独特的认识方式、成长特点。儿童有巨大的发展潜能和被塑造与自我塑造的潜力。儿童需要时间去成熟和发展。要提供与儿童身心发展水平相适应的生活，让童真、童趣、童稚得到自由发展。

> **思政之窗**
>
> 一项关于诺贝尔奖得主的成长研究发现，他们对自己感兴趣的事物有着巨大的内在兴趣和高度热情，有不可阻止的、自发的学习行为，强烈的成长动机，表现出高度独立性、创造性、求新求异性，孜孜不倦的工作态度和克服困难的坚韧精神。因此，作为教育者要做有温度的教育，带着发展的眼光，尊重学生个性，注重保护和激发学生的好奇心。

1. 儿童的身心发展具有规律性

儿童的身心发展具有规律性：儿童的身心发展具有一定的方向性和顺序性，既不能逾越，也不会逆向发展，按由低级到高级、由简单到复杂的顺序进行；儿童的身心发展具有连续性和阶段性；儿童的身心发展不是等速的，即各个阶段的发展速度是不同的，呈现出身心发展的不平衡性；儿童的身心发展，在表现形式、内容和水平方面，都具有独特之处，是存在差异性的。

2. 儿童具有巨大的发展潜能

本质上，儿童处于生命发展的特定阶段，具有很大的不稳定和可塑性。教师应避免忽视儿童的实际情况，要尽可能地挖掘儿童可能出现的各种情况，对儿童的成长有一个全面的了解，相信每个儿童都可以积极成长，有未来，可以取得成功，同时要对每个儿童都充满信心。

此外，我们应该尊重儿童的理性思维能力，尊重儿童的自由意志，将儿童视为独立思考和行动的主体，相信每个儿童都有发展的潜力，维护儿童的人格和权利。

3. 儿童身心发展具有快速性、幼稚性和全面性

儿童的身心发展非常迅速并且变化很大，因此没有刻板印象。儿童身心的各个方面都可以改变，教师不能从静态的角度看待儿童的身心特征和水平，而应该从发展的角度看待儿童。

尽管儿童的身心发展非常快，但他们仍处于生命发展的早期阶段，因此很幼稚。儿童身心的各个方面都很不完善，也很脆弱，因此，教师应该尽力照顾他们。

儿童身体的各个部分都是相互联系和密不可分的，儿童心理的各个方面也是相互影响和制约的，儿童的生理和心理需和谐地发展。因此，教师必须高度重视儿童的身体、认知、道德、情感、人格等方面的全面发展。

（二）儿童是独特的人

1. 儿童是一个完整的人

儿童是一个完整的人，不是一个简单的抽象学习者，而是一个富有个性的人。在教育活动中，作为完整的人存在的儿童不仅具有智慧和人格力量，还可以体验整个教育生活。如果我们想把儿童当作完整的人对待，我们就必须反对割裂人的完整品格的观点，还给儿童完整的生活世界，丰富他们的精神生活并给他们发展的时间和空间。

2. 儿童是独一无二的人

由于遗传、环境和教育的影响，每个儿童的身心发展速度有所不同，其身心素质的组合特征也有所不同。每个儿童都以不同的方式和风格与外界互动，各有优缺点。教师应将儿童视为独特的个体，根据他们的能力来教他们，并促进他们的全面发展。

（三）儿童是学习的主体

儿童是教育的对象，但在教育过程中，儿童不是盲目跟从教师，而是在教育活动中具有主观能动性和自我教育的可能性。现代教育观点强调，儿童不仅是教育的对象，而且是教育的主体。儿童有可能在教育活动中进行主观能动性和自我教育。儿童的学习与发展是儿童积极建设的过程。

> **思政之窗**
>
> 哈佛商学院对学生的一项调查研究显示，3%的人有长远而清晰的奋斗目标，25年后他们成为社会精英、行业领袖、政界要人；7%~10%的人有短期清晰的奋斗目标，25年后他们成为社会的中坚阶层、律师或教授；不到60%的人目标不甚清晰，25年后他们都是普通的职员；不到30%的人没有任何目标，25年后他们成为临时打工者，少数靠社会救济生活。这项调查研究表明，一个人对未来有没有规划，有没有人生目标、理想追求，在一定程度上决定了其成就水平。

真题链接

1. （2015年下半年《综合素质》）于老师总是根据幼儿不同的学习基础设计提问和练习。这表明于老师（   ）。

   A. 遵循教学规律，实现幼儿全面发展

   B. 关注幼儿差异，促进全体幼儿发展

   C. 注重分层教学，促进幼儿均衡发展

   D. 注重循序渐进，实现师幼教学相长

2. （2017年上半年《综合素质》）活动课上，赵老师特意邀请了几个平时不太合群的孩子表现"找朋友"，被邀请的孩子面带微笑，与其他小朋友一起愉快地完成了表演。赵老师的行为（   ）。

   A. 恰当，教师应当培养幼儿遵守纪律的习惯

   B. 不恰当，教师应当遵循幼儿身心发展规律

   C. 恰当，教师应当关注每个幼儿的发展

   D. 不恰当，教师应当保护幼儿的自尊心

3. （2019年下半年《综合素质》）小班幼儿典典初入园时不愿意午睡，连自己的小床都不愿意靠近。对此，王老师正确的做法是（   ）。

   A. 通知家长，领回训练　　　　　　　B. 统一要求，不搞特殊

   C. 批评典典，坚持常规　　　　　　　D. 降低要求，个别对待

一、选择题

1. 苏霍姆林斯基说:"宽恕触及儿童自尊心的最敏感的角落,使儿童心灵中产生要改正错误的意志力。"这说明我们在幼儿德育中应注意(   )。

A. 热爱、尊重和严格要求相结合的原则

B. 坚持正面教育的原则

C. 集体教育和个别教育相结合的原则

D. 教育的一致性和一贯性原则

2. "育人为本"的儿童观包括(   )。

①儿童是发展中的人;

②儿童是独特的人;

③儿童是单纯抽象的学习者;

④儿童是具有独立意义的人。

A. ①②③　　　　B. ②③④　　　　C. ①③④　　　　D. ①②④

3. 明明做事情很慢,王老师每次看到明明这样都会去帮他。今天中午吃饭,明明又是最后一个,王老师看到这种情况就上前去催明明,可是明明还是吃得很慢,王老师直接拿过明明的碗去喂他。王老师的做法(   )。

A. 正确,明明这样吃饭太慢了,耽误了王老师很多的时间

B. 正确,王老师这样做是为了帮助明明,体现了教师是儿童支持者的教师观

C. 错误,王老师忽视了儿童是发展中的人

D. 错误,王老师应该跟明明的父母沟通,让他的父母来喂明明

4. 依据"育人为本"的理念,教师的下列做法中,不正确的是(   )。

A. 培养儿童特长　　　　　　　　B. 发展儿童潜能

C. 尊重儿童个性　　　　　　　　D. 私自打开儿童的书包

二、简答题

简述"育人为本"的儿童观。

【拓展资源】

儿童权利公约

模块四 学前教育目标

1. 知识目标：能够掌握教育目的的含义，制定学前教育目标的依据以及教育目的的层次结构。
2. 技能目标：能够运用所学知识表述新时期的教育目的以及学前教育目标的精神实质。
3. 素质目标：初步形成科学合理的教育目的观，养成善于思考、敢于质疑的良好品质。

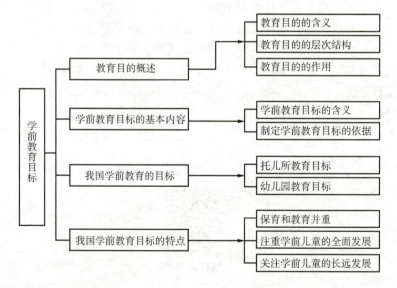

情境导入

园长看到托（1）班的教师在为孩子们剥鹌鹑蛋壳，问道："教师有必要帮着孩子剥鹌鹑蛋壳吗？"教师答道："我们害怕孩子把蛋壳吃了。"

请问教师的做法对吗？你认为幼儿园的教育目标应该是什么样的？

一、教育目的概述

（一）教育目的的含义

教育目的是指一个国家或一个地区通过教育培养什么样的人，这是国家对人才素质的普遍要求。教育目的是教育的核心问题，是国家对教育培养的普遍要求，它规定了人才的素质水平和规格，并在整个教育过程中具有指导作用。教育目的是整个教育工作的行动指南，是一切教育工作的起点，教育目的的实现也是教育活动的最终结果。

广义的教育目的是指人们对受教育者的期望，即人们希望受教育者通过教育在身心诸方面发生什么样的变化，或者产生怎样的结果。

狭义的教育目的是指各级各类学校在国家对受教育者培养的总的要求指导下，对人才培养的质量和规格上的具体要求。

《中华人民共和国教育法》规定，我国的教育目的是：教育必须为社会主义现代化建设服务，必须与生产劳动相结合，培养德、智、体等方面全面发展的社会主义事业的建设者和接班人。

（二）教育目的的层次结构

教育目的的层次结构包括国家的教育目的、各级各类学校的培养目标、教师的教学目标。

微课：教育目的的层次结构

1. 国家的教育目的

国家的教育目的是国家对培养人的总的要求，它规定着各级各类教育培养人的总的质量规格和标准要求。

2. 各级各类学校的培养目标

培养目标是教育目的的具体化，是结合教育目的、社会要求和受教育者的特点制定的各级各类教育的培养要求。

> **思政之窗**
>
> 每一所大学都是历史的产物，都在历史的交替更迭中积淀着属于自己所特有的精神，这是一所大学生生不息、奔腾向前的力量之源。如陕西师范大学"扎根西部，甘于奉献，追求卓越，教育报国"的"西部红烛精神"就是这所学校的灵魂，它源于学校的发展历史，融合学校的发展现实，引领学校未来的发展，培养一代代西部教师怀抱教育强国志向，扎根西部，用理想、信念和情怀扛起西部教育的大旗。

3. 教师的教学目标

①教学目标是教育者在教育教学的过程中，在完成某一阶段（如一节课、一个单元或一个学期）工作时，希望受教育者达到的要求或产生的预期变化。

②教师的教学目标是微观层次的教育目的，是一切教育活动的基础，也是进一步具体化的培养目标，它具有很强的操作性。

(三) 教育目的的作用

1. 规范功能

教育目的对各级学校的人才培养目标、课程设置、教学内容、教师的教学行为、学校管理等方面进行了规定，提出了具体的要求。

2. 选择功能

教育目的的选择功能主要体现在教育活动和教育内容的选择上。根据教育目的的基本要求，任何国家的学校和教师都将决定哪些研究成果和社会文化可以纳入教育内容，哪些应该受到批评和抵制。

3. 激励功能

人类教育活动的目的越明确、具体，实现它的可能性就越大，它可以激发人们的热情；相反，目的越笼统、抽象和遥远，完美实现目的越困难，实现的可能性就越小，激励效果就越差。

4. 评价功能

教育目的不仅是一国人才培养的质量规格和标准，而且是衡量教育质量和效率的重要基础。教育目的的评价功能可以体现在现代教育评价或教育监督中。

> **思政之窗**
>
> 哈佛大学教授哈瑞·刘易斯在《失去灵魂的卓越》一书中对哈佛大学在课程改革、课堂教学、道德教育等方面出现的问题提出了批评，认为哈佛大学的本科教育正在逐渐迷失方向，背离了哈佛教育的灵魂，没有很好地把年轻人培养成为具有社会责任感的人，是没有灵魂的教育。对于新时代的高校，一定要不忘育人初心、坚守主业，让教育真正回归到塑造灵魂、塑造生命、解放心灵上来，为所培育的人才"注入"高贵的灵魂，培养造就一批批高尚的人、纯粹的人、有道德的人、脱离了低级趣味的人，有益于党、国家和人民的人。

二、学前教育目标的基本内容

(一) 学前教育目标的含义

学前教育目标，也称幼儿园教育目标，是现阶段幼儿园教育目标的具体化，是国家对幼儿园培养人才的规范和要求，是全国各类幼儿园教育机构的统一指导思想。

(二) 制定学前教育目标的依据

1. 教育目的

幼儿园教育目标是根据教育目的并结合幼儿园教育的性质和任务提出来的。

2. 学前儿童身心发展规律及其需求

①学前教育目标直接指向的对象是学前儿童。

②学前儿童身心发展是有规律的，既有连续性，又有阶段性。

制定教学目标必须包括两方面内容：符合学前儿童一般年龄特征；尊重特定儿童群体现有发展水平。

3. 社会发展的客观要求

①20世纪50年代：要求学前教育完成教养幼儿、为生产建设服务（含解放妇女劳动力）两大任务。

②20世纪70年代末、80年代初："四个现代化"建设，"多出人才、快出人才、出好人才"。

③20世纪80年代以来：强调在丰富儿童知识、经验的过程中，要注重开发智力和才能，培养良好个性，发展社会性品质和适应能力等。

④现今：要求进一步深化改革，全面推进素质教育，运用现代教育技术开拓创新教育，强调培养创新精神和实践能力等。

4. 学前教育的启蒙性质

学前儿童理解与认识的对象应该是周围生活环境中具有代表性、浅显易懂的自然知识和社会知识。尽管教师对学前儿童认知的要求是粗略和肤浅的，但它们必须是科学的、唯物的和辩证的。就学前教育方式而言，它应该生动、具体、直观和生动，并要求将各种形式、手段和方法合理结合起来使用。就教育目标而言，应强调的是，学前教育不应侧重于传授知识，而应重在提高学前儿童的素质，发展学前儿童的智力和创造力，培养学前儿童良好的人格并提高其适应社会环境的能力。

三、我国学前教育的目标

（一）托儿所教育目标

1981年卫生部妇幼卫生局颁布的《三岁前小儿教养大纲（草案）》明确地指出了托儿所教育的任务。

广东中山市教育局在《托儿所教育的内容与要求》中的托儿所教育目标可作为我们认识0~3岁儿童教育目标的参照。托儿所教育划分为发育与健康、感知与运动、认知与语言、情感与社会性几个方面。

（二）幼儿园教育目标

1996年，在对1989年的《幼儿园工作规程（试行）》进行修订的基础上，国家教委正式发布了《幼儿园工作规程》。与1989年的教育目标相比，该目标把"体"放在首位，突出了学前儿童身心发展的年龄特点。2016年3月，重新修订《幼儿园工作规程》。

教育部2001年颁发的《幼儿园教育指导纲要（试行）》中，幼儿园的教育内容划分为健康、语言、社会、科学、艺术五个领域。

【思考】

1. 学前儿童日常生活活动对应保育，作业课、游戏等活动对应教育。

2. 保教结合就是教师要与保育员沟通，相互帮助。

四、我国学前教育目标的特点

（一）保育和教育并重

保育指的是成人为儿童提供生存与发展所必需的环境和物质条件，并给予精心照顾和培养，以帮助儿童获得良好发育，逐渐增进其独立生活的能力。

《幼儿园工作规程》将幼儿园的保育提到了与教育并重的地位，指出了制定《幼儿园工作规程》的目的就是"提高保育和教育质量"。

（二）注重学前儿童的全面发展

我国总的教育目的是以马克思主义关于人的全面发展的学说为理论基础的。马克思主义个人全面发展的内涵就是个人智力和体力尽可能多方面的、充分的、自由的发展，并在此基础上实现脑力劳动与体力劳动相结合。

学前教育目标是教育目的的下位概念，它必须遵循国家总的教育目的。

（三）关注学前儿童的长远发展

《幼儿园工作规程》指出，幼儿园教育是"基础教育的有机组成部分"。

学前教育阶段任何急功近利式的做法都无益于儿童的长远发展，我们需要将眼光投注于那些能使儿童终身受用的品质上。

《幼儿园教育指导纲要（试行）》把情感和态度作为学前儿童发展最重要的方面列在首位。

思政之窗

生活中我们不难发现，有不少人从事的工作与大学所学专业不一致，但也做出优异成绩，相反所学与所用相一致的人也可能成绩平平。指出这一现象并不是要否定知识的重要性，而要思考学校教育结束后到底在学生身上留下了什么。北京师范大学研究团队为这一问题给出了初步答案，即学生发展核心素养，也就是能适应终身发展与社会发展需要的正确价值观、关键能力和必备品格。教育要做有长度的教育，着眼于一辈子管用，着力于适应不断变化的社会。

一、选择题

1. 国家把受教育者培养成为什么样的人才的总要求，就是（　　）。
   A. 教学目的　　　　B. 教育目的　　　　C. 培养目标　　　　D. 教学目标

2. 社会要求与（　　）是制定幼儿园教育目标的主要依据。
   A. 幼儿身心发展特征和规律　　　　B. 教育机构
   C. 政府　　　　D. 父母

二、简答题

简述制定学前教育目标的依据。

【拓展资源】

国外学前教育目标简介

模 块 五

幼儿园课程

教学目标

1. 知识目标：掌握幼儿园课程的概念、特点、目标和内容。
2. 技能目标：学会正确地评价幼儿园课程。
3. 素质目标：初步树立正确的课程观和教育观。

知识框架

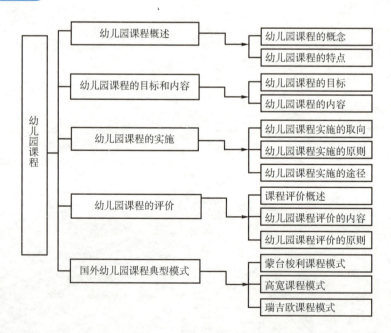

情境导入

课堂上，张老师问学生："什么是课程呢？幼儿园有没有课程呢？"同学们就此展开了激烈的讨论。有的同学认为："幼儿园连教材都没有，哪里来的课程呢？"而有的则认为：

"幼儿园是有课程的，比如五大领域课程。"还有的则认为："幼儿园的一日生活都是课程。"对此，你有怎样的看法呢？

课程到底是什么？幼儿园课程又有什么特点呢？

在西方，"课程"一词最早出现在英国教育家斯宾塞的《什么知识最有价值》（1859年）一文中，从拉丁语"Currere"一词派生出来，原意为"跑道"。不同学者对课程的理解也各不相同。

一、幼儿园课程概述

（一）幼儿园课程的概念

微课：幼儿园课程的概念

我国关于幼儿园课程的定义有以下几种观点：

1. 幼儿园课程即学习的科目

这种观点将幼儿园课程看作教学或学习的科目，也就是我们通常说的学科课程，如语文、数学、英语等。在我国20世纪50—80年代采用的便是这种观点，认为幼儿园课程的实质就是指幼儿园所设的科目，如体育、语言、常识、计算等，这些科目及其进程安排就构成了幼儿园课程的总体。

2. 幼儿园课程即教育活动

这种观点认为幼儿园课程不仅是学习的科目，还包括学习活动及其进程和安排。该观点实际上认为幼儿园的课程包括了幼儿园的一切活动。如张宗麟指出，"幼稚园课程者，由广义的说之，乃幼稚生在幼稚园一切活动也。"这是一种宏观的幼儿园课程定义。

3. 幼儿园课程即学习经验

这种观点认为课程就是学生在教师的指导下所获得的经验和体验。幼儿园课程中所获得的经验不是随便的，是为了实现教育目标，教师有目的、有计划、有组织地帮助幼儿获得的。幼儿所获得的经验是具有教育意义的，幼儿园课程应该尊重幼儿的兴趣需要，为幼儿提供的是有价值、有意义的经验。

对于幼儿园课程的理解众说纷纭，总的来说可以将幼儿园课程定义为："幼儿园课程是实现幼儿园教育目的的手段，是帮助幼儿获得有益的学习经验，促进身心全面和谐发展的各种活动的总和。"

（二）幼儿园课程的特点

幼儿园课程的特点不同于中小学，这主要由幼儿身心发展特点及幼儿教育的性质决定的。幼儿园课程是幼儿教育的核心，同时也是实现幼儿教育目标的手段，所以幼儿园课程应该体现幼儿教育的特点，适合幼儿的身心发展特点，真正促进幼儿的发展。

幼儿园的课程特点如下：

1. 基础性

幼儿园课程的基础性主要体现在两方面：一方面是教育对象的基础性。幼儿园的教育对象为3~6岁的幼儿，这种教育对象的基础性就直接决定了幼儿园课程的基础性。幼儿期是人生发展的起始阶段，这一时期，幼儿的身心发展迅速，个性开始萌芽，受社会文化影响较大。这阶段所习得的知识经验对幼儿当时的发展,甚至一生的发展都有巨大的影响。因此幼儿园课程的基础性不言而喻。另一方面是教育阶段的基础性。幼儿园教育是基础教育的重要组成部分,也是整个教育体系中的起始阶段。幼儿园教育在整个教育体系中的位置,也就决定了幼儿园课程在整个课程体系中的位置,它是整个基础教育乃至学校教育课程体系的基石。

2. 启蒙性

幼儿园课程的启蒙性与幼儿园课程的基础性,尤其是与其在人生发展中奠基的地位密不可分。幼儿园教育的对象为3~6岁的幼儿,他们身心发展迅速,好奇心强,有很强的求知欲和探索欲,但因为年龄小,能力有限,需要积极、正确的引导。幼儿园课程便能担负起启蒙的任务,启迪幼儿心智,引导幼儿科学地认识世界。

3. 融合于一日生活中

学前教育的基本原则是保教结合。所以幼儿园的教育内容不仅是一些知识的学习,还需要培养幼儿养成良好的生活习惯,掌握基本的生活能力。幼儿园的课程需贯穿于一日生活当中,也就是说,幼儿在园的一切活动包含着课程的目标和内容,幼儿园课程融于一日生活的各个活动和环节之中,包括集体活动、小组活动、进餐、盥洗、午睡以及入(离)园等。

> **思政之窗**
>
> 习近平总书记强调,"劳动最光荣、劳动最崇高、劳动最伟大、劳动最美丽。"我们应该为幼儿从小就树立起正确的劳动观念和劳动意识,养成幼儿尊重劳动、热爱劳动的良好品德。幼儿年龄较小,通过说教的形式往往起不到好的教育效果,所以教师可将热爱劳动和尊重劳动的意识融合于一日生活中。

4. 以游戏为基本形式

《幼儿园教育指导纲要(试行)》中指出:"幼儿园教育应尊重幼儿的人格和权利,尊重幼儿身心发展的规律和学习特点,以游戏为基本活动,保教并重,关注个别差异,促进每个幼儿富有个性的发展。"游戏是幼儿喜欢的,也是符合幼儿年龄特点和身心需要的,游戏对幼儿还具有重要的价值,因此,在游戏中学习对幼儿来说是必要的,幼儿园课程也应以游戏为基本形式,促进幼儿全面发展。

5. 以幼儿直接经验为基础

幼儿的思维发展特点是以直觉行动思维和具体形象思维为主。幼儿主要通过各种感官来认识世界,只有在获得丰富的感性经验基础上,幼儿才能理解事物。所以幼儿园的课程应以幼儿的直接经验为基础,让幼儿以获得直接经验为主。而且对幼儿来讲,只有在活动中的学习才是有意义的学习,只有在直接经验基础上的学习才是理解性的学习。

二、幼儿园课程的目标和内容

(一)幼儿园课程的目标

幼儿园课程的基本结构包括课程目标、课程内容、课程组织与实施以及课程评价。课程目标是形成课程内容、课程组织与实施以及课程评价的依据和标准,对整个教育过程起着导向作用。幼儿园课程目标的基本取向包括行为目标、生成性目标和表现性目标。

1. 行为目标

行为目标是一种用具体的、可以操作与观察测量的幼儿行为表述的目标，它指向的是实施课程以后在幼儿身上所发生的行为变化。行为目标的基本特点是目标的精确性、客观性、具体性和可操作性。在陈述行为目标时行为动词应该是可观察、可测量的具体行为。以幼儿园艺术领域为例，其中行为目标表述的具体内容有：

①能够说出其周围环境中的东西的颜色、形状、大小和样式；
②能够指出他/她所画或所做的东西中他/她认为重要的特征；
③能够对某些自己所画或所做的东西表达喜爱之情；
④能够对于观看和谈论他们所认识的艺术家创作的作品表现出兴趣；
⑤能够评价自己的绘画和手工作品；
⑥能够认识和比较不同艺术家的风格。

2. 生成性目标

生成性目标是在教育情境中随着教育过程的展开而自然生成的课程目标，强调在幼儿、教师与情景的交互过程中产生课程目标。如果说行为目标关注的是结果，那么生成性目标关注的则是过程，关注的是教育过程中幼儿的兴趣和需要，其根本的特点就是过程性。

生成性目标关注过程性，具有动态性、开放性，有利于促进幼儿有意义的学习和教师主动性的发挥。但是这种目标取向太过于理想化，在实践过程中应用起来对教师的要求很高，需要教师具有相当的教学研究能力，而且还需要教师花费大量时间去设计和实施，这很难保证在实践过程中的高效性。

3. 表现性目标

表现性目标不规定幼儿在完成学习活动后应该获得的行为，而是指向每一个幼儿在具体教育情景中所产生的个性化表现。所以，表现性目标多被运用于艺术领域中，它强调的是个性化，目标指向是培养幼儿的创造性，意在达到幼儿多样化的反应效果，而不是反应的一致性。

（二）幼儿园课程的内容

幼儿园课程内容是指依照幼儿园课程目标选定的通过一定形式表现和组织的基本知识、基本态度和基本行为。幼儿园课程的内容是由幼儿园课程的目标所决定的，是实现幼儿园课程目标的手段。对于教师和幼儿而言，主要解决的分别是"教什么"和"学什么"的问题。以下为制定幼儿园课程内容需遵循的原则。

1. 综合各领域课程的内容，促进幼儿全面发展

幼儿园课程内容必须符合并有助于实现课程目标，而幼儿园课程内容的选择从最终的目的来看是要促进幼儿的全面发展，满足幼儿身心发展的需要。所以在制定课程内容时需要考虑幼儿发展的整体性特点，综合各领域课程的内容，才能有利于促进幼儿身心全面发展。

2. 选择符合幼儿年龄特点的学习内容

幼儿期是人生发展过程中的特殊时期，有着特殊的学习需要和学习对象。幼儿期学习的内容具有基础性和启蒙性，切忌将不适合幼儿学习的知识强加于幼儿；尤其针对超前教育，很多幼儿园将小学的知识内容教给幼儿，这样不仅会降低幼儿对知识学习的兴趣和信心，对幼儿的身心发展也是一种摧残。为幼儿选择的学习内容应该是符合幼儿年龄特点的，既不能太难，也不能太过于简单，这样的学习内容才是有意义的，才能促进幼儿不断发展。

3. 内容要联系幼儿的生活实际经验与兴趣

幼儿园的课程内容应紧密联系幼儿的实际生活，只有与幼儿生活息息相关的内容才是幼儿感兴趣的，才能有助于幼儿的学习与理解。《幼儿园教育指导纲要（试行）》中明确提出："贴近幼儿的生活来选择幼儿感兴趣的事物和问题，有助于拓展幼儿的经验和视野。"因此在设计课程的时候，内容的选择应联系幼儿的实际生活经验和兴趣。

4. 内容的设计要在幼儿的最近发展区中

最近发展区理论是由苏联教育家维果斯基提出的儿童教育发展观，其基本含义是指儿童现有的发展水平和在成人的帮助下可能达到的水平之间的距离。课程内容的选择和安排应既能满足幼儿当前发展的需要，又要能够促进幼儿能力的提高，对幼儿的进一步学习具有挑战性，为后面的学习打下基础。

真题链接

（2021年上半年《保教知识与能力》）下列各项中，不属于课程四要素的是（　　）。
A. 课程设计　　　　　　　　　　B. 课程目标
C. 课程组织与实施　　　　　　　D. 课程内容

三、幼儿园课程的实施

幼儿园课程实施是指把一项课程计划付诸实践的过程，它是达到预期课程目标的基本途径。幼儿园课程实施过程中有三种不同的取向，包括忠实取向、相互适应取向和创生取向。

（一）幼儿园课程实施的取向

1. 忠实取向

课程实施的忠实取向认为，课程的实施过程即是忠实的执行课程计划的过程。衡量课程实施成功与否的基本标准是课程实施过程实现预定的课程计划的程度。实现程度高，则课程实施成功；实现程度低，则课程实施失败。该取向强调课程实施的过程完全遵照课程设计方案，当然这类课程教师较容易完成。

2. 相互适应取向

课程实施的相互适应取向认为，课程实施过程是课程计划与班级或学校实践情境在课程目标、内容、方法、组织模式诸方面相互调整、改变与适应的过程，也是一种融合课程实施方向，强调在课程方案设计与实际情况中找到一种折中的方式。

3. 创生取向

课程的创生取向认为，真正的课程是教师与学生联合创造的教育经验。课程实施本质上是在具体的教育情境中创生新的教育经验的过程，既有的课程计划只是供这个经验创生过程选择的工具而已。这种取向更强调教师依据幼儿的表现以及幼儿园课程的环境而调整课程的实施。

（二）幼儿园课程实施的原则

1. 目标定向原则

幼儿园课程实施要注意目标的导向性作用。教师在实施课程的时候要增强目标意识，目标是整个活动的重要导向环节。整个课程实施的过程中要紧紧地围绕着教育目标，要选择有利于目标实现的活动实施方式；没有一定的目标指向性，课程的实施过程就会缺乏规划性和目的性。

2. 生活化原则

幼儿园课程实施要具有生活化的色彩。加强生活与课程的联系，努力寻找和创造课程与生活相一致的教育情境，使得幼儿学习轻松有效。生活化的课程实施符合幼儿生命存在、学习发展的实施，教师要创设生活化的环境，使幼儿在园中有"家"的感觉。此外，在课程实施中，教师要善于"寓教育于生活"，使幼儿园的生活教育化。

【案例】幼儿园后院有一片空地，在一次散步后的谈话活动中，老师和孩子们商量着在地里种点什么。话题一抛出立即引发了孩子们极大的参与热情。于是，老师围绕种植开展了一系列活动。在和孩子们一起观察各种蔬菜的种子后，组织孩子们到空地种植。在等待菜宝宝发芽的过程中，老师和孩子们一起查阅资料，了解各种蔬菜的习性。菜宝宝发芽后又组织孩子们间苗、给菜宝宝浇水。在菜宝宝的整个生长过程中，教师定期组织孩子们去观察、照料小菜园，在这个过程中，不仅发展了孩子们的观察能力，还让孩子们体验到劳动的快乐和辛苦。

在"劳动最光荣"这个主题活动中，老师组织孩子们到食堂帮厨，观看厨师给孩子们制作饭菜的过程，体验劳动者的辛苦，并由此形成了经常性的帮厨。

有了这样的体验，在进餐时孩子们由原来被动地接受老师进餐"四净"的要求，变成主动遵守进餐"四净"公约。同时还当起了小小宣传员，在家里也要求爸爸妈妈不剩饭、不剩菜。

3. 综合化原则

幼儿园课程实施的综合化原则是指用有机整合的方式，将课程实施的各个要素进行多样化、多层次的有机联合，统整活动目标、教育教学活动方式，发挥活动的综合作用。具体来说，综合化表现在活动目标的综合化和教育方式的综合化。

【案例】《上海市幼儿园教师参考用书》（小班学习活动）的"娃娃家"主题下有一个儿歌教学活动"布娃娃"。在活动实施过程中，教师没有仅仅把儿歌《布娃娃》当作单纯训练语言表达的素材，而是注意利用这首儿歌激发幼儿对父母亲情的认同感。因此，教师在教学活动中充分引导幼儿去体会亲情的表现。如让幼儿多模仿和表达关切的话语："多穿一点衣服""多喝一点牛奶"；多模仿和表现父母亲情的细小、亲昵的举动：摸摸头、牵着手。

（三）幼儿园课程实施的途径

1. 教学活动

教学活动是教师依据课程的目标和内容，有计划、有组织地设计和安排的活动，以引导幼儿获得有益的学习经验。课程实施的主要教学活动形式是集体教学，这类活动主要是帮助幼儿获得新知识、新技能，并能整理、扩展、提升幼儿原有的经验。其最大的优点就是效率高，能在较短的时间内帮助幼儿获得新知识和新技能。但是由于班级幼儿人数多，而幼儿之间存在着个体差异，很难关注到全体幼儿的兴趣和需要，因此，集体教学活动不能作为课程实施的唯一途径。

2. 游戏

游戏是幼儿最喜爱、最适合其年龄特点的活动，游戏对幼儿来说具有重要的发展价值。幼儿以游戏为主要的生活形式，由此，以游戏作为实施课程的途径能够最大限度吸引幼儿的注意力，促进幼儿在认知、情感、社会性等维度的发展。教师在游戏的过程中，要充分尊重幼儿游戏的愿望和需要，保护幼儿游戏的权利。

3. 日常生活活动

一日生活皆教育，在日常的生活活动中，如进餐、盥洗、睡眠等，都蕴含着丰富的教育价值。幼儿园的教育目标和内容很多都是通过日常生活活动完成的，尤其是幼儿良好生活习惯的养成、社会性行为规范的养成等。然而日常生活活动经常被忽视其教育作用，生活活动作为重要的教育资源，应作为课程实施的重要途径。

4. 环境创设

幼儿园的环境既包括物质环境也包括精神环境。环境实际上是一种潜在的课程，对幼儿的影响是巨大的。儿童发展理论认为，儿童的发展是在与环境相互作用的过程中获得的。因此教师应该创设良好的环境以影响幼儿。

> **思政之窗**
>
> 《幼儿园教育指导纲要》指出："环境是重要的教育资源，应通过创设并有效地利用环境促进幼儿的发展。"环境作为一种隐形课程，对幼儿的身心发展都具有重要的意义。因此，良好的环境创设有助于幼儿的健康成长。
>
> 中华文化博大精深、源远流长，其中蕴含着丰富的教育意义，能滋养幼儿的心灵，促进幼儿精神文化素养的提升。因此作为幼儿教育工作者，应根据幼儿身心发展的规律与特点，将中华优秀传统文化融入环境创设之中，让幼儿在与环境相互作用的过程中，自然而然地学习与传承中华文化。如将传统节日融入环境创设之中，让幼儿感受丰富多彩的节日文化，进而产生对传统文化的兴趣与热爱。

四、幼儿园课程的评价

（一）课程评价概述

1. 评价的目的

①了解幼儿的实际发展状况，使教师能够针对幼儿的需要、特点及个体差异，决定教育活动的目标、内容及活动形式、指导方式等。

②了解课程的目标、内容、实施过程，以及幼儿整体的发展状况，从而评价课程是否符合教育目的，是否适合幼儿的发展，为课程的进一步调整和改进提供充分的依据。

2. 评价作用

①可以满足教师、课程专业人员、幼儿园行政管理人员以及其他负责课程编制人员的需要，通过课程评价，检验或完善原有的幼儿园课程，或者开发和发展新的幼儿园课程。

②可以满足幼儿教育政策制定者、幼儿园行政管理人员以及社会其他成员获得教育方面信息的需要，以便管理课程，做出影响课程的各种决策。

（二）幼儿园课程评价的内容

1. 课程评价的范围

①对照教育目标，检查和评估教育教学计划在目标、内容、实施方法等方面是否合适。

②在课程实施中及时记录幼儿在教育过程中的行为反应，并以此定期对照教育教学计划中的预定目标，检查和评估该目标本身以及所实施的教育内容、方法、手段等是否合适。

③在课程实施的过程中，定期对照《幼儿园工作规程》及各项要求，检查评估教师的行为、态度，教师与幼儿的关系和互动方式是否有利于课程教学目标的实现。

④对照课程教学目标，检查和评估幼儿身心诸方面发展的整体性与均衡性，包括身体、认知、语言、情感与社会性等几个方面。

2. 教育活动的评价

①对于幼儿来说，评价不只是评价他们掌握的与课程有关的具体知识的情况，更重要的是评价他们在学习活动过程中的态度、方法、行为方式等。

②对于教育活动来说，其重点在于：是否为幼儿提供了与目标相一致的学习经验；所提供的经验是否与幼儿的生活经验及已有的经验相联系，使幼儿可以有效地进行学习；是否既适合大多数幼儿的发展与需要，又体现了对个体差异的尊重。

③对于教师来说，主要着眼于评价教师从设计、准备直到实施每一个阶段所进行的各项教育教学工作，包括工作的技巧和态度。

（三）幼儿园课程评价的原则

1. 评价应有利于改进与发展课程

幼儿园课程评价的目的在于发现课程中的问题，找出原因，提出改进的建议和措施，解决问题，调整、改进和完善课程，不断提高教育质量，因此要发挥其诊断和改进课程的作用。如果我们把评价仅仅作为鉴定的手段，而忽略它的诊断和改进作用，处理不好就会使被评价者产生消极抵触情绪和应付行为，产生不良效果。

2. 评价的重点在于发挥教师的主体性

在评价的过程中，要尊重教师的主体地位，因为任何评价所提出的改进措施或建议都要通过教师的活动才得到落实。我们应该用"在发展过程中"的眼光看待教师，所有的问题都是"发展中的问题"，因为发展了，所以过去认为"好"的，在今天可能就不合适了，而需要改进。外部评价者要充分与教师沟通，尊重他们的意见与说明，并把这个过程作为一个研讨的过程，共同商讨解决的方法和今后发展的方向，并把评价的结果作为发展中的一个新起点。

3. 评价要有利于促进幼儿的发展

教师与课程评价者在对幼儿的学习和发展进行评价时需要注意符合幼儿的身心发展特点，评价的最终目的是促进幼儿全面和谐发展。

4. 评价应该科学有效

幼儿园课程评价要有正确的指导思想和评价标准，评价的指标要与《幼儿园工作规程》的精神和原则相一致。课程的评价要讲求实效性，为改善和提高教育质量提供有用的信息，并且评价结果的解释和运用是最重要的，这需要教师、园长、教研员及有关人员的合作，才能达到改进课程及帮助幼儿有效学习的目的。

五、国外幼儿园课程典型模式

（一）蒙台梭利课程模式

蒙台梭利是意大利儿童教育家，被誉为在世界儿童教育史上自福禄贝尔以来影响最大的人之一。

1. 理论观点

①儿童具有"吸收力的心智"；
②儿童发展具有敏感期；
③儿童的发展是通过工作实现的。

【资料卡】

敏感期

1. 语言敏感期（0~6岁）；
2. 秩序敏感期（2~4岁）；
3. 感官敏感期（0~6岁）；
4. 对细微事物感兴趣的敏感期（1.5~4岁）；
5. 动作敏感期（0~6岁）；
6. 书写敏感期（3.5~5.5岁）；
7. 阅读敏感期（4.5~5.5岁）。

2. 蒙台梭利课程目标

以培养幼儿身心均衡发展的人格为目标，通过作业的方式，让幼儿把内在的生命力表现出来，在作业的过程中培养幼儿的注意力，在自由和主动的活动中让幼儿自我纠正，使幼儿在为其设置的环境中成为具有特质的人。

3. 蒙台梭利课程内容

在蒙台梭利的课程模式中，教育内容由四个方面组成，分别是感官教育、日常生活活动教育、语言教育、数学教育。

（1）感官教育

感官教育是蒙台梭利教学法的主要特点，旨在通过触觉、视觉、听觉、嗅觉、味觉等感官训练增进幼儿的经验，让幼儿在考察、辨别、比较和判断的过程中提高自己的能力。

①触觉训练在于帮助幼儿辨别物体的轻重、大小、长短、冷热等，可采用限制戴指套的练习和闭目练习进行。触觉训练的教具主要有立体几何体、触觉板、温觉筒等，如图 5-1 所示。

图 5-1　触觉板

②视觉训练在于帮助幼儿识别物体的量度、形状和颜色，可通过镶嵌不同大小、形状的木块进行训练。视觉训练的教具主要有各种几何图形板、几何体、颜色板、圆柱体组等，如图 5-2 所示。

图 5-2　插座圆柱体

③听觉训练主要包括辨别音高、音响和音色的训练，可运用音色不同的小铃帮助幼儿区别声音。听觉训练的教具主要有发音盒、音感铃、音筒等，如图 5-3 所示。

图 5-3　音筒

④嗅觉和味觉训练主要是提高幼儿嗅觉和味觉的灵敏度,可通过多种嗅、尝活动进行训练。嗅觉和味觉训练的教具主要有嗅觉筒和味觉瓶,如图5-4和图5-5所示。

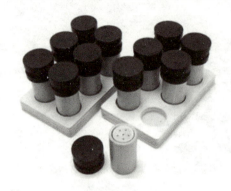

图5-4　嗅觉筒

图5-5　味觉瓶

（2）日常生活活动教育

日常生活活动教育旨在培养幼儿的独立自主能力和精神,学习实际生活技能,并促进幼儿注意力、理解力、协调力、意志力的发展以及良好生活习惯的养成。与幼儿有关的日常生活教育主要包括以下几个方面：

①幼儿的自我服务,如穿脱衣服、刷牙、洗脸、洗手、梳头等；

②幼儿初步的动作练习,如走、跑、抓、握等；

③管理家务的工作,如扫地、拖地板、擦桌椅、整理房间等。

（3）语言教育

语言教育按照"听—说—读—写"的顺序进行,包括谈话活动、讲述活动、听说游戏、早期阅读、文学作品欣赏等。图5-6和图5-7是语言教育中经常使用的教具。

图5-6　砂纸字母板

图5-7　印刷字母卡

（4）数学教育

蒙台梭利数学教育的内容包括数数、用书写符号表示数、数的排序、数的守恒、几何图形的认识等。图5-8和图5-9是数学教育中经常使用的教具。

图5-8　100串珠链

图5-9　二倍数

4. 蒙台梭利课程的组织与实施

①以教具为中心；

②以环境为基础；

③幼儿的自由操作；

④教师的协助。

【思考】

你如何看待或评价蒙台梭利课程模式？

真题链接

（2018年下半年《保教知识与能力》）下列说法中属于蒙台梭利教育观点的是（　　）。

A. 注重感官教育

B. 注重集体教学的作用

C. 重视恩物的使用

D. 通过游戏使自由与纪律相协调

（二）高宽课程模式

高宽课程（High Scope）是由美国心理学家戴维·韦卡特创立的海恩/斯科普教育机构研制的，与凯米课程一起，被称为是最有影响力的皮亚杰式早期教育方案。它以皮亚杰认知发展理论为基础，是美国20世纪60年代"开端计划"的重要组成部分。如今，高宽课程在世界各地的幼儿园和小学低年级中进行尝试性实施，并不断地加以优化和完善，使其作为一种经典的课程模式不断地适应儿童发展和社会需求。

1. 主动学习的课程理念

高宽课程最主要的目的在于有效地促进儿童的智力和认知能力的发展，为今后的学习成功奠定基础。在后期，把儿童的主动学习和强调知识建构作为课程的核心思想，强调以儿童的主动学习为中心，促进儿童认知、情感、社会性的全面协调发展，培养主动的学习者。这里，主动学习不仅是一个教学策略，而且是目标本身，主动学习是整个课程模式的核心和根本。

【资料卡】

主动学习的特征

1. 幼儿直接操作物体；
2. 幼儿对自己的行动进行反思；
3. 将学习兴趣作为幼儿的学习资源；
4. 幼儿对难题的发现和解决。

2. 以关键经验为核心的教育内容

高宽课程内容是围绕着关键经验所提供的各种类型的活动。它采用了"开放教育"的做法，实现关键经验的各种活动以各个"兴趣区"或"活动区"为中介展开。教师有意识地将关键经验物化为活动材料和活动情境，幼儿在活动中充分地与材料、环境、他人进行互动以获得学习和发展。

高宽课程的关键经验共10条：语言与文字、创造性表征、分类、排列、数概念、空间、时间、自主性与社会关系、运动、音乐。在每一种关键经验之下又细化了若干小的关键经验。

【资料卡】

关键经验

关键经验是对幼儿社会性、认知、身体发展的一系列陈述，它是成人支持、观察幼儿活动并做出计划的指示物，也是评估幼儿发展状况的指标体系。所有的关键经验的获得都要依靠幼儿主动地操作物体、与他人交流以及经历事情。

3. 高宽课程的组织与实施

在高宽课程中，幼儿一日生活安排有半日和整日之分。高宽课程的一日生活安排主要包括10个环节：问候时间、计划时间、工作时间、整理时间、回顾时间、点心和休息时间、集体活动时间、小组活动时间、户外活动时间和过渡时间。在这10个环节里，持续时间最长的是幼儿的计划、工作、回顾活动，一般在1小时以上。

（1）计划时间（10~15分钟）

计划时间旨在给幼儿一个机会表达自己的想法和意图，培养幼儿的主动性和进取心。当幼儿进行计划时，他们有一个目的或意图，基于他们的年龄和交流了解，使用行动（拿起笔）、手势（指向某个区域）或者语言（我准备……）来表达他们的计划。在幼儿做计划时，教师可以和他们一起讨论"要做什么""怎么做"，帮助和鼓励幼儿完善自己的计划。

（2）工作时间（45~60分钟）

工作时间旨在给幼儿提供一个将自己计划付诸实践的机会，在和活动材料、工作伙伴等互动的大块时间内，教师为幼儿提供机会参与到社会性情境中，实施自己的计划，并尝试解决实际问题，且在解决问题中建构自己的知识，学习新的技能。

（3）回顾时间（10~15分钟）

回顾时间旨在让幼儿对已经经历或者已经发生的事情进行回顾，重现活动过程、活动经验及其与活动计划的链接，并借此培养幼儿的概括能力、表达能力、分享能力、合作能力和进一步的计划能力。

（三）瑞吉欧课程模式

瑞吉欧·艾米利亚（Reggio Emilia）是意大利北部的一个小城市。瑞吉欧人在结合自身文化特色的同时，借鉴了很多理论，尤其是杜威和皮亚杰的理论思想，从而形成了自己的教育特色。

1. 瑞吉欧教育体系的理论基础

（1）儿童观

在瑞吉欧人的眼里，儿童是有能力的学习者，他们有着强烈的好奇心、求知欲、探索世界的愿望；儿童还是主动的学习者，他们拥有自己独特的学习方式。

（2）教育观

瑞吉欧学校的教育观是和他们的儿童观联系在一起的。瑞吉欧人认为：教育的目标就是要创造一个和谐的环境，发展儿童的创造力，使儿童形成完整的人格。在教学方法上，他们反对传统的单向灌输，反对把语言文字作为获取知识的捷径。教育就是要帮助儿童在与情境中的人、事、物相互作用的过程中主动建构知识。

【资料卡】

工作坊

工作坊是瑞吉欧学前教育机构最富有特色的环境，每一个年龄层幼儿的教室隔壁都是一间小工作坊。学校还有一间大工作坊，摆放了各种工具箱，随着科技的发展还增添了照相机、录音机、放像机、复印机、电脑等设备。工作坊由受过训练的驻校艺术教师负责，他们参与到幼儿与教师的经验活动中，还负责记录的编辑与设计工作。幼儿和成人都可以使用工作坊。

2. 瑞吉欧课程的目标

瑞吉欧课程目标中并没有预先制定的非常细致、具体、可操作的行为目标，而是强调在活动过程中培养幼儿的个性、主体性以及他们在学习过程和具体教育情境中生成性、表现性目标的实现。这样的课程目标，不仅解放了幼儿，而且使教师的教学有了较大的自由空间。

3. 瑞吉欧课程的内容

瑞吉欧幼儿教育体系无明确规定的课程内容，无固定的"教材"或预先设计好的"教育活动方案"。课程内容来自幼儿生活中感兴趣的事物、现象和问题，来自他们各自的活动，他们认为日常生活即是取之不尽的课程内容资源。

4. 瑞吉欧课程的实施

瑞吉欧课程的实施以"项目活动"方式展开，又称"方案教学"。方案教学是依据幼儿的生活经验和兴趣确定活动的主题，并以该主题为中心进行扩散，编制主题网络，将概念予以分化、放大，让幼儿通过学习，探索概念的内涵。方案教学的具体实施过程如下：

①师生共同合作设计方案的主题。

②师生共同编制策划主题网络。主题网络是一种由许多与主题相关的小子题编织而成的放射状的图形，它把各种资料都纳入主题之下的各子题内。通过编制主题网络，可以明确主题探索的范围。

③教师共同讨论方案执行的思路。

④创设一定的情境，推动方案进行。

⑤方案进行过程中或完成后，幼儿应以各种形式整理自己在探究过程中的发现，然后进行交流和分享，并回顾和反思活动的整个过程。

一、选择题

1. 幼儿园教育是基础的基础，这是强调幼儿园课程的（　　）。
   A. 游戏性　　　　B. 活动性　　　　C. 基础性　　　　D. 文化性
2. 幼儿园课程的主要特点是由（　　）决定的。
   A. 文化　　　　B. 经济发展　　　　C. 幼儿的身心特征　　　　D. 环境
3. 最近发展区理论的提出者是（　　）。
   A. 杜威　　　　B. 维果斯基　　　　C. 夸美纽斯　　　　D. 巴班斯基
4. 以下哪种目标是指教育的总体方向，并体现出普遍的、终极的教育价值追求？（　　）
   A. 教育目标　　　　B. 课程目标　　　　C. 教学目标　　　　D. 教育目的
5. 蒙台梭利的早期教育课程注重儿童的（　　）。
   A. 智力　　　　B. 动作　　　　C. 艺术　　　　D. 感知觉
6. （　　）是指在教育过程中生成的课程目标。
   A. 总体目标　　　　B. 中期目标　　　　C. 生成性目标　　　　D. 预成性目标
7. 幼儿园实施的课程的主要形式是（　　）。
   A. 游戏　　　　B. 活动　　　　C. 教学　　　　D. 生活
8. 美国课程理论家（　　）认为目标是课程编制的核心，被称为"行为目标之父"。
   A. 杜威　　　　B. 斯宾塞　　　　C. 泰勒　　　　D. 坎贝尔
9. （　　）是瑞吉欧教育体系中课程的主要特征。
   A. 知识学习　　　　B. 动作训练　　　　C. 方案教学　　　　D. 感知觉训练

二、简答题

1. 幼儿园课程的含义及特征是什么？
2. 幼儿园课程的目标有哪些？
3. 简述幼儿园课程实施的原则。
4. 幼儿园课程评价包括哪些内容？

【拓展资源】

我国幼儿园课程模式

模块六

学前教育活动

教学目标

1. 知识目标：了解学前教育活动的含义、类型和特点，知道学前教育活动评价的目的、内容、标准、原则和方法。
2. 技能目标：掌握学前教育活动设计的基本环节和原则，能够根据不同类型学前教育活动设计的基本规范要求设计教育活动方案，能够运用评价结果，分析、改进教育活动开展，促进学前儿童发展。
3. 素质目标：感受学前教育活动设计和评价的乐趣，增强专业认同感，树立正确的教育观念。

知识框架

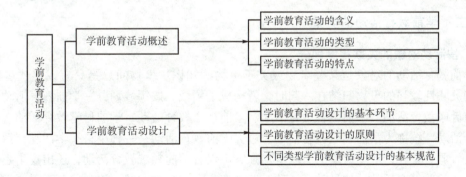

情境导入

在一次题为《怎样让大蒜头倒立起来》的科学教育活动中，教师请小朋友借助橡皮泥、纤维绳、牙签等材料让不能竖立的大蒜头立起来。小朋友都很积极，有的把大蒜头插在橡皮泥上，有的用牙签插上大蒜头……最后，教师示范用小刀将大蒜头横切成两截，放在桌子上，大蒜头倒立起来了！

活动虽然进行得很热闹，可引发的一连串的问题是："大蒜头能否倒立起来"与"怎样倒立起来"是学前儿童关心的事情吗?这样的教育活动有意义吗?是不是教师设计的活动,就一定适合学前儿童学习?学前教育活动到底由哪些要素组成?教师到底该怎样设计与组织学前教育活动?

一、学前教育活动概述

(一)学前教育活动的含义

1. 活动

广义的"活动"指一切物体和人的运动。从这一意义上看,动物也有活动,如猫头鹰夜晚活动。狭义的"活动"专指人类有目的的行动。心理学认为,活动是由共同目的联合起来并完成一定社会职能的动作的总和。活动由目的、动机和动作构成,具有完整的结构系统;哲学上讲的活动指主体与客体相互作用的过程。因为只有人才能成为主体,所以,尽管二者说法不同,但都是从主体的人的角度来界定"活动"的概念,都是指狭义的"活动"。

人类的活动与动物的活动有着本质的不同。动物的活动是一种生物的本能,是对生存环境做出的被动的反应,其活动内容和水平几乎是不变的。人类的活动是一种社会性的活动,人类在自己的活动中能发挥主观能动性,使活动的水平随着社会发展而不断向前,人类的活动是发展变化的。

2. 学前教育活动

学前教育活动是在特定的环境条件下的人的活动。与人的其他活动相比,其特殊性在于,学前教育活动不是一个人的活动,而是由教育者和受教育者共同作用的。学前教育活动也有广义与狭义之分。广义的学前教育活动指对受教育者——学前儿童施加教育影响的一切活动。狭义的学前教育活动专指在学前教育机构实施的活动,包括幼儿园教育活动和托儿所教育活动。

(二)学前教育活动的类型

1. 按活动对象的关联程度划分

学前教育活动的对象是某些事物或关于事物的知识。事物间总是具有或多或少的关联性,当关联性较强的事物归结在一起时,就构成了领域。按领域划分,学前教育活动可以分为学前健康教育活动、学前语言教育活动、学前社会教育活动、学前科学教育活动、学前艺术教育活动,统称为学前领域教育活动。过去学前教育活动是一种单科教学活动,活动对象关联度较弱。现在,活动对象的关联度加强,不仅有学前领域教育活动,还出现了超越领域的整合的学前教育活动,这种教育活动一般都有一个中心或主题,将学前儿童需要学习的内容或对象联系成一个整体,消除了领域的边界,我们称之为主题教育活动。此外,以学前儿童的活动和经验为主要线索的是活动课程,它的主要表现是区域活动,不同的活动课程可以分出不同的区域。如美国的"幼儿创造性课程"是典型的活动课程,全部课程由11个区域组成。需要关注的是,有些领域课程和主题课程也常部分采用区域活动的组织方式。

综上所述,按活动对象的关联程度划分,学前教育活动可分为学前单科教学活动、学前领域教育活动、学前主题教育活动及学前区域教育活动。

2. 按活动性质划分

学前教育活动按其性质不同可分为一日生活活动、教学活动、游戏活动、操作活动、考察活动。

（1）一日生活活动

一日生活活动是学前儿童在幼儿园一日之内要经历的满足其基本生活需要的活动，主要包括进餐、睡眠和盥洗等。幼儿园一日生活活动的合理组织和安排，关系到培养学前儿童良好的生活习惯，提高学前儿童生活的自理能力和社会适应性，促进学前儿童身心全面和谐地发展。同时，有利于各项工作有计划、有步骤地进行，从而提高各项活动的效率。

（2）教学活动

教学活动是一种由教师专门组织的、有很强的计划性的对学前儿童施加影响的活动。它更多地强调教师的作用，强调教学的结果，承担着向学前儿童传递人类和民族文化遗产的任务。教学应符合学前儿童的学习特点，注重教学的游戏化、生活化等。

（3）游戏活动

游戏是最能表现与肯定学前儿童的主动性、独立性与创造性的主体性活动，是在学前教育阶段培养学前儿童主体性的适宜途径，对学前儿童主体性的发展与培养具有重要的教育价值。游戏本身多种多样，有自由游戏、益智游戏、建构游戏、角色游戏、表演游戏等。

（4）操作活动

操作活动是以学前儿童的需要、兴趣及身心发展水平为主要依据，考虑幼儿园教育目标及正在进行的其他教育活动等因素，教师创设丰富的环境和利用材料，与学前儿童共同制定活动规则，让学前儿童自由选择活动材料，进行探究、表达以及同伴交往等活动。它常以区域的形式出现。

（5）考察活动

考察或参观是为学前儿童提供真人、真事、真实场合作为教育环境的一种现场学习活动，教师有目的、有计划地带领学前儿童对所参观的对象进行观察。这种观察活动重点在于，根据观察引导学前儿童结合自己的有关生活经验，产生联想、进行对比，从而激发向往、自豪、尊重等积极的道德情感。参观活动可以给学前儿童一种全新的刺激，能激发他们浓厚的学习兴趣。参观活动符合学前儿童情感发展的特点，学前儿童在参观活动中亲自感受各种现实生活和真人真事，从而产生情感共鸣和移情，从情感上引发一种激励机制，从而最终导致学习和行为的良性迁移。如：参观农场认识家畜和蔬菜；参观动物园认识各种野生动物，了解它们的生活习性；参观敬老院和老爷爷老奶奶聊天，知道尊老爱老。参观活动最好是在幼儿园附近的社区中进行，充分利用社区的资源，积极争取社区对幼儿园活动的支持和帮助。

3. 按活动的形式划分

（1）集体教育活动

这是教师面向全体学前儿童的教育活动。教师的方法以直接指导为主，学前儿童在同一时间内做相同的事情，如集体教学、游戏、参观、听故事等。该活动的优点是便于教师对学前儿童实施统一的活动管理，在全体学前儿童面临共同的问题或有共同的学习需要时可以采用。如果教师的引导方法适当，可以保证活动的效率较高。但集体教育活动的缺点也比较明显，不是所有内容的学习都适合采用集体形式，而且教师在集体活动时与单个学前儿童的互动机会非常有限，很难照顾到学前儿童的个别需要，从而影响因材施教。

（2）小组教育活动

这是教师面向部分学前儿童的教育活动。通常是教师将学前儿童分成组，自己在各组轮流重点指导。这种形式适合班额不大的情况，且与一定的学习任务分工有关。小组教育活动有利于教师分组、分层指导，也有利于学前儿童小组间的合作与交流。

（3）个别教育活动

当教育对象只有一个学前儿童的时候，便是个别教育活动。它是教师根据个别学前儿童的特点进行的教育指导，例如教师和单个学前儿童进行的晨间谈话就是个别教育活动。个别教育活动是因材施教理念的具体体现。

（三）学前教育活动的特点

1. 计划性和目的性

学前教育活动是在专门的学前教育机构中，由社会培养和指派的专职幼教人员实施的教育活动，它体现了国家或阶级的意志和要求，是一种依据社会需要来培养人的社会教育活动，因此，具有明确的计划性和目的性。这一特点，使幼儿园教育活动不仅与家庭教育不同，而且与其他学前社会教育活动也有明显的质的区别。

2. 儿童主体性和教师主导性相统一

强调学前儿童是学前教育活动的主体，并不是否认教师的积极作用。教师是教育环境的主要创设者，在学前儿童与环境相互作用的活动过程中，需要教师去组织、去实施，也需要教师去指导、去促进和调控，包括激发和维持学前儿童在活动中的积极性、主动性。教师在支持、引导学前儿童学习方面起着积极的作用，因此教师通常也被看成是教育活动的另一主体。学前儿童是学习的主体，而教师是引导的主体，二者之间是平等的、合作的、"互为主体"的关系。但教师在发挥引导作用时，必须尊重学前儿童主体的人格和合法权利，重视学前儿童身心发展的特点和需要，还要承认学前儿童发展的个体差异性，注重因人施教，促进每个学前儿童在不同水平上都得到发展。也就是说，教师的主导性必须建立在学前儿童的学习主体地位之上，否则，就有一种"越俎代庖""喧宾夺主"的意味。

3. 过程性和结果性相统一

《幼儿园工作规程》明确指出，幼儿园教育应"注重活动的过程"。但同时，它也注重在活动过程中，通过学前儿童自身的感知和思维水平上的操作、观察、探索，产生感情上的激动、惊讶和各种感受，以及行为上的操作和反复练习，并获得感性知识、学习概念，体验不同感受，形成良好的习惯等。因此，幼儿园教育活动重视将"活动过程"和"活动结果"统一在活动之中。

4. 情境性

情境学习理论强调知识与情境之间动态相互作用的过程，它认为"知识与活动是不可分离的，活动不是学习与认知的辅助手段，它是学习整体中的一个有机组成部分"。因此，真正的学习是在有意义的情境中发展的，学前儿童正是在情境中通过活动获得了知识。学习与认知本质上是情境性的，要让学前儿童在亲身经历和体验中获得知识或概念，情境设置是引发和生成这种学习的最基本条件。情境，既可以是发生在一定背景中的真实情境，也可以是模拟的情境。学前儿童通过在一定情境中的亲身感受，充分地运用自身的多种感知通道去接触情境中的事物、材料，进而在感受、刺激的过程中产生丰富的、真实的体验。

5. 整合性

学前教育活动的整合性是学前儿童学习与发展特点在学前教育活动上的全面反映，学前儿童还不具备分科学习的能力。整合性表现在：第一，学前教育活动应促进学前儿童认知、情感和态度、动作和技能等诸方面的整合发展；第二，学前教育各项活动应相互练习、相互渗透，综合构成一个整体，各类或各个教育活动都是整体的一部分，它们整合发挥作用，共同促进学前儿童的全面发展；第三，学前教育活动的目标、内容、过程、方法、评价以及环境、教材、设备、材料等因素相互联系、相互制约，综合构成教育活动的整体结构。

二、学前教育活动设计

（一）学前教育活动设计的基本环节

微课：幼儿园游戏化课程成果展示

学前教育活动设计的基本环节包括活动设计思路、活动目标的确定、活动准备、活动过程等。教育理念和课程模式不同，学前教育活动设计各环节的呈现方式和内容的详细程度也会相差很大。

1. 活动设计思路

设计思路即设计意图，是根据当地教育资源、幼儿园及学前儿童的实际情况，结合活动内容，概述活动过程中拟实践的教育理念、原则、方法等。

例如，中班"有趣的声音"的设计思路是根据学前儿童对声音感兴趣的实际情况，提出用"玩中学"的理念来设计活动。

儿童的感官是非常敏感的，任何有响声的玩具都会吸引他们的注意。在儿童的游戏和生活中，他们也总是喜欢通过自己的动作让物体发出声音来，以满足自己的好奇心。本活动以"玩声音"为线索，引导儿童在玩中学习，自由探索，模拟声音，充分发挥想象力，积极创新。

对于瑞吉欧教育体系等一些以生成课程为导向的活动设计来说，设计思路并不局限于某一两个活动，而是更为广阔、深远，其着眼点是为学前儿童不期而遇的学习和富有想象力的表达提供帮助。

2. 活动目标

学前教育活动的目标，是指通过教育活动所要达到的预期结果。确定学前教育活动的目标，是学前教育活动目的性的体现。

教师应根据学前儿童的年龄特点、原有水平和能力、活动的内容和性质来确定具体明确的活动目标。过去，活动目标突出的是教师"教"的结果；现在，人们关注更多的是学前儿童的"学"。因而，目标的表述更多地指向学前儿童的学习结果，从学前儿童的情感与态度、能力、知识与技能等方面对教育目标进行描述，并与学前儿童的学习紧密结合在一起。

例如，教师在设计中班科学活动"好玩的泥土"时，提出下列教育活动目标：

①喜欢玩泥土，萌发丢泥土的兴趣（回答"儿童爱学习了吗"的问题）。

②能用闻、捏、堆、丢、浇水、和泥等操作感知泥土的特性，并用完整的语言表达自己的发现（回答"儿童会学了吗"的问题）。

③学会玩泥土后洗手（回答"儿童学到了什么"的问题）。

这些教育活动目标具体、明确，具有可操作性，并便于检测，它直接引导着教师的教学和评价。

许多课程的活动设计并不预先规定具体的目标，只有一个大的指导思想，即教育目的。如果一定要说有目标的话，其目标也不是预先规定好的，而是伴随着活动的开展而不断形成的。

3. 活动准备

活动准备是教育活动正常进行所必需的知识与物质准备，具体包括学前儿童的经验准备、材料的准备、活动场地布置等。活动准备既可以在活动前的日常生活中进行，也可以是前一个集体教育活动本身。

例如，小班美术活动是为"鸡蛋"涂色，在进餐吃鸡蛋、听故事或看相关图书录像时，学前儿童已经建立了关于鸡蛋的经验，所以不需要教师专门为学前儿童准备一幅画有鸡蛋轮廓的"底画"，而可以把这个工作直接作为一个活动——画一个大大的鸡蛋来开展。

4. 活动过程

活动过程设计是对教育活动中各个部分的内容与方法的规定。通常，活动过程包括导入、展开、结束三个基本部分。

活动导入是将学前儿童的注意力转移到学习的内容上，激发学前儿童对内容的学习兴趣，其方法灵活多样，但时间不宜过长，一般不超过3分钟。

活动展开是活动过程的主要部分，在其中教师呈现教学内容，通过提问、演示各种教具等指导方法保持学前儿童活动的积极性，引导学前儿童观察、操作、感知、发现、理解等，并对学前儿童做出及时恰当的回应。教师力求做到：教学策略、教学方法和教学组织形式的选择注重学前儿童学习过程的体验，体现自主、合作、探究学习方式的主要特征；突出教学内容重点，巧破难点，内容安排合理、有序，容量安排恰当，教学媒体使用适时、适量、适度，体现创新性和可操作性；活动展开一般分3~4个环节，各环节要求保持学习上的递进性。

活动结束可以是对学习内容进行归纳、总结，也可以是教师对学前儿童的学习结果与学前儿童在活动中的表现做出评价，还可以引出新的学习课题。总结时，不能对刚刚经历的学习过程抽象化，对学前儿童的学习内容"概念化"，避免生硬地说出儿童不能理解的知识。

（二）学前教育活动设计的原则

1. 兴趣性原则

兴趣是学前教育活动开展的驱动力和出发点。学前教育活动内容必须是符合学前儿童兴趣的，是学前儿童真正关心的和需要学习的；否则，非但不能体现学前儿童是学习活动主体的特点，而且让学前儿童学会应付教师，活动变得"走过场"。如本章前的案例，探究大蒜头如何倒立起来对于学前儿童来说并没有意义。如果教师考虑到学前儿童的学习需要，可以先在活动室内投放一些大蒜，引导学前儿童用各种感官感知大蒜的特点，尤其是大蒜的气味，讨论大蒜如何种植，并试试自己做大蒜发芽的实验。这样的设计与组织不仅会激发学前儿童对大蒜的好奇心和求知欲，而且还会促进儿童思维能力、动手能力等方面的发展，而不至于出现那样一种表面热闹实际无意义的状况。

2. 灵活性原则

学前教育活动设计本身不是目的，学前活动设计是为了更好地促进学前儿童的学习与发展。所以，尽管活动设计中确定了"小目标"，但教师心中要有"大目标"意识，这个大目标就是学前儿童的学习与发展。也就是说，教师在实施设计好的教育活动时，如果学前儿童的学习兴趣与需要正好与活动的目标与内容相符，则按事先的设计方案进行；如果出现了不相符的情况，则需要考虑预先设计的局限性并对这种设计进行调整，有必要时甚至放弃，从学前儿童的兴趣与需要中产生新的教育活动目标和内容，即对原有的活动进行再设计。

3. 联系性原则

学前教育活动内容的选择和组织必须要遵循联系性原则。联系性一方面表现在活动内容中设计的概念之间的纵向发展联系，确保由已知到未知、由整体到部分、由一般到个别，不断分化；另一方面表现在教育活动内容之间的横向联系，从横向方面加强活动内容所涉及的相关概念之间的联系，以及知识、技能、情感各部分内容之间的协调衔接，以促进学前儿童融会贯通去学习，并保证学前儿童的协调发展。此外，与学前教育活动设计的联系性相呼应，教师还应将教育活动的目标、内容、过程、形式与手段、环境与材料等联系起来，相互协调，对学前教育活动进行整合化的设计，以期达到教育活动效果的最优化。

（三）不同类型学前教育活动设计的基本规范

学前教育活动的设计样式多种多样，不同的学前教育活动特点决定了学前教育活动的设计样式不同。这里从活动对象的关联程度的视角，分别对学前领域教育活动、学前主题教育活动及学前区域教育活动的设计规范作出说明。

1. 学前领域教育活动设计

学前领域教育活动是学前教育中常见的一种教育活动。学前领域教育活动根据活动对象的关联度，将幼儿园的教育活动划分为几个领域，一般包括健康、语言、社会、科学、艺术五个领域。

学前领域教育活动是从教师出发，由教师设定教育内容，按领域的特点有目的、有计划地开展教育活动的过程。学前儿童在领域教育活动中获得的知识比较系统，教师的作用比较突出。因此，教师在教学活动的设计过程中要注意把知识传授与学前儿童兴趣结合起来，把教育目标和教育方法结合起来。总的来说，就是既要顺应学前儿童的自然发展，又要将学前儿童的发展纳入社会所需要的轨道。

学前领域活动设计时需要注意以下几方面：

（1）教育活动设计中体现领域特点

不同学习领域的教育活动在教师的教学和学前儿童的学习方面是有不同的规律和要求的，教育活动设计要符合这些规律和要求。

学前儿童健康应该是学前儿童在身体、心理和社会适应等方面都表现出健全的状态。近些年来，人们更重视让学前儿童认识生命、珍惜生命、尊重生命、热爱生命，学习以积极的方式保护生命以及处理自己与环境和他人之间的关系。健康教育活动不仅有正规的、有计划的教育活动，也有在常规生活中贯穿的教育活动。

语言教育活动为学前儿童创设支持性语言教育环境，让学前儿童乐于表达、善于表达。学前语言教育的内容主要有丰富学前儿童的词汇，培养学前儿童聆听和讲述的能力，讲述与朗诵学前儿童文学作品。

社会学习涉及学前儿童自身、自己与他人、自己与环境之间的相互作用。

科学教育活动是科学启蒙教育，它使用学前儿童可以亲历和感受科学探究的过程和方法，目的重在激发学前儿童的认识兴趣和探究欲望。

艺术教育活动以学前儿童为本，强调学前儿童艺术教育对儿童自身的影响和对学前儿童发展的促进作用。美术教育和音乐教育都是艺术教育。艺术教育活动设计就是在学前儿童认知、情感、技能三方面整合的基础上发展学前儿童的审美表现力和审美创造力。

（2）领域之间相互渗透

各领域教育活动都有自己的特点，但是领域教育活动也不是完全分割、各自独立的。各领域教育活动之间的渗透更有利于学前儿童保持对教育活动的兴趣。《幼儿园教育指导纲要（试行）》指出："各领域的内容相互渗透，从不同的角度促进幼儿情感、态度、能力、知识、技能等方面的发展。"

例如，为了让学前儿童理解一些常规的卫生习惯知识，教师经常会在健康教育活动中加入一些朗朗上口的儿歌。如"手拿花花杯，喝口清清水，抬起头、闭着嘴，咕噜咕噜吐出水"。儿歌将刷牙的全过程形象易懂地呈现出来，适合学前儿童的心理特点，易于被学前儿童接受。有条件的话，教师还可以带领学前儿童参观牙医门诊室。这样，健康教育活动与语言、社会教育活动就实现了相互渗透，可以说任何一种教育活动都不可能完全离开其他教育活动。

（3）分析领域活动素材，找准目标与内容定位

学前领域活动内容的选择和组织可以立足于现有教材，但是不能拘泥于教材。教师在利用教材内容时，既要对同一个活动内容或作品素材尽量从不同层面进行挖掘和内容设计，又要从学前儿童的视角出发分析素材所蕴含的核心经验，从而设计出适宜的教育活动目标和内容来。

例如，中班语言领域活动"家"用到一首儿歌：

蓝蓝的天空是白云的家，

密密的树林是小鸟的家，

绿绿的草地是小羊的家，

清清的河水是小鱼的家，

红红的花儿是蝴蝶的家，

快乐的幼儿园是小朋友的家。

这首儿歌中的天空、白云、树林、小鸟等是学前儿童非常熟悉的事物，"蓝天是白云的家"对于幼儿园中班的儿童来说不存在理解上的任何困难，所以，教师不宜把活动目标定位在"熟悉""理解"与"掌握"儿歌上，内容也就不应放在反复地看图讲解、提问与复述儿歌上。同时，该儿歌表现出句式统一、简单、重复、对仗工整的特点，非常适合仿编，学前儿童只需要欣赏一两遍就能掌握句子的结构特点，教师可提供另外几种事物的图片，启发学前儿童在原有儿歌基础上续编儿歌。

真题链接

1.（2019年下半年《保教知识与能力》）中班下学期，陈老师发现，班上仍有一些幼

儿会抢别人的玩具，他们的理由是："我喜欢这玩具，我要玩。"请设计一个教育活动，解决上述问题，要求写出活动名称、活动目标、活动准备及活动过程。

2. （2021年上半年《保教知识与能力》）幼儿园准备组织一次春游，大一班的小朋友很高兴，有的说要去这里玩，有的说要去那里玩；有的说坐地铁去，有的说还是乘汽车好；有的在谈论自己要带什么美食……陈老师想，既然小朋友有这么多问题，那么是否可以生成一个教育活动，带着小朋友一起研究解决这些问题呢？

要求：请帮助陈老师设计一个"我们要去春游了"的教育活动，写出活动目标，活动准备和活动过程。

2. 学前主题教育活动设计

主题教育活动是一种幼儿园综合性课程，由一系列主题教学活动组成。

主题教育活动以主题开始，将教学内容综合到一个网状的主题之中。主题的开展可以由教师确定活动目标和活动内容，也可由学前儿童根据与主题有关的学习经验发起活动。主题教育活动是当前幼儿园中最为盛行的教育活动之一。主题教育活动设计不同于"整合科目"的教育活动设计，在"整合科目"的教育活动设计中，设计者首先注意的是目标，活动以这些目标的实现为出发点和归宿；而在主题教育活动设计中，活动目标可以由设计者预设，也可以由学前儿童生成。也就是说，主题教育活动中教师先根据学前儿童的生活经验和主题，选择活动内容，再根据内容，设置活动的目标，而这些目标具有相对性和可变性。

设计者在设计主题教育活动时应该遵循以下几个要求：

（1）要尊重学前儿童兴趣

主题教育活动与领域教育活动相比最大的特色在于主题的确立来自儿童兴趣。主题教育活动的结构化程度较低，教师在教育活动中往往是发起者和引导者，主题的完成是学前儿童和教师共同努力的结果。

例如，在主题教育活动"清明节"中，"祭扫"能否放到主题活动中来？教师是对"祭扫"避而不谈，还是在课堂上大大方方地展现？如果展现，又应该怎样展现？祭扫是清明节的传统，如果设计者在主题教育活动中对祭扫避而不谈就违背了学前课程生活化的根本特性。设计者关键是要抓住儿童对祭扫的经验储备，从正面引导学前儿童对这种略带神秘色彩的传统民俗活动的兴趣。

（2）必须突出主题

多个教育活动能够以网状系统联系在一起的依据就是它们拥有一个共同的主题。只有主题突出，才能使教育活动按照一条主线进行而不至于杂乱无章。例如在"亲亲泥土"这个主题活动中，无论是以科学探究为主线，还是以艺术表达为主线，都必须要围绕"泥土"这个中心话题开展活动。

（3）应体现整合性的特点

主题教育活动的整合应该是自然的、有机的，符合学前儿童身心特点和兴趣的，而不是设计者的生拼硬凑。如在讲"螃蟹"这个主题时，螃蟹的生长特点、身体结构、营养价值等很自然地就涉及了科学领域、健康领域的活动；学前儿童在主题教育活动进行的过程中自由发表观点、查找材料、阅读书籍，也就是发展了学前儿童的语言。所以没有必要一定让儿童坐在那里跟着教师学习一首儿歌、跳一个舞蹈。

主题教育活动设计的整合性还包括学前儿童内部经验的完整性。在主题教育活动设计中，教师往往将注意力过多地指向课程的外部，忽视了学前儿童的主动建构过程，结果，主题教育活动仍然带有很强的"教师中心"特点。教师编制的主题网络一般只是对大部分学前儿童感兴趣的内容的初步把握，不可能吸引所有学前儿童的兴趣，也不可能满足所有学前儿童的求知欲望。因此，在主题教育活动设计中，教师要注意给学前儿童空间和时间，让学前儿童自主选择，学前儿童在根据自己的兴趣自主选择的过程中大大丰富了教师最初的主题网络。

真题链接

1.（2019年上半年《保教知识与能力》）最近，大三班许多小朋友用大大小小的纸盒制作小汽车等物品，马老师发现，制作的汽车装饰不太一样，但结构差不多，往往只有车厢、车轮、车灯等。马老师认为可以根据这种情况生成一个"汽车"主题活动，引发幼儿的深度学习。请帮助马老师设计"汽车"主题活动。

要求：

（1）写出主题活动的总目标。

（2）围绕主题设计三个子活动。写出其中一个子活动的具体活动方案，包括活动名称、目标、准备和主要环节。

（3）写出另外两个子活动的名称、目标。

2.（2020年下半年《保教知识与能力》）材料：为了帮助小班新入园的幼儿尽快适应集体生活，余老师准备开展"高高兴兴上幼儿园"系列主题活动。请围绕该主题为余老师设计三个子活动。

要求：

（1）写出主题活动总目标。

（2）写出其中一个子活动的活动方案，包括活动的名称、目标、准备和主要环节。

（3）写出另外两个子活动的名称、目标。

3. 学前区域教育活动设计

教师在设计区域活动时要考虑到区域活动与课程的关系、区域的布置、区域的材料投放、区域中学前儿童和教师的地位和角色等问题。

（1）区域活动与学前课程的关系

区域活动自由、自主的特点可以满足不同学前儿童的发展需要，区域活动更关注、尊重学前儿童的个别差异，学前儿童可以在自己感兴趣的活动中获得个性化的学习和发展。区域活动弥补了集体教育活动形式同一时空、同一学习方式的缺陷，学前儿童在区域中自由探索，对课程所构建的知识内容体系起到了一个平衡和弥补的作用。

例如，在开展"蝌蚪和青蛙"的科学教育活动时，教师可以在科学区中投放一盆蝌蚪作为学前儿童的观察对象。教师应该在科学活动开展之前投放材料，目的是让学前儿童主动观察，产生对蝌蚪变青蛙的兴趣，此类观察活动也是学前儿童的经验储备过程。一些学前儿童对教育内容的理解要慢一点，教师可以考虑延长材料的投放时间，让这些学前儿童可以继续探索与观察。再如，教师在教完折飞机后将折飞机的示例图贴到美工区中，一些当时没有学会的学前儿童根据图例渐渐地就学会了折飞机。

区域活动设计应该与课程紧密结合起来，二者分割只会降低教育效果，浪费教育资源。

（2）区域的组成和位置

区域可以划分为图书阅读区、积木建构区、科学区、美工区、音乐区、玩具操作区、休息区、展示区等。

区域活动有动有静，教师只有对区域位置安排妥当才能使各区互相不受干扰，区域设计时尽量将需要安静的区域（图书阅读区）和比较热闹的区域（音乐区）分开。同时，各个区域既是相对独立的空间，也要便于各区域之间的互动，可以利用屏风、矮柜、橱柜等将各区隔开，为学前儿童营造一个独立、开放、可变、通透的区域空间，便于学前儿童的独立探索和相互交流。区域位置并不是一成不变，教师应该根据活动的需要而随时对各区域进行适当调整。教师除了考虑学前儿童的兴趣需要，还应该站在教师的立场上考虑区域的位置设计，避免"死角"，保证教师的视线应该能达到所有的区域，便于教师对各区域学前儿童的观察和指导。

（3）材料的投放

材料是区域活动中学前儿童的操作对象，是学前儿童发展和活动的媒介，材料蕴含着教育者的教育理念，也承载着教育者的期望和智慧。材料的提供和投放是区域环境创设的关键，教师必须综合考虑各方面因素才能满足学前儿童需要，实现学前儿童发展的目标。

区域材料投放要丰富，保证每个学前儿童都能得到使用材料的机会。

①材料的安全性。材料要经过清洗消毒，尤其是那些利用废旧物品改造的玩具，一定要做好消毒工作，保证学前儿童活动时的卫生和安全。学前儿童健康发展是幼儿园工作的首要任务，任何活动都必须遵循这个原则。

②材料的丰富性和可探索性。教师要为区域活动提供足够的、适宜的材料，包括为不同的区域提供不同材料，为同一活动内容提供不同的材料。如在关于"沉与浮"的区域活动中，教师需要在科学区投放小木块、塑料块、铁片、硬币等不同的材料吸引儿童对材料的兴趣，丰富学前儿童的探索经验。设置区域的目的就是让学前儿童自主探索、自由发展，这就要求材料不仅要丰富还要有可探索性，学前儿童在动手的时候，也要动脑。区域活动不能只追求表面的热闹，而对学前儿童的本质发展没有帮助。

③材料使用的多样性。开发材料的"一物多玩"有利于学前儿童智力发展，也可以降低材料投放的成本。例如一个矿泉水瓶子就可以有很多种玩法，可以将瓶子装饰成一个小花篮摆放在娃娃家，也可以在瓶子中装入不同的颜料放在科学区观察颜料混合后的颜色变化，还可以将瓶子黏合在一起为积木区盖所小房子等。

④材料的相对稳定性和变化性。材料的相对稳定性体现不同区域活动的特点，但是材料也必须随活动内容、学前儿童的需要与兴趣等多种因素的变化而相应地进行不同程度的调整。此外，教师撤走和投放材料的过程应该是渐进的，而不是突然地撤走所有原有材料和全部投放新材料。

⑤学前儿童参与材料的提供和投放。学前儿童参与材料的提供和投放可以提高学前儿童对材料的兴趣。每个学前儿童背后都有一个可利用的家庭和社区，让学前儿童参与材料的提供和投放也是幼儿园、家庭、社区三者紧密结合的体现。

> **思政之窗**
>
> 　　斗转星移，移不走雷锋的灵魂；岁月流逝，逝不去孩子心中的热忱。2021年是中国共产党成立100周年，也是毛主席"向雷锋同志学习"题词58周年。为弘扬雷锋精神，培养乐于助人的优良品质，在这春意盎然的季节，以"传承雷锋精神，涵养红色品格"为主题的雷锋月活动"雷锋的故事"在快乐星球实验幼儿园悄然上演。大班的孩子在老师们的带领下走进小班教室，帮弟弟妹妹穿衣、穿鞋、整理床铺，体现了作为哥哥姐姐的一份责任与担当。中班老师带领孩子们在幼儿园里开展大扫除活动，孩子们把园门口、操场上、草丛中、滑梯周围等处打扫得干干净净。孩子们用自己的实际行动，弘扬着雷锋精神。
>
> 　　习近平总书记指出："雷锋精神，人人可学；奉献爱心，处处可为；积小善为大善，善莫大焉。"当有人需要帮助时，如果大家都能搭把手、出份力，社会将会变得和谐美好。

巩固练习

一、简答题

1. 什么是学前教育活动？它有哪些特点？
2. 学前教育活动具有哪些要素？这些要素各自具备什么意义？
3. 学前领域教育活动设计需要注意什么问题？
4. 学前主题教育活动设计有哪些要求？

二、实践应用题

　　观看一个学前教育活动的录像，分析该学前教育活动设计是否规范，符合或者违背了学前教育活动设计的哪些原则。

【拓展资源】

国家级资源共享课程——
幼儿园教育活动的设计与实施

模块七

学前儿童游戏概述

1. 知识目标：重点掌握学前儿童游戏的含义、特点及类型，了解游戏对学前儿童发展的功能。
2. 技能目标：能够灵活地运用所学知识指导学前儿童进行各种类型的游戏。
3. 素质目标：能够坚持儿童为主的科学儿童观，尊重学前儿童的自主性，提高教师专业素质。

 知识框架

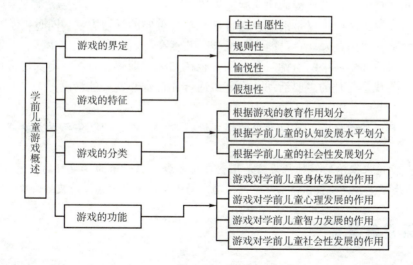

情境导入

《幼儿园教育指导纲要（试行）》指出，幼儿园教育应"以游戏为基本活动"。一是"保证幼儿每天有适当的自主选择和自由活动时间"，二是要求"教师直接指导的集体活动要能保证幼儿的积极参与"。然而，在幼儿园教育的现实中，很多教师因为指导不当，使幼儿园的游戏徒有"游戏"之名，在教师组织发起的集体游戏中，热热闹闹、唱唱跳跳地围着教师转，游戏的权利并不在幼儿。

福禄贝尔在其儿童教育生涯中，非常重视游戏和活动。他认为游戏和活动对于发展儿童的认识、想象力和创造力是有益的。他认为游戏是儿童幸福的源泉，游戏是儿童生活的一部分，所以特意为儿童设计了一套玩具"恩物"。这套玩具对于儿童的智力、情感身体等发展都有好处。他认为游戏是儿童最好的活动方式，因此，强调成年人要支持和关心儿童的游戏，他说："母亲啊，培养儿童游戏的能力吧！父亲啊，保卫和指导儿童的游戏吧！"

你是怎样看儿童游戏的呢？你认为儿童游戏有哪些类型？你如何指导儿童各种类型的游戏呢？

一、游戏的界定

关于儿童游戏的概念，不同的心理学家对其有不同的解释，目前来看，世界上并无公认的定论。

皮亚杰将游戏看作是一种不平衡的状态，他强调同化，提出游戏可以是"纯粹的同化"，因此，他将同化大于顺应的活动看作游戏。

维果斯基则将游戏看作是儿童通过使自己服从规则而"对抗即时的冲动"，他认定游戏"创造了最近发展区"，而游戏正是为导向儿童进一步发展的教学的背景，他认为游戏的益处是创造发展。

布鲁纳等人则将游戏的益处放在它的"创造性""结合性"和"产生性"上。

尽管有众多游戏界定的说法，总体来看，我们普遍使用游戏是儿童追求快乐的一种自愿行为，主要以娱乐为目的，通过模仿和假想反映社会现实生活，并伴有快乐情绪体验的活动。游戏是儿童自由选择的获得愉快体验的手段。

对于儿童来说，玩耍不仅是消遣，而且是儿童最重要的学习方法。同时，游戏也是儿童发展自己的大脑和肌肉并发现自己能力的机会。儿童在游戏中反映现实生活，并通过游戏体验现实生活，生活和学习中的道德、意义和美感在知识、情感、意图、行为等方面都能得到很好的发展。游戏是儿童的主要活动，也是最适合儿童身心发展的活动。

【思考】
教师为了完成教学任务，采取游戏的形式进行教学，这样的教学活动是游戏吗？

【总结】
游戏是儿童追求快乐的一种行为，是儿童自愿参加，以娱乐为主要目的，通过模仿和假想反映社会现实生活，并伴有快乐情绪体验的活动。游戏是儿童自由选择的获得愉快体验的手段。

二、游戏的特征

《幼儿园教育指导纲要（试行）》和《幼儿园工作规程》等众多文件中都强调，"幼儿园要以游戏为基本活动"，这种作为学前儿童活动基本方式的游戏主要有以下特点：

（一）自主自愿性

自主自愿性是游戏的主要特征，学前儿童正处于快速的身心发展阶段，游戏是与学前儿童的身心发展相协调的重要活动。学前儿童游戏是一项无限制的活动，并无其他目的，学前儿童根据自己的需要和体力来自由选择想要进行的游戏，获得自愿活动的能力。

教师为了实现学前教育的任务、目标，采用游戏的形式进行教学，这种活动称为教学游戏或游戏化教学。从本质上说，教学游戏是一种教学，是一种寓教于乐、寓教学于游戏之中的活动，而不是游戏，但是学前儿童会有游戏的感觉。

（二）规则性

每场游戏都是有秩序的，这来源于游戏模仿的社会现实的秩序规则，因此，学前儿童在游戏中并不是不受限制或任意进行活动的。例如扮演医生角色的学前儿童，他们往往都会先擦拭注射处，再进行打针，所以他们的游戏有时候看起来很混乱，但每个游戏中都隐藏着某种秩序。每个人在日常生活中都有一定程度的自制力，正是这种游戏中的秩序使学前儿童拥有了自制力，使游戏形成了一种和谐有序的状态。因此，游戏中的学前儿童不是无限制的，他们受模仿的角色的固有行为规则的约束，在看似繁忙的活动中，遵守某些规则，表现出一定的规则并井然有序。

> **思政之窗**
>
> 无规矩不成方圆，有约束才能成才。
>
> 国有国法，家有家规。乃至一个国家、一个家庭、一个完善组织，都有自己的标准，社会是由人组成的，人是社会人，社会是人的社会，我们每一个人都在社会上扮演一定的社会角色。遵守社会规则，才能更好地生活和发展；反之，不利于自身发展的同时还会损伤社会利益，更严重者触犯法律，终生后悔。

（三）愉悦性

游戏的最终属性是它们给学前儿童带来的身心愉悦，这种娱乐驱使学前儿童继续从事游戏活动。在游戏过程中，通常会有很多不确定因素出现而影响游戏，这种不可预测的随机性使学前儿童可以体验到意外和巨大的惊喜，使学前儿童感到快乐的情绪。同时，学前儿童经常使用正面的语言，例如"乐趣""快乐"和"放松"等，来描述他们从事的游戏活动，也可以从中看出，学前儿童进行游戏活动时是愉悦的，即使偶尔有时不一定很快乐，学前儿童仍然会发表积极的评论。

（四）假想性

学前儿童的游戏是对周围现实生活的反映，是在学前儿童生活经验的基础上对游戏角色、游戏材料、游戏情景的假想。在游戏过程中，学前儿童不受具体条件及时间的限制，通过想象创造新情景，学前儿童在游戏中以真诚的情感体验游戏中的活动，并且相信虚构的真实性。学前儿童在其假象出来的社会情景中，完成他扮演的社会角色的社会任务，获得社会工作需要的满足。

【思考】

幼儿园的"娃娃家"属于游戏吗？

三、游戏的分类

（一）根据游戏的教育作用划分

我国幼儿园大多数情况下参照苏联幼儿园的游戏分类方式，将游戏按照其教育作用进行划分，其中，根据游戏中创造性成分的多少把游戏分为创造性游戏和规则游戏。

1. 创造性游戏

创造性游戏是学前儿童发挥主观能动性，主动创造出来的一种反映现实生活的游戏，包括角色游戏、表演游戏、结构游戏等。

（1）角色游戏

角色游戏是一种学前儿童用来模仿和满足自己的兴趣和愿望，并利用他们的想象力通过游戏创造性地反映周围的生活环境、经验和感受的游戏，通常会有特定的主题，例如娃娃屋、商店、医院等，因此也称为主题角色扮演。角色游戏是幼儿园中最常见的游戏，具有高度的自主性、主动性和创造力，并在学前儿童的成长中发挥极其重要的作用。

（2）表演游戏

表演游戏，也称为戏剧游戏，是指使用童话、故事和其他文学作品作为线索，通过某些表演技巧（言语、动作、表情、姿势）进行的一种复制文学和艺术作品的活动。表演游戏非常灵活，学前儿童可以改变故事中的语言和动作，也可以在桌上使用洋娃娃或小动物玩偶进行表演游戏。

表演游戏中的"角色"不同于角色游戏中的"角色"，具体的相同点和不同点如表7-1所示。

表7-1 角色游戏与表演游戏中的角色异同

项目	角色游戏中的角色	表演游戏中的角色
相同点	扮演角色	扮演角色
不同点	1. 角色来源于现实生活中的各种人物； 2. 情节来自现实生活的印象； 3. 内容可以由幼儿自行选择	1. 角色来源于文艺作品中的各种人物； 2. 情节来自文艺作品的情节； 3. 内容在文艺作品的基础上加以想象、创造

幼儿园里的表演游戏具有不同的表演形式，根据表演形式以及所借助的材料可以把表演游戏分为作品表演游戏和创作表演游戏两大类。

①作品表演游戏是指学前儿童根据自己对童话和故事内容情节的理解，扮演其中的角色，模仿或创造性地设计游戏角色、情节、语言和动作。学前儿童本身的想法并不固定，所以这样的游戏每次进行时都不是固定的，会随着学前儿童当时的想法而变化。

②创作表演游戏是指学前儿童创造性地运用材料进行表演的游戏。具体包括：

a. 桌面表演：指学前儿童使用桌面作为舞台，用小玩具代替作品中的人物，并通过学前儿童的口头对话或独白以及玩具的操作来表达作品的内容。

b. 影子戏：生活中见到的手影、投影和皮影戏等都属于影子戏。手影戏不需要复杂的设备，只要有光线就可以进行，通过手势的变化，创造出种种物象。学前儿童喜爱动物，于是兔子、狗、猫等就成了手影的主要表现对象。

c. 木偶戏：木偶戏是指用木偶来表演故事的戏剧。表演时，演员在幕后一边操纵木偶，一边演唱，并配以音乐。根据木偶形体和操纵技术的不同，有布袋木偶、提线木偶、杖头木偶、铁线木偶等不同形式。

（3）结构游戏

结构游戏是指学前儿童利用各种结构材料，通过手的创作来反映现实生活的游戏。结构游戏的材料包括积木、积塑、胶粒、花片等专门的结构材料，沙、石、水、土、雪等自然的结构材料，以及瓶子、挂历、纸盒等废旧物品和半成品的结构材料。根据学前儿童操作玩具的不同，可以把学前儿童的结构游戏分为积木游戏、积塑游戏、拼棒游戏、拼图游戏和玩沙、水、雪等材料的游戏，如表7-2所示。

表7-2 学前儿童结构游戏分类与图例

名称	介绍	图例
积木游戏	利用各种积木或其他替代用品作为游戏材料进行的结构游戏	
积塑游戏	利用塑料制作的各种形状的片、块、粒、棒等部件，通过接插、镶嵌组成各种物体或建筑物模型的游戏	
拼棒游戏	用火柴棒、塑料管、冰棒棍或用糖纸搓成纸棍等作为游戏材料，拼出各种图形的一种游戏	
拼图游戏	用木板、纸板、塑料或其他材料制成不同形状的薄片并按规定方法进行拼摆的一种游戏，传统的七巧板就属于这类游戏	
玩沙、水、雪等材料的游戏	沙土是一种不定型的结构材料，可以随意操作。学前儿童可利用水、雪玩划船、堆雪人、打雪仗等游戏。玩沙、玩水、玩雪都是一种简便易行的结构游戏	

结构游戏是集创造力、实用性为一体的美术活动，被称为"工程师的游戏"。它的教育功能如下：第一，可以使学前儿童的基本动作，特别是手部动作达到协调发展；第二，可以有效地促进学前儿童的创造性思维、观察力、图像记忆力、想象力和发展能力等，以练习和提高学前儿童的认知水平；第三，可以丰富儿童的知识和经验，培养学前儿童良好的情感品质，例如认真、克服困难、持之以恒、合作等；第四，引导学前儿童体验建筑的美丽，激发学前儿童自由表达美的欲望，提高学前儿童的审美能力。

【思考】
学前儿童以积木、沙、雪等材料为道具来模仿周围现实生活的游戏是哪类游戏？

2. 规则游戏

规则游戏又称教学游戏，是教师利用游戏的形式，为达成教学目的，发展学前儿童的各种能力而创编的，有事先预设好的规则的游戏。规则游戏包括智力游戏、音乐游戏和体育游戏，每种游戏都具备其自身的特别含义和特点，学前儿童从每种游戏中学到的东西也各有不同。

（1）智力游戏

智力游戏是指结合智力教育因素和游戏形式来丰富学前儿童的知识、发展学前儿童技能的一种游戏。它可以通过生动有趣的形式发展学前儿童的自愿性，增强趣味性，例如积木、拼图、谜语、国际象棋和纸牌等。智力游戏具有三个特征：乐趣、困惑和挑战。它不仅可以促进学前儿童的观察力、注意力、记忆、想象力、思维等智力因素的发展，而且可以促进学前儿童语言能力和身体运动的发展。

（2）音乐游戏

音乐游戏是指在一定的规则和要求下，通过音乐伴奏或歌曲伴奏以及各种音乐活动来发展学前儿童音乐感知的游戏。这种游戏是愉悦、全面、生动和情感化的，它可以促进学前儿童积极和乐观的情感品质的发展，并提供人际交流的机会，促进学前儿童的社会发展。同时，音乐游戏还可以促进学前儿童语言、知觉、记忆和创造力的发展。音乐游戏主要有以下几种：音乐和广播游戏、节奏游戏、唱歌游戏、舞蹈游戏。

（3）体育游戏

体育游戏是针对特定运动任务量身定制的，包括基本的身体动作、角色和规则，它们是学前儿童体育活动的主要形式。体育游戏的类型很多，包括追逐游戏、跳绳和跳圈游戏、攀爬游戏、滑梯游戏、轮盘和手推车游戏、带有角色和动作的游戏，例如"我们都是木人"以及民间游戏"跳房子"等。体育游戏的形式是相对固定的，并且大多数是由人传下来的，例如"鹰捉小鸡""投掷手帕"。体育游戏着重于为学前儿童发展基本动作，是学前儿童进行健康教育和制订健康计划的重要途径。竞技性体育游戏有助于提高学前儿童的身体抵抗力，培养其勇敢、坚韧、机智、柔韧性、克服困难、责任心、互助等良好品质。

（二）根据学前儿童的认知发展水平划分

皮亚杰认知理论的重要组成部分之一就是游戏理论，他认为学前儿童在不同的认知发展水平中有不同的游戏形式，因此，他根据学前儿童认知发展阶段把学前儿童的游戏分为练习游戏、象征性游戏、结构游戏、规则游戏。

1. 练习游戏（最早出现，随年龄增长比例下降）

练习游戏也称为感觉运动游戏，是游戏开发的第一阶段和起点，是学前儿童最早玩的游戏。处于感知运动阶段的学前儿童并没有真正掌握语言，他们的认知和思维活动主要基于感知和运动，因此，现阶段学前儿童之间没有游戏的象征意义，没有特定的游戏方法，游戏只是让学前儿童简单地重复某些活动或动作以获得某种愉快的体验。练习游戏的形式主要包括抓取、触摸、投掷和其他动作，例如摇铃、水击、滚球、滑梯等，对于学前儿童来说，这是对感知觉运动的训练。

2. 象征性游戏（2~7岁，高峰期在3~5岁）

象征性游戏是指使用替代玩具和角色模拟社交生活的虚假或虚构游戏。象征性游戏是学前儿童游戏的最典型形式，并且在2岁以后玩得时间最长，高峰时间在3岁左右。学前儿童2岁后，主要活动就是玩耍。学前儿童快速发展的语言能力和特定的思维方式形成了这一阶段的象征性玩法，他们通过虚构的场景和行为再现了现实生活情景和自己的欲望，例如使用竹竿作为马，椅子为大象、汽车等。角色扮演是象征性游戏的主要表现形式之一，通过游戏，学前儿童可以从当前对物体的感知中脱离出来，用符号代替物体，并学会用语言符号思考，这反映了此阶段学前儿童认知发展的水平。

3. 结构游戏（2岁左右开始出现，随年龄增长发展）

结构游戏是学前儿童利用各种不同结构材料（如积木、积塑、泥、沙、雪等）来构建反映现实生活中的活动，如搭积木、玩沙、玩水、玩橡皮泥、堆雪人等。学前儿童热爱沙、水等结构性游戏材料的兴趣是与生俱来的，因此，很多学前教育研究人员批评一些现代化幼儿园用塑胶跑道代替沙石操场，同时，他们倡导每个幼儿园都应该有一个沙池、水池，甚至是生态游戏园。

4. 规则游戏（4~5岁发展起来，延续到成年）

规则游戏是学前儿童根据某些规则，与两个或两个以上的学前儿童一起参加的带有竞技色彩的游戏，例如国际象棋和球类游戏。由于规则本身具有不同的复杂度，对操作技能的要求也有所不同，因此学前儿童玩这种游戏可以一直延续到其成人。规则游戏的发展表明，游戏逐渐失去了其具体和象征性的内容，变得更加抽象。学前儿童进入大班学习后，他们的语言和抽象思维能力得到了显著发展，并逐渐缓解了思维的"以自我为中心"的思想，可以从其他人的角度看问题，使得游戏中的每个人都可以一起遵循某些规则。学前儿童在参加游戏的过程中对规则的认识和遵守可以为他们未来的生活打下良好的基础。

（三）根据学前儿童的社会性发展划分

社会性发展是学前儿童心理发展的重要方面。美国心理学家帕滕（Parten，1932）按照学前儿童（2~6岁）在游戏中的社会交往水平，把学前儿童的游戏分为无所事事游戏、单独游戏、旁观游戏、平行游戏、联合游戏、合作游戏，六种游戏的特点及社会化程度如表7-3所示。

表7-3 六种游戏的特点及社会化程度

游戏类别	特点	社会化程度
无所事事游戏	未真正参与到游戏中	最低
单独游戏	独自游戏	较低
旁观游戏	观看别人游戏，喝彩	自己不参加

续表

游戏类别	特点	社会化程度
平行游戏	几个学前儿童同时玩同样或类似的游戏	无共同目的和合作意图
联合游戏	共同参加一项游戏	无共同目的，无分工，突出个人兴趣
合作游戏	有明确目的、分工、合作和角色任务	社会化程度最高

【思考】

学前教育游戏的各种划分方法所提到的游戏名称，你是怎么理解的呢？它们各自都有什么样的特点？

 真题链接

1. （2014年下半年《保教知识与能力》）儿童拿一竹竿当马骑，竹竿在游戏中属于（　　）。
   A. 表演性符号　　　　　　　　B. 工具性符号
   C. 象征性符号　　　　　　　　D. 规则性符号
2. （2015年上半年《保教知识与能力》）儿童最早玩的游戏类型是（　　）。
   A. 练习游戏　　　　　　　　　B. 规则游戏
   C. 象征性游戏　　　　　　　　D. 建构游戏

四、游戏的功能

（一）游戏对学前儿童身体发展的作用

许多针对学前儿童的游戏都包含一些生理活动，可以锻炼身体，促进正常的成长和发展并改善其身体素质。除了一些在学前儿童操作玩具时会产生的较大的肌肉运动，诸如扭扭、剪剪、粘贴、撕撕等运动也会锻炼学前儿童的小肌肉运动，同时跳跃、奔跑等运动还可以增加身体的新陈代谢，这些功能训练有助于保持学前儿童身体健康的状态。

1. 游戏与基本动作的发展

在各种游戏中，都包括各种大小动作和活动，特别是户外体育游戏能锻炼学前儿童的走、跑、跳、钻爬、投掷、平衡、攀登等基本动作，在从事这些活动时，学前儿童的大肌肉动作得到发展。例如，学前儿童在玩爬桶等游戏时，从桶里爬出来再钻进去，再如玩滑梯游戏时爬上和滑下等，学前儿童四肢肌肉的协调性和灵活性都会有所提高。

生理学家早就发现，人体的每个部分在大脑皮层上都占据着相应的代表区域，区域的大小与身体这部分运动的精细复杂程度成正比，运动越精细复杂，人体的这部分在大脑皮层上占据的面积越大。精细复杂的运动可以刺激大脑中的一些创造性区域，并促进思维能力的发展，思维的发展反过来又使动作更加精确和敏捷。因此，学前儿童应经常在户外阳光下和空气新鲜的地方进行活动，控制大小肌肉以增强灵活性和协调性，通过练习和运用他们学到的协调动作继续学习新技能。攀爬、奔跑、跳跃等为学前儿童提供许多必要的锻炼和活动，而且在学前儿童时期，这些基本动作的练习是在游戏中进行的，可以说游戏是发展基本动作的重要方式。

2. 游戏与运动能力的发展

在游戏中，尤其是活跃游戏中，学前儿童将充分利用自己的身体和感官，以寻求内部和外部的统一。游戏不仅可以有效地提高学前儿童的意识，而且可以促进学前儿童运动技能以及各种组织和器官的发展。学前儿童的运动能力表现在肌肉控制、身体平衡、动作协调等方面，这种能力的发展是通过游戏来实现的，游戏可以满足学前儿童成长过程中的运动需求，并促进他们发展运动技能。例如，攀爬、打猎、跳绳、滑动、在平衡木上行走等，促进学前儿童大型肌肉群的发展，并使他们的动作更加协调，而折纸、泥艺、插塑和串珠则可以使学前儿童小肌肉运动能力得到协调发展。学前儿童根据自己的运动能力选择游戏的内容，也逐步发展他们在游戏中的运动能力，然后在提高运动能力的基础上选择与他们的发展水平相对应的一种游戏活动。游戏为学前儿童提供了大量锻炼身体的机会，可以满足他们随着年龄增长对运动量的需求，并不断提高学前儿童对运动能力的认识。

3. 游戏与学前儿童身体生长发育

体育游戏对促进学前儿童身体的生长发育效果显著。黄世勋的"关于体育游戏促进儿童生长发育的实验研究"就是一个很好的例证，其研究方法是在实验班用体育游戏形式加强体育锻炼，对比班则按常规锻炼的方法进行锻炼。

实验结果表明：活动性游戏能促进学前儿童生长发育，促进学前儿童骨骼、肌肉系统的发育，提高其身体机能，实验班的学前儿童在身体的各项指标中得分均好于对比班。由此我们可以认为，游戏对促进学前儿童生长发育具有重要作用。

身体健康的学前儿童比身体不健康、营养不良的学前儿童更喜欢游戏。游戏使学前儿童身体各器官得到活动和锻炼，大到追、跑、跳、跃的游戏，小到拼图、绘画、玩沙等游戏，都可以促进学前儿童大、小肌肉的运动，促进骨骼、关节的灵活与协调。学前儿童在不同的游戏中，变得结实、健康；在与外界环境的多方面刺激中，变得反应迅速而敏捷；在欢快的游戏中，形成各种技能，增强了对外界环境的适应能力。游戏为学前儿童身体的正常发育提供了许多必要的动作和运动的机会，锻炼了学前儿童的身体，增强了学前儿童的体质。

（二）游戏对学前儿童心理发展的作用

1. 游戏有利于解决学前儿童心理上的主要矛盾

在所有类型的游戏中，角色扮演游戏是最受学前儿童欢迎的游戏形式。为了发挥自己想成为的角色的效应，并做一些在日常生活中无法实现的事情，学前儿童一直都在努力像成年人一样独立地参加社交活动，但他们自身技能和经验的局限性使他们无法独立参与到实际社会中，两者之间的矛盾是学前儿童心理发展的主要矛盾，解决这一矛盾的最有效方法就是角色扮演游戏。在游戏中，学前儿童可以根据自己的喜好选择游戏的角色。例如，他们可以扮演"老师""驾驶员""父亲""母亲"的角色，并玩"上学""驾驶""玩具屋"这样的游戏，满足他们的愿望。

2. 游戏有利于学前儿童情绪情感的发展

游戏在学前儿童的情绪情感发展中起着重要作用，它不仅可以满足学前儿童表达情绪情感的需要，而且还可以消除负面情绪。

首先，游戏可以提供给学前儿童表达情感的机会，学前儿童可以在游戏中表达情绪，例如，学前儿童戴"微笑"帽子来表达他们的快乐心情，戴"哭泣"帽子来表达他们的悲伤情绪。同时，游戏还可以使学前儿童充分体验幸福。对于学前儿童，游戏是幸福的代名词，游戏可以带给他们极大的欢乐。在一项调查中，对于"你觉得什么时候是快乐的"这个问题，有47.8%的学前儿童回答说"玩游戏的时候"。

其次，游戏是学前儿童减轻紧张和负面情绪的最有效方法。游戏可以减轻学前儿童的紧张感，学前儿童在游戏时是自由的和自主的，在游戏过程中体会胜利，寻求心理上的平衡。此外，游戏疗法的理论和实践表明，游戏是学前儿童释放自己不良情绪的重要形式。游戏会使学前儿童的情绪平静和放松，这对抑制和减少负面情绪的负面影响具有积极作用。一些学前儿童在用积木建造时不断撞倒积木，一些学前儿童在玩偶屋时在玩偶的屁股上撞玩具，一些学前儿童喜欢在玩医院游戏时给玩偶注射针筒，这些游戏都是学前儿童发泄情绪的一种方式，有益于他们冷静自制。

> **思政之窗**
>
> 很多人有一个坏习惯，总是等到情绪崩溃了，才想起情绪管理的重要性。
>
> 强烈的负面情绪往往会让人采取一些不理智的行为和说出一些伤害别人的话，从而可能会形成更多的情绪隐患。事实上，情绪管理的能力，不是从一次次的情绪崩溃习得的；在日常生活中，养成良好的生活习惯，才是我们消化负面情绪最好的方式，你可以选择多去大自然走走、保证充足的睡眠、培养兴趣爱好、换个角度看看、和宠物一起玩。

（三）游戏对学前儿童智力发展的作用

1. 游戏是学前儿童智力发展的通道

游戏是学前儿童智力发展的驱动力和主要形式，它们对学前儿童的智力发展有重要影响。通过游戏，学前儿童开始了解世界并了解事物之间的关系，知识和技能都得到了提高。

首先，游戏丰富了学前儿童的知识。游戏是学前儿童学习知识的最有效方式，学前儿童通过在游戏中使用材料和设备来学习许多自然科学知识。例如：在水上游戏中的学前儿童，了解水的透明、无味和浮力的特征，并获得了体积的经验；当他们堆叠积木时，他们会学习平衡、相等的体积和大小等概念。这些游戏的经验使学前儿童对环境及控制环境的能力有了更全面、更准确的了解，这为他们进一步的学习奠定了良好的基础。

其次，学前儿童可以通过游戏发展各种认知和思维能力。在游戏中，学前儿童必须对自己的行为做出决定，包括玩什么、怎么玩、使用哪种材料或玩具等，所有这些都锻炼学前儿童的思维、比较、分析和概括能力。在游戏中，学前儿童通过观察和想象等心理过程来操纵各种材料或玩具，以接触和探索新事物，理解物体的性能以及理解事物之间的关系。他们使用"动作"在游戏中进行思考，依靠"感官"进行学习。游戏为学前儿童创造了许多未知情况和未知问题，这为他们提供了解决问题的机会，提高了他们解决问题的能力。智力游戏可以改善学前儿童思维的速度和灵活性，促进学前儿童思维的发展。游戏活动也培养了学前儿童的探索精神，以及他们对知识的好奇和渴望。

2. 游戏是学前儿童创造力发展的源泉

游戏是使学前儿童以虚构和有想象力的方式反映社会现实的活动。学前儿童对游戏充满兴趣，他们可以在游戏中自由玩耍，有许多独特的想法和行为，可以激发他们的创造力。

首先，游戏为学前儿童提供了轻松的心理氛围，这种氛围有利于创造性思维的萌发。换句话说，学前儿童的创造力只能在自由、轻松和愉快的氛围中产生，而游戏则为学前儿童提供了这种氛围。在轻松愉快的氛围中，学前儿童在游戏中的想象力是无限的。这种无限的想象力不仅不会受到教师的批评和指责，还会受到父母和教师的鼓励，并给自己带来愉悦的体验，增强创造性想象力。

其次，游戏刺激了学前儿童的调查行为。好奇心和探索欲是学前儿童创造力的来源，而游戏则是激发学前儿童好奇心和探索欲的最佳环境。在游戏过程中会产生许多问题，在解决问题的过程中学前儿童对调查结果的渴望被激发出来。

最后，游戏促进学前儿童发展不同的思维方式。发散思维是学前儿童创造力的重要形式。在游戏中，学前儿童通过针对相同的游戏材料开发不同的思想和行为，或针对不同的材料开发相同的思想和行为，从而改变对待游戏材料的不同方式。这些行为可以拓宽学前儿童之间的互动领域并最大限度地促进对差异的思考。

【思考】
为什么游戏可成为学前儿童创造力发展的源泉？

3. 游戏是学前儿童语言发展的途径

语言交流技巧是一种综合的心理技巧，可以反映人格特质，帮助学前儿童适应生活和未来发展。游戏是学前儿童发展语言技能的有效途径，游戏可以提供足够的练习和空间以加强学前儿童的语言交流实践，丰富学前儿童语言交流的内涵。在游戏的背景下，学前儿童的沟通技巧和语言的发展包括以下内容：交往的方式或方法、语言的组成部分、语言技能、口腔运动技能。游戏为学前儿童提供了语言表达和交流的机会，以便能够满足他们沟通的需求，以及表达自己的思想和倾听他人对话的需求，这些需求的满足是推动学前儿童语言发展的强大力量。在游戏中，学前儿童必须一起工作，并使用语言交流思想、讨论游戏玩法、建立游戏规则、协调他们与玩伴的关系并解决游戏中的纠纷，所有这些都可以有效地促进学前儿童语言的发展。

（四）游戏对学前儿童社会性发展的作用

游戏是学前儿童进行社交互动并为他们提供各种交流选择的起点，使他们可以逐渐学习、认识同龄人并适当处理同龄人的关系和冲突，提高他们的社交能力并加快他们的交往速度和社会化过程。

1. 游戏有助于提高学前儿童的交往技能

游戏是一种社交活动，游戏为学前儿童提供了一个模仿和参与社交互动、扩大社交境界、增加沟通频率的平台，交流机会的增加为提高学前儿童的交流技能起到了重要作用。游戏可以帮助学前儿童掌握与他人互动的技巧和艺术,并不断提高他们的社交技巧。他们既是现实中的伙伴,知道彼此的名字、习惯和兴趣,也是游戏中的同伴,充当"放牛蛙""小绵羊""大灰狼""叔叔农夫"等角色,正是在这种同伴之间的沟通过程中,学前儿童才能发展社交沟通技巧,提高交往技能。

2. 游戏有助于克服学前儿童的自我中心意识

在游戏环境中,学前儿童逐渐学会与他人建立联系,了解"我"与"你"之间的区别,与他人互动,满足自己和他人的需求,逐渐克服"以自我为中心"的倾向。"以自我为中心"是学前儿童的一种非社会行为,对这种行为的有效控制是学前儿童与同伴交流的基础。例如,在"娃娃家"游戏中,一些孩子扮演妈妈,一些孩子扮演爸爸,而那些扮演妈妈的孩子需要从妈妈的角度出发,做事行动、思考问题时都应照顾孩子和爸爸,这将有助于消除学前儿童"以自我为中心"的倾向,并有助于学前儿童了解和考虑他人的观点。

3. 游戏能培养学前儿童的合群行为和遵守规则的能力

在参加集体游戏时,学前儿童需要学会宽容和谦虚,尝试与他人合作并遵守游戏规则,这是确保游戏顺利进行的首要前提。因此,参加游戏可以发展学前儿童的合群行为和在小组中遵守规则的能力。在游戏过程中,作为小组成员的学前儿童必须遵守小组游戏的规则,才能顺利进行游戏,否则将被集体和游戏淘汰。

4. 游戏有助于锻炼学前儿童的意志力

在游戏中,学前儿童能够克服困难,坚持把事情做到底,毅力、耐心、坚强等优秀品质得到了发展,很多有关游戏的研究都证明了这一点。苏联马努依连柯通过实验探讨了学前儿童在不同的条件下保持同一姿势的时间,实验结果是4~5岁的学前儿童在实验室条件下只能坚持41秒,而在游戏条件下可以坚持4分17秒,可见游戏确实可以锻炼学前儿童的意志力。

巩固练习

一、选择题

1. 以下几种游戏中,( )属于创造性游戏。
   A. 智力游戏　　　　B. 体育游戏　　　　C. 音乐游戏　　　　D. 角色游戏

2. 学前儿童游戏时,教师正确的做法是( )。
   A. 站在旁边观望　　　　　　　　　　B. 做学前儿童游戏的伙伴
   C. 抓紧时间备课　　　　　　　　　　D. 与其他老师交谈

3. ( )儿童能根据角色的特点制定并遵守规则,也能互相观摩、互相评议。
   A. 大班　　　　　B. 中班　　　　　C. 小班　　　　　D. 小小班

4. 学前儿童以积木、沙、雪等材料为道具来模仿周围现实生活的游戏是( )。
   A. 表演游戏　　　　　　　　　　　　B. 结构游戏
   C. 角色游戏　　　　　　　　　　　　D. 规则游戏

二、简答题

1. 影响学前儿童游戏的个体因素主要有哪些?
2. 简述学前儿童游戏的特征。

【拓展资源】

0~3岁亲子家庭游戏指导

模块八

幼儿园游戏指导

教学目标

1. 知识目标：重点掌握幼儿各类游戏指导的年龄特点和操作方法。
2. 技能目标：能够实际进行幼儿各类游戏的设计、实施与指导。
3. 素质目标：初步感受各类游戏中教师与幼儿的关系变化，提高教师的专业素质。

知识框架

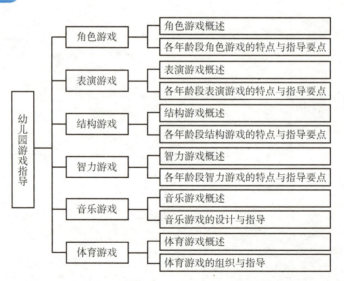

情境导入

李老师设计了一个"三只蝴蝶"的游戏活动，她选了三个小朋友扮演蝴蝶，又选了若干小朋友扮演花朵。结果小朋友兴趣不高，表现被动。还没等游戏结束，一个小朋友就问李老师："老师，游戏完了吗？我们可以自己玩吗？"

请说一说为什么小朋友对李老师设计的游戏不感兴趣。

一、角色游戏

（一）角色游戏概述

1. 角色游戏的概念

角色游戏是幼儿依据自己的兴趣和意愿，借助模仿和想象，通过扮演角色，创造性地反映其生活环境、生活体验和生活感受的游戏。

2. 角色游戏的特点

（1）独立自主性

在游戏中，幼儿依照自己的兴趣、愿望、能力来确定游戏的主题（玩什么），情节如何进行，有多少个角色，有哪些玩法，使用哪些玩教具，遵守什么样的规则（怎么玩），选择自己的同伴（和谁玩）。游戏是幼儿的自主活动，在整个游戏过程中幼儿都具有很强的自主性，可以积极主动地进入游戏中。

（2）社会性

社会性是角色游戏的本质特征。角色游戏是建立在幼儿所掌握的社会生活经验的基础上的，幼儿的社会生活越丰富，角色游戏的主题和内容就越新颖、越充实，主要表现为以下几点：

①由幼儿想参与成人社会生活的需要而产生；

②内容是对成人社会生活的部分概括与再现；

③在集体共同参与下完成，活动方式具有集体性；

④角色游戏的发展水平与幼儿的社会化水平有密切关系。

（3）想象活动是角色游戏的支柱

角色游戏在想象的条件下，真实地反映现实生活中的人际关系与生活情境。这种反映是创造性的，自由自在的，不是机械刻板的。角色游戏既有想象性，又有真实性，是虚构与真实巧妙结合的一种游戏。

3. 角色游戏的结构

角色游戏的结构是指角色游戏包含的各种基本要素，即角色游戏所共有的一些因素或成分，还包括角色游戏的人、物、情节以及内在规则。

（1）角色游戏中的人

幼儿在角色游戏中扮演一个或多个角色，这些角色通常是他们自认为重要的、经常接触的、熟悉的或者能引起强烈情感的人物，幼儿借助语言、表情、动作等重新组合头脑中已有的人物表象，创造新形象，展现自己对社会角色的认识与体验。

（2）角色游戏中的物

角色游戏中的物是指游戏中的材料和物品。角色游戏离不开游戏材料的辅助和支持，特别是幼儿对游戏材料和物品的假想，出现了代替物和被代替物，而对物品的选择、假想，是由幼儿的思维发展水平决定的。

（3）角色游戏中的情节

角色游戏中的情节是指幼儿对游戏动作和情境的假想。在角色游戏中，幼儿通常借助操作游戏材料来假想游戏情节，游戏情节与一定的情境密不可分，而对游戏情节的假想又会衍生出相关的情境。

(4) 角色游戏中的规则

角色游戏中的规则表现为：正确地表现现实生活中每个人物应有的动作及其先后顺序，人们的态度以及相互间的关系。角色游戏中的规则是受角色制约的，扮演哪种角色就必须按照相应的角色行为以及人物之间的社会关系来展开游戏情节，不可以随意改动，即规则是内在的。

4. 角色游戏的教育作用

(1) 角色游戏促进幼儿语言能力的发展

在角色扮演游戏中，幼儿通过想象力，对情境、物体和动作的假装以及模仿角色来推动剧情的发展，从而将角色扮演游戏与编写故事或剧本相结合。在角色扮演游戏中，幼儿可能会受到大量的言语刺激，有更多的模仿和创造语言的机会，因此可以将想象力和言语表达结合起来。

研究表明，幼儿在社交游戏中使用的语言更加复杂、清晰，语法更加复杂、完整、标准化。另外，通过为角色扮演的幼儿提供丰富的文字刺激和阅读书写材料，例如通过教他们如何用纸和笔来购物清单并讲述他们自己的游戏内容，为他们创造自然的阅读写作学习环境，在环境中他们的语言能力得到发展。

(2) 角色游戏促进幼儿社会性的发展

在角色扮演过程中，幼儿拥有愉快的情感体验。在与同伴的活动中，幼儿之间变得亲密，这鼓励了他们喜欢幼儿园并适应集体生活。特别是在小班教学中，尽早开展角色扮演游戏将有助于吸引幼儿参加活动并更快速地融入幼儿园的生活。

角色游戏为幼儿提供了与同龄人互动的机会。在社交互动过程中，幼儿可以逐渐认识到他人的不同意见和看法，学会合作、分享、互相帮助、同情和其他积极的社会行为，逐渐摆脱以自我为中心，与他人建立良好的同伴关系，并学会共同协商和解决游戏中遇到的问题。

在角色游戏中，幼儿之间存在两种关系：一种是他们扮演的角色之间的关系，另一种是同伴之间的关系。为了更好地玩游戏，幼儿将自觉遵守规则。控制第一种关系的规则是角色的行为规则，幼儿在社交生活中应遵循这种规则，他们对角色的认知程度是幼儿是否可以遵守该规则的核心。例如，要上公交车，必须按顺序排队而不能拥挤。在游戏中，我们经常听到幼儿说："我们应该这样做，而不是那样。"这表明幼儿对社会规范有一定的了解。控制第二种关系的规则是同伴互动的规则，即轮流、合作、分享等。该规则是幼儿在游戏过程中逐渐实现的。例如，"娃娃家"中的女孩想当妈妈，没人愿意屈服，这就阻止了游戏的开始，通过教师的提示和指导，幼儿明白"轮流当妈妈，我们的游戏就可以开始"。可以看出，在角色游戏中所取得的结果比讲道理要好得多，幼儿就这样在不知不觉中将社会行为准则嵌入了游戏中。

(3) 角色游戏促进幼儿智力的发展

游戏可以唤起幼儿的兴趣，使他们集中注意力，动员他们的智力活动，使他们在轻松愉快的气氛中学习，促进智力发展。

有人研究 3~5 岁幼儿的角色游戏与创造力及智力的关系，结果表明：幼儿玩角色游戏越多,他们的智力发展越好。因为游戏需要运用想象与表象,而表象形成需要思维与推理,游戏可以说是促进认知能力发展的工具。研究还表明,角色游戏还可以提高幼儿理解故事、创编故事的能力,以及对故事情节顺序的记忆能力,可以促进特殊幼儿(如自闭症幼儿、唐氏综合征幼儿、严重智障幼儿、文化处境不利幼儿等)的语言发展。

【思考】
在幼儿角色游戏中,你应该如何进行观察?不同年龄阶段的班级观察要点一样吗?

(二) 各年龄段角色游戏的特点与指导要点

1. 小班

(1) 小班幼儿角色游戏的特点

①小班幼儿处于独自游戏、平行游戏的高峰期,主要与游戏材料发生联系;

②对操作游戏材料或模仿成人动作较感兴趣;

③与伙伴之间的交往少;

④角色意识不强,游戏主题单一、情节简单。

微课:角色游戏指导

(2) 小班幼儿角色游戏的指导要点

①指导重点是如何使用游戏材料;

②提供的材料种类要少,提供同一种类数量较多的成型玩具,满足幼儿平行游戏的需要;

③教师以游戏者的身份介入游戏,引导幼儿,培养幼儿的规则意识,让幼儿逐渐学会在游戏中进行自我管理,同时通过游戏评价不断丰富游戏经验。

2. 中班

(1) 中班幼儿角色游戏的特点

①幼儿认识范围不断扩大,游戏的内容与情节较小班不断丰富;

②处于联合游戏阶段,游戏主题丰富,但不稳定,幼儿会经常更换,在游戏中也时常有频繁换场的现象;

③希望与别人交往,但欠缺交往技能,常与伙伴发生冲突;

④角色意识较强,能够按照自己选定的角色开展游戏。

(2) 中班幼儿角色游戏的指导要点

①指导重点是引导幼儿解决游戏冲突;

②教师根据幼儿的社会经验,为幼儿提供丰富且富有变化的游戏材料;

③教师要仔细观察分析幼儿发生冲突的起因,以游戏者的身份介入游戏、指导游戏;

④组织幼儿以讨论等形式展开游戏评价;

⑤指导幼儿在游戏中逐渐掌握社会规则和交往技能,逐渐学会独立解决问题。

3. 大班

(1) 大班幼儿角色游戏的特点

①游戏经验十分丰富,主题新颖,内容丰富,游戏中所反映的人际关系较为复杂;

②处于合作游戏阶段,喜欢与伙伴共同游戏;

③能按照自己的愿望主动选择游戏主题,并有计划地开展游戏;

④在游戏中独立解决问题的能力增强。

(2) 大班幼儿角色游戏的指导要点

①引导幼儿一起准备游戏环境，侧重语言引导，培养幼儿的自主性；
②认真观察游戏，给幼儿提供必要的条件和机会以及适当的引导；
③允许并鼓励幼儿在游戏中进行创造，培养幼儿的创造性；
④通过多种形式开展游戏讲评，让幼儿在分享中取长补短、拓展思路、提升游戏水平。

【案例】

大班角色游戏指导策略

策略一：渗透在环境中的隐性指导

王明在美食林门口卖力地吆喝着，美食林今天推出了"电话预定"和"宅急送"业务。有小朋友问："电话是多少？"王明挠了挠头："电话吗？4002-332-429 宅急送。""对，就是 4002-332-429。"小雨重复着王明的话，在玩具柜上找出了一个纸背包，用水笔写上了一串数字"4002332429"。"我是肯德基宅急送的送餐员，我保证又快又好地把肯德基送到！"

老师在一边看到了，简单地画了一张写有"宅急送热线电话"的海报贴到美食林旁边的墙上。王明的吆喝吸引了很多小朋友的注意，老师的海报更招来了不少用餐的"顾客"，更多的小朋友异口同声地唱起"4002-332-429……"。原来，小朋友都知道肯德基的宅急送电话。小雨随机用来替代肯德基宅急送送餐员的纸背包更是受到孩子们的热捧，他们除了热情地拨打热线电话要求送餐，还抢着担任肯德基义务送餐员，掀起了一场肯德基送餐热潮。

策略二：借助观察的参与指导

小剧场中需推荐一个报幕员，四个孩子你看看我，我瞅瞅你，都不作声。顿了一会儿，小明说：丽丽，你做报幕员吧。"丽丽迟疑了一下，说："还是你去吧。"一直在旁边关注小剧场的老师走过来："小明的建议不错，丽丽的声音可好听了，我正想到小剧场来看你们的演出呢。丽丽，你只要报幕的时候声音响一点就好了！"在老师的鼓励下，丽丽红着小脸，拿着话筒走上了舞台。为了帮助丽丽顺利地完成主持任务，老师坐在台下做观众的同时，还不断地用手势提示丽丽，丽丽的报幕声越来越流畅了。后来，老师还和小朋友一起商量制作了节目提示卡，担任报幕员的小朋友再也不用担心忘记台词了。

策略三：通过讨论的建构指导

游戏活动评价时，老师请小朋友介绍游戏中最开心的事，小丽抢着说："我今天休息，先去银行领钱，再去美食林吃点心，坐上出租车去看演出，发现没有带好吃的，我就跑到超市……我今天太忙了！太开心了！"小丽一口气说完，然后长长地吸了一口气，鼻尖上布满了细小的汗珠。老师由衷地说："小丽今天玩了那么多的地方，很多地方的工作人员都为你服务，要谢谢这些忙碌工作的人哦。小丽玩得那么开心，其他小朋友玩得开心吗？为什么开心呢？"小朋友纷纷说了起来。有的说："我在小吃店做小厨师，学会了自己做馒头，还挣了好多钱，很开心。"还有的说："今天我在游戏中认识了隔壁班的新朋友，这是我最开心的事情。"老师说："每个小朋友玩游戏都很开心，当医生很有趣，做服务员也不错，原来不同的游戏就会有不同的开心事，还能学到好多本领。下次我们还要玩游戏，想一想，下次你参加哪个游戏？你怎样做才能既让大家玩得开心，也让自己玩得开心？"

真题链接

（2015年上半年《保教知识与能力》）简述角色游戏活动中教师的观察要点及其目的。

【实践任务】

模拟游戏组织：设计一份角色游戏教案，模拟组织幼儿进行一次角色游戏。

要求：

1. 游戏教案要求格式规范，有明确的活动目标、合适的活动内容、活动准备以及具体的活动指导；
2. 准备游戏所需材料或替代品；
3. 模拟游戏组织中，至少模拟两个幼儿游戏中可能出现的问题，教师给予指导；
4. 模拟组织幼儿对游戏进行讲评。

二、表演游戏

（一）表演游戏概述

1. 表演游戏的概念

表演游戏是指幼儿按照童话或故事中的情节扮演某一角色，用对话、独白、动作、表情等进行表演，再现文学作品内容的一种游戏形式。

2. 表演游戏的特点

①表演游戏主题和情节主要来源于故事；
②表演游戏规则明显、故事结构性强；
③表演游戏是幼儿自娱自乐的游戏；
④表演游戏是以文艺作品为依托的幼儿创造性的表演。

3. 表演游戏的教育作用

（1）帮助幼儿加深对文学作品的理解，培养其感受艺术美的能力

幼儿在表达文学作品的内容时，会模仿作品中人物的语言和行为表达角色的人格特征，反映角色与角色之间的关系。因此，幼儿自然会更好地记忆和理解文学和艺术作品的主题、角色和情节。同时，幼儿不仅可以通过游戏了解文学作品的内容，还可以体验作品中人物的思想和情感，可以感受到文学作品的艺术美感，从而增强对文学作品的认识，培养幼儿感受美的能力。

（2）锻炼幼儿的交往能力，增强其合作能力

《幼儿园教育指导纲要（试行）》中社会领域的目标提出："引导幼儿参加各种集体活动，体验与教师、同伴等共同生活的乐趣，帮助他们正确认识自己和他人，养成对他人、社会亲近、合作的态度，学习初步的人际交往技能。"因此，幼儿园要注重培养幼儿的交往技能，增强幼儿的合作意识。在集体表演中，不仅每个幼儿都可以扮演一定的角色，而且，各种角色之间已经形成了各种关系，这要求他们既要独立又要相互沟通和合作，具体体现在以下几个方面：

①在演出过程中渗透交往合作意识。例如，小班的表演故事"拉胡萝卜"就包含了合作的意义。这是一个经典的故事，内容生动、简短，它以重复的文体结构表达老爷爷的胡萝卜长大后，终于在每个人的合作下被拔出来了，体验了故事表演中合作的意义和乐趣。

②在道具和场景的准备中蕴含合作能力。道具和场景的布局是开展表演游戏的物质前提。幼儿参加道具制作和场景安排的工作，可以培养幼儿初步的合作能力。例如，在表演游戏"白雪公主"中，分为道具制作组、场景布置组和剧务组，幼儿在准备的过程中，互相配合、互相帮助，最终顺利完成表演，体会了合作的乐趣，培养了沟通和合作能力。

（3）促进幼儿想象力和创造力的发展

想象是表演游戏的基础。幼儿表演时所扮演的角色、使用的道具及演出的场景都是想象出来的，他们把自己想象成作品中某一特定角色，以角色的身份、语言、思想来说话、行动。那么，什么是幼儿表演游戏中的想象和创造呢？人们普遍概括为在幼儿表演游戏中的新意识、新观念、新设计、新意图、新想法。例如，表演游戏经常需要树，幼儿会动脑筋这样来表演：站在那里，两臂上举，伸展五指就变成了一棵树，再轻轻晃动手臂就是风吹树动了。因此，表演游戏是引人入胜的想象和创造性游戏活动，对幼儿发展想象力和创造力起着巨大的促进作用。

（4）发展幼儿的语言和表演能力

文学作品包含大量丰富而优美的语言，为幼儿提供了语言交流、练习的机会。在表演游戏中，幼儿按照作品中人物的语言进行对话，使他们有机会接触大量的艺术语言，学会发音和语调，从而丰富词汇并发展语言能力。因此，当幼儿玩游戏时，教师在幼儿因紧张而说错话之后，应注意创造机会鼓励他表达自己的意见，甚至更需要鼓励幼儿，以培养他的自信心，让他敢于表演和说话。表演游戏还可以使幼儿练习各种表演技巧，例如使用语调、表情、动作去表达人物的形象和情感，润物细无声地提高幼儿的表演技巧。

（5）促进幼儿形成良好的道德品质

优秀的文学作品是品德教育的殿堂。它以故事为脚本，激发幼儿的友爱之心；以表演为媒介，点燃幼儿的真善美之情；以游戏为载体，培养幼儿的互助之举；通过改变故事情节，让幼儿愿意以美示人。它将世间的关爱、温暖与感恩之情融入其中，向幼儿传递正能量，让聆听这些优秀作品的幼儿接受优良品德的洗礼，跟随着它的正确引领形成良好的道德品质。例如，在表演游戏"小青虫的梦"中，教师曾听到孩子们说："小青虫太厉害了，虽然大家都笑它，但它总能坚持学习各种各样的本领。""是啊，我最怕虫子了，没想到看起来恶心的小青虫，最后还能变成美丽的蝴蝶。""以后我们要爱护小动物，不能随便伤害它们了。"善良的种子正在他们的心灵中生根发芽。

（二）各年龄段表演游戏的特点与指导要点

1. 小班

（1）小班幼儿表演游戏的特点

①游戏情节简单而零散；

②游戏动作重复而简单；

③游戏语言交往较少；

④游戏时缺乏角色意识；

⑤游戏时依材料进行。

(2) 小班幼儿表演游戏的指导要点

①丰富幼儿生活经验，是表演角色、情节发展的前提条件；

②创设温馨游戏环境，提供适宜材料，萌发进入游戏的愿望；

③把握有效时机介入，关注幼儿活动，促进游戏开展；

④根据小班幼儿年龄特点，采取多样评价，促进游戏水平的提高。

2. 中班

(1) 中班幼儿表演游戏的特点

①可以自行分配角色，但角色更换的意识不强；

②游戏的目的性差，需要教师一定的提示才能坚持游戏主题；

③游戏的计划性差，展开游戏需要较长的时间；

④以一般性表现为主，以动作为主要表现手段。

(2) 中班幼儿表演游戏的指导要点

①教师要为幼儿提供适宜的游戏时间和空间，并注意材料的结构化程度。准备封闭或半封闭的空间，给幼儿认同感和安全感，保证不少于30分钟时间，材料以2~4种为宜。

②教师指导时不要过多干预幼儿的游戏，不要急于示范，要耐心等待幼儿协商、讨论，提醒幼儿坚持游戏主题，帮助幼儿提高角色表现意识，参与游戏，为幼儿提供适当的示范。

3. 大班

(1) 大班幼儿表演游戏的特点

①能独立完成角色分配任务，并有很强的角色更换意识；

②游戏的目的性、计划性较强，能自觉表现故事内容；

③具有一定的表演意识和技巧。

(2) 大班幼儿表演游戏的指导要点

①教师为幼儿提供较多种类的游戏材料以鼓励和支持他们进行多样化探索；

②在游戏的最初阶段，教师除了提供时间、空间和基本材料，应尽可能地少干预；

③随着游戏的展开，教师应该及时为幼儿提供反馈，提高幼儿表现故事、塑造角色的能力；

④教师要帮助幼儿运用语气语调、夸张的动作、生动的表情来塑造角色。

【案例】

表演游戏：小熊拔牙

一、游戏目标

1. 掌握小熊以及小动物之间的对话和出场顺序，喜欢表演游戏；

2. 能根据故事的需要，分工合作寻找合适的道具和材料装扮角色和游戏情景；

3. 尝试用适当的方式解决游戏中角色的分配问题。

二、游戏准备

(一) 知识经验准备

1. 领域活动——语言活动"小熊拔牙"，熟悉故事内容及角色间的对话，学习复述故事；

2. 区域活动——在语言区投放"小熊拔牙"的故事图片，让幼儿学习讲故事。

(二) 物质准备

小熊头饰、自制的糖果罐、巧克力罐等，以及玩具听诊器、药箱等。

三、游戏过程

(一) 出示头饰及道具，激发幼儿表演的兴趣

教师：看，这是什么？猜猜我们今天要表演什么游戏呢？

引导幼儿回忆故事中的角色对话，启发幼儿用不同的语气来表现各种动物的不同形象。

(二) 介绍提供的游戏材料，商讨游戏程序

1. 介绍提供的材料及各组游戏的场地、主要游戏内容。

教师：我给大家准备了游戏的一些材料，这些你们都可以到第一组、第二组、第三组、第四组使用，那么我们应该怎么游戏呢？

2. 明确游戏的程序。

教师：小朋友要先选择小组，同一组的小朋友要取材料一起布置游戏场景；接着商量分配角色，共同交换角色游戏；最后收拾好玩具。

(三) 幼儿游戏，教师观察指导

1. 提出本次游戏要求。

(1) 要根据故事中的材料，一起合作协商布置场景和装扮角色；

(2) 爱护游戏材料，游戏结束后，要一起收拾。

2. 幼儿分剧场选择游戏，教师观察指导。

教师参与游戏，重点指导每组游戏中场地的布置及角色的对话出场。

(四) 交流分享、讲评

教师：今天游戏，你们是怎样一起布置游戏场景的？你饰演了故事里的哪个角色？你是怎么分的？

三、结构游戏

(一) 结构游戏概述

1. 结构游戏的概念

结构游戏是指幼儿利用各种不同的结构玩具或结构材料来构造物体的一种游戏，又称"建筑游戏"，是创造性游戏的一种。它通过幼儿的意愿构思、动手造型、构造物体等一系列活动，丰富而生动地再现了现实社会生活中各种物品以及建筑物。

2. 结构游戏的特点

(1) 结构游戏与幼儿的智力水平密切相关

一般来说，随着幼儿年龄的增长，结构游戏从对单一结构材料的摆弄，到对多个结构材料的堆放、排列、叠高，再到拼搭简单造型，最后到拼搭精细的复杂造型发展。结构游戏能突出地反映幼儿的手眼协调能力，把握物体能力，对物体形状、颜色、大小、功能的认识水平，空间认知水平。

华爱华认为，结构游戏的发展从1岁半之前的摆弄材料开始，发展到无意构造（1.5~3岁），再到想象构造（3~5岁），再到模拟构造（4岁以后），最后是自由构造，即从无意识

到有意识、从不像到像、从不熟练到熟练、从模拟到想象的过程。她还强调，各个发展阶段的界限并不明显，而是相互之间有重合。

黄人颂将幼儿搭积木的发展过程分为八个阶段。他认为，幼儿在 1.5~2 岁时只是摆弄积木，并不会拼搭；到 2~3 岁时发展为搭简单物体，如椅子、汽车；到 3~4 岁时发展为排列积木，包括垒高和延长；到约 4 岁时发展为搭建平面，包括水平面和垂直面；到 4~5 岁时发展为搭桥，即架空；到 5 岁以上时发展为运用多种技能建构立体物体，包括对称、对齐等技能；到 6 岁左右发展为搭建特定物，并注重逼真、美观；6~7 岁时到达最后阶段，发展至多场景组合，表现建构物细节，美观且有创造性，如幼儿乐园。

（2）结构游戏是一种造型活动

结构游戏中要有建筑、结构材料，建筑、结构材料是结构游戏的物质基础。幼儿通过亲手制作的造型，反映对周围生活的认识和感受。幼儿制作的造型一般是来自自己的生活经验，只要是幼儿见过的事物，都有可能成为结构游戏的造型，如动物造型（小鸡、小鸭、小兔子、马、老虎、大熊等）、植物造型（树、花、草等）、建筑造型（房子、城堡、塔、幼儿园、公园、医院、超市等）、食品造型（面条、蛋糕等）、器具造型（床、铲子、勺子、电视等）、交通工具造型（汽车、火车、飞机、轮船等），也有幼儿自己根据文学作品人物、事物想象制作的一些造型（如白雪公主、孙悟空、太空飞船、机器人等）。这种造型活动满足了幼儿自己活动的需要，给幼儿带来愉悦感、成就感。

3. 结构游戏的教育作用

（1）结构游戏有利于幼儿的动作发展

结构游戏需要动手操作，因此可以促进幼儿感知能力的发展；同时，结构游戏中的拼、插、围、封、搭、建等动作可以锻炼幼儿小肌肉的运动技能，提高幼儿动作的准确性和手眼协调能力。例如，刚开始使用积木的学步幼儿始终无法稳定地放置积木，而学龄前幼儿已经能够熟练地操纵积木，并且可以成功地建造高难度作品。

（2）结构游戏有利于幼儿的认知发展

结构游戏可以帮助幼儿体验数学概念，例如数量、形状、长度、面积、体积等；同时，了解物体的性质（颜色、大小、质量、纹理）、事物之间的关系，学习基本度量，并认识空间（上下左右、前后左右）和其他知识，以丰富幼儿的认识并发展幼儿的认知能力。

（3）结构游戏有利于幼儿的想象力和创造力发展

在结构游戏中，幼儿要运用想象对建筑结构材料进行造型活动，通过对造型的设计、布局、结构的积极思考想象，创造性地把建筑材料变成自己喜欢的各种造型，幼儿的想象力和创造力在这个过程中得以发展。

（4）结构游戏有利于幼儿的社会性发展

在结构游戏中，幼儿会认真工作，努力建立完整的形状，不会半途而废，这也是幼儿追求完整性的心理需求。这个过程有助于培养幼儿认真做事、克服困难并坚持到底的素质。

（5）结构游戏有利于幼儿的审美发展

结构游戏是一种艺术造型活动。当幼儿复制周围的事物时，他们必须在每个部分的颜色、形状和比例上满足对称、协调和美观的要求。例如，幼儿在造型时会考虑视觉效果，以达到平衡与和谐。他们使用各种形状、颜色和大小的积木块，将它们不断变化和调整，比较各种形状的美学差异，这有利于培养幼儿的审美能力以及表达和创造美的能力。

> **思政之窗**
>
> 一位德国哲学家说:"在生活中,美,是一种无目的的快乐。欣赏美,是一件简单的事情,只要放下偏见与世俗,你将会感受到一种前所未有的美,因为美,就藏在你的心中。"其实,美就在我们身边。只要用欣赏的眼光去了解生活、感受生活,美随处可见。

(二) 各年龄段结构游戏的特点与指导要点

1. 小班

(1) 小班幼儿结构游戏的特点

①对结构的动作感兴趣,没有一定的目的,只是无计划地摆弄结构元件;

②常喜欢把结构元件垒高然后推倒,不断重复,从中体会乐趣;

③对大型作品缺乏耐心,主题很不稳定。

(2) 小班幼儿结构游戏的指导要点

①引导幼儿认识结构材料,提供范例让他们参观模仿,培养对结构游戏的兴趣;

②为幼儿安排场地,准备足够数量的结构玩具;

③在游戏中指导幼儿学习基本的结构技能,建构简单的物体;

④建立结构游戏简单的规则;

⑤教给幼儿整理和保管玩具的简单方法,使幼儿学习参与整理玩具,培养爱护玩具的习惯。

2. 中班

(1) 中班幼儿结构游戏的特点

①进行结构游戏的目的比较明确,能初步了解结构游戏的计划;

②对操作过程有浓厚的兴趣,关心结构成果;

③能围绕结构物开展游戏,会按主题进行构建,初步利用材料美化结构物;

④能独立地整理玩具。

(2) 中班幼儿结构游戏的指导要点

①丰富幼儿的生活经验,增加幼儿对事物结构造型方面的知识;

②引导幼儿学习设计结构方案,有目的地选材,学会看平面图进行构造;

③可采用示范、讲解相结合的方法,也可用建议和启发的方法,指导幼儿掌握结构技能并会应用技能塑造物体;

④鼓励幼儿独立地进行创造性的建构活动;

⑤组织结构游戏小组进行集体建构活动,引导幼儿共同讨论,制定方案,进行分工,友好合作地开展游戏;

⑥组织幼儿评议结构游戏成果,鼓励他们独立地、主动地发表意见,促进幼儿语言表达能力和创造性思维的发展。

3. 大班

(1) 大班幼儿结构游戏的特点

①目的性、计划性和持久性增强了,使用材料增多,建构内容丰富,有一定的独立构造能力;

②能合作选取丰富多样的材料,围绕主题大胆动手尝试,灵活应用多种技能进行一定的设想规划,围绕主题进行较复杂的建构;

③希望自己的作品有新意,追求结构的逼真和完美。

(2) 大班幼儿结构游戏的指导要点

①丰富幼儿的结构造型知识和生活印象,引导幼儿为结构活动收集素材;

②指导幼儿学习如何表现物体的细节和特征,准确表现游戏的构思和内容,使用结构材料和辅助材料美化构造物;

③指导幼儿学会制订计划;

④重点指导幼儿掌握并应用新的技能,帮助他们实现自己的构思;

⑤教育幼儿重视结构游戏成果,欣赏自己及伙伴的作品,发展评价、分析自我以及别人的能力;

⑥引导幼儿开展参加人数多、持续时间长的大型结构游戏。

【案例】

结构游戏:广场内建筑

一、游戏目标

1. 能迁移已有经验,大胆选择多种建构材料,运用延长、垒高、围合等技能来表征广场内的标志性建筑。

2. 会按照正确的方位,合理摆放升旗台、喷水池、三山一水雕塑等标志性建筑。

3. 能和同伴分工合作,共同搭建广场内的建筑群。

二、游戏准备

(一) 经验准备

前期主题活动的开展,使幼儿对广场内的标志性建筑群的名称、外形特点有了一定的了解,对广场内升旗台、喷水池、三山一水雕塑等标志性建筑之间的方位关系有了一定的感性认识。

(二) 材料准备

1. 升旗台、喷水池、三山一水雕塑等标志性建筑的图片。

2. 小天使胶粒、宝石花胶粒等。

3. 用白色药瓶、扁纸盒等废旧材料加工的半成品作为建构的辅助材料。

三、游戏过程

(一) 幼儿逐一观察升旗台、喷水池、三山一水雕塑等标志性建筑的图片,引发搭建兴趣建议教师可以结合观察图片,引导幼儿回忆三个标志性建筑物的外形特点和方位关系。如喷水池的外形像花瓣,在中间;升旗台的外形是方方正正的,雕塑是高高的,它们都在喷水池的两边。

(二) 教师介绍材料并示范搭建

1. 教师介绍材料,提出要求。

建议这样说:"老师今天为小朋友准备了小天使胶粒,还有我们在美工区用白色药瓶和红色扁纸盒加工的汉白玉栏杆、红地毯楼梯的半成品,用来建构这三个标志性建筑。请小朋友边看图片,边自己动脑筋,用过去学过的延长、垒高的方法搭建。"

教师要强调对称和牢固性,以及合理使用辅助材料,建议小朋友可以三四个人合作完成。

2. 幼儿分组建构,教师巡回指导。

建议教师重点观察、指导幼儿搭建过程中的形状、牢固和合理使用辅助材料等情况,观察幼儿的合作情况。

(三)师幼共同欣赏建构作品并评价。

1. 幼儿相互欣赏、介绍自己的作品。
2. 分享建构中的经验。

教师引导:"你用什么胶粒建构了升旗台、喷水池、三山一水雕塑?有和小伙伴合作吗?""你最喜欢哪个建筑?为什么?""你觉得用哪种材料搭升旗台、喷水池会更像?为什么?"(引导幼儿从色彩、牢固、使用辅助材料等方面进行评价)

【实践任务】

七巧板的制作和指导技能

1. 按规范图制作一副七巧板。
2. 向幼儿介绍七巧板的玩法和规则。

四、智力游戏

(一)智力游戏概述

1. 智力游戏的概念

智力游戏是根据一定的智育任务设计的,以生动有趣的游戏形式,使幼儿在自愿、愉快的活动中,增进知识,发展智力的一种有规则的游戏。

2. 智力游戏的特点

(1)游戏性与教学性

从表面上看,智力游戏是一种具有游戏特征的游戏,但是它又与某些教学目标和教学任务紧密相关,是实现"寓教于乐"教学的一种手段。

(2)趣味性与益智性

智力游戏有一定程度的趣味性。游戏任务是根据教学内容和幼儿的兴趣而设计的,游戏规则限制了幼儿的行为,提高了他们的兴奋度,并吸引了他们的注意。同时,智力游戏的概念是由众多与动作组成有关的活动所构成的,例如看、听、思考、猜测等,这些活动发展了幼儿的智力素质,例如感知、注意力、记忆力、想象力和思维能力。所以趣味性和益智性是智力游戏的两个基本因素。

(3)挑战性和竞赛性

智力游戏具有挑战性,游戏的任务和内容必须达到或超过幼儿的能力水平,如果幼儿能够轻松完成任务,这种游戏将对幼儿失去吸引力,因此具有挑战性是保持幼儿兴趣的重要因素。

智力游戏通常具有竞争性,这可以通过游戏的结果来反映,例如输了的幼儿要表演节目。这种比赛刺激了幼儿参与游戏的积极性,并使他们获得满足感和充实感。

3. 智力游戏的教育作用

作为游戏和教学相结合的一种方式,智力游戏对于幼儿的身心发展起着重要作用。它的作用主要体现在以下几个方面：

（1）促进幼儿智力因素的发展，如观察、注意、记忆及思维等

智力游戏由具有发展不同能力的游戏类型组成，例如发展感知、注意力、记忆力和思维能力的游戏，每种游戏类型对应相应能力的发展。

（2）帮助幼儿提高语言能力和运动技能

在智力游戏的过程中，小班幼儿通常在玩游戏时会自言自语，有时他们也需要相互协商。到了大班，幼儿的内在语言逐渐发展。在整个游戏过程中，幼儿的语言表达和理解能力得到了发展。同时，幼儿通常通过诸如拼图、着色等动作来完成游戏，其灵活性也在游戏过程中得以锻炼。

（3）帮助幼儿增长知识并培养他们对学习的兴趣

智力游戏与教学内容紧密相关。在游戏过程中，幼儿学习计数、识别几何形状以及进行加减法，这种"玩中学"的方法使幼儿感到有趣、快乐和充实，并激发了幼儿对知识和学习兴趣的渴望。

（4）促进幼儿的社会化、自律、毅力和其他良好意志品质的形成

游戏规则是智力游戏的核心。在智力游戏过程中，幼儿必须克制自己的言行，并遵守游戏规则；同时，幼儿必须互相监督，以防止发生违规行为。在不断进行的游戏中，幼儿的自律和自我控制能力得到了迅速发展，为将来形成社会化和良好的意志奠定了基础。

4. 智力游戏的类型

根据智力游戏的任务，可以将智力游戏分为以下 4 种类型：

①训练感官的智力游戏；

②发展注意力和记忆力的智力游戏；

③发展想象力和创造力的智力游戏；

④发展思维能力的智力游戏。

（二）各年龄段智力游戏的特点与指导要点

1. 小班

（1）小班幼儿智力游戏的特点

①游戏比较简单，符合 3~4 岁幼儿身心发展特点；

②游戏任务容易理解，易于完成；

③游戏方法明确具体；

④游戏规则要求低，通常为一个规则；

⑤游戏趣味性大于实际操作性，启发性大于知识性。

（2）小班幼儿智力游戏的指导要点

①游戏所涉及的知识要适应 3~4 岁幼儿的接受能力；

②要选择那些规则简单，玩起来比较新奇、趣味性较强的游戏；

③教师要熟悉智力游戏的目的、难点、重点、规则和游戏中的相关知识，以发挥其开发智力的作用。

2. 中班

（1）中班幼儿智力游戏的特点

①比小班有一定的难度，符合 4~5 岁幼儿身心发展特点；

②游戏任务的知识性大于娱乐性，注重趣味性及幼儿实际操作能力的培养；
③游戏方法复杂多样；
④游戏规则带有更多控制性，要求相对提高。

（2）中班幼儿智力游戏的指导要点

①使幼儿在智力游戏中产生愉快的情绪，注意激发幼儿在完成游戏任务过程中的坚持性，以及思维的敏捷性和灵活性；
②注意培养幼儿动手动脑的习惯，以发展幼儿智力为最终目的；
③应考虑4~5岁幼儿的生活经验与接受能力，难度适当，不能过于难或过于容易；
④在为幼儿选择智力游戏时，要循序渐进、由易到难，激发幼儿去思考，鼓励幼儿积极参加智力游戏。

3. 大班

（1）大班幼儿智力游戏的特点

①综合性提高，符合5~6岁幼儿身心发展特点；
②知识性大于娱乐性，创造性增强；
③游戏任务较为复杂，有时一项游戏有多项任务；
④游戏方法多且难度较大；
⑤游戏规则的要求可以改变，幼儿可以在活动中通过协商制定新的规则。

（2）大班幼儿智力游戏的指导要点

①在选择智力游戏内容时，应注意游戏本身的趣味性和吸引力，使幼儿愿意积极参加游戏；
②根据5~6岁幼儿的年龄特点，智力游戏内容应有一定的难度，幼儿通过动脑思考后完成游戏任务，以发展幼儿的智力；
③组织幼儿智力游戏时，教师主要依靠语言讲解游戏，并要求幼儿独立开展游戏，培养幼儿独立思考的能力，教师对幼儿游戏的引导应多于指导；
④幼儿在智力游戏活动中应遵守规则，同时允许幼儿制定新规则。

五、音乐游戏

（一）音乐游戏概述

1. 音乐游戏的概念

音乐游戏一般是指在音乐伴奏或歌曲伴唱下，按一定规则和要求进行各种活动的游戏，主要目的是发展幼儿音乐感受能力和音乐表现能力。

2. 音乐游戏的特点

（1）愉悦性

音乐游戏的愉悦性不仅表现在游戏的外在形式上，还表现在幼儿的内在情感体验上。
①音乐游戏应是有趣的、活泼的、幽默的、诙谐的、夸张的，足以引起幼儿的兴趣去积极主动参加的游戏；
②幼儿参加游戏，随着音乐节奏放松自己、表现自己，去感受音乐的美，获得积极的情

感体验。

(2) 综合性

音乐游戏的综合性主要体现在内容上、过程上、目的上3个方面。

①内容上的综合性，即将歌曲、舞蹈、律动、乐器等多方面的内容综合在一起；

②过程上的综合性，即幼儿在游戏过程中，既是"天才"作家，又是"天才"演员，还是"天才"观众；

③目的上的综合性，即音乐游戏既是"娱人"的，又是"娱己"的。幼儿在音乐游戏中直接获得游戏体验，快乐、开心、愉悦，此时游戏是"娱己"；而有时候，幼儿游戏是为了表现自己，达到"娱人"和炫耀的目的。

(3) 形象性、情感性

①形象性是以生动、鲜明的音乐形象来感人，通过人的直接感知，给人以情绪体验；

②情感性是指具体的形象激起的情感共鸣。音乐教育不同于说教，它能使幼儿激起同歌曲或乐曲中的艺术形象相一致的情感。

3. 音乐游戏的教育作用

(1) 增加幼儿的音乐知识，提高幼儿的音乐能力

音乐游戏与音乐教育的目标紧密相关。在愉快的游戏中，幼儿听听、唱唱，跟着音乐节奏动一动。在这些有趣的游戏中，幼儿学习了乐器、乐谱、节奏和其他音乐知识，发展了音乐感知能力，例如"听什么乐器"；提高了音乐的理解能力和演奏能力，例如《小河之歌》发展了幼儿的音乐创造力，如歌词、音乐创作等。

(2) 促进幼儿积极情绪的发展并陶冶他们的情绪

情感性是音乐游戏的典型特征，音乐本身就是美的载体，音乐的节奏和内容包含某些情感因素。当幼儿随着音乐表演各种动作时，动作的和谐性、节奏性给幼儿带来了欢乐。幼儿一边唱歌一边演奏音乐，以表达他们的情感，歌曲中所包含的积极情绪感染着幼儿，使他们产生共鸣。音乐游戏通过这种将情感与理性相结合的方式来培养幼儿的积极情感并培养幼儿的情操。

(3) 培养幼儿的良好人格品质，促进幼儿的社会性发展

音乐游戏不仅可以培养幼儿的音乐素养，还可以培养幼儿的非音乐素养，如自信、表现力、毅力、自制力和合作能力等。在音乐游戏的过程中，幼儿的情感、行为和音乐被整合在一起，这种积极的情感体验可以促进良好的自我意识的形成，并增强自信心；幼儿懂得音乐，并通过自己的行为和语言表达自己的内心，促进自我表达能力的提高；同伴之间的共同游戏使幼儿学习尊重、服从、合作和分享的能力，并培养幼儿的自律能力、毅力和其他良好的人格特质，从而促进了幼儿的社会性发展。

(二) 音乐游戏的设计与指导

1. 音乐游戏的设计方法

(1) 以动作为主的活动设计

音乐游戏往往采用动作学习的方法，以符合幼儿艺术感受、想象和体验的特点。随着新的刺激与挑战的逐层加入，这种方法不仅能使游戏的组织富有变化，还有助于幼儿积累丰富的动作表达词汇，发展基本的学习能力。

(2)以歌词创编为主的活动设计

教师将幼儿熟悉的歌曲，重新填上新的歌词，编出新的动作。

(3)以情景表演为主的活动设计

根据故事情节，创编情景表演的游戏设计，在实际操作中可以有不同的表现方式。在幼儿掌握歌曲之后，鼓励幼儿进行情景表演，教师可以提供挂图等材料，通过相关提问，帮助幼儿完成情景表演。

(4)以操作教具或打击乐器为主的活动设计

①实用型教具。实用型教具是生活中随手拈来的一些实物，这些物品来源于生活，使用起来既形象又方便，同时又省去了教师制作教具的时间。

②趣味型教具。通过趣味型教具的运用让幼儿情不自禁地投入活动中，在音乐的熏陶下自由地进行欣赏音乐，理解音乐，创编动作。

③音乐型教具。有些音乐游戏，因为幼儿年龄小，教师会碰到一些难题，如幼儿的动作方向感差、空间方位感弱、动作与音乐不合拍等，这时巧妙运用一些简单的小教具就会取得比较好的效果。

2. 音乐游戏的指导

(1)自娱性音乐游戏的指导

①创设丰富的音乐环境，提供自娱性音乐游戏的平台；

②观察幼儿游戏，采用隐形指导。

(2)教学性音乐游戏的指导

①激发幼儿游戏的兴趣；

②选择合适的内容，关注集体，兼顾个别幼儿；

③注重游戏过程中的音乐体验；

④给幼儿充分的自我表现的机会。

真题链接

(2012年上半年《保教知识与能力》) 在歌唱活动中，帮助幼儿清晰准确地表现内容和富于感染力地表达情感的方法，主要是（   ）。

A. 倾听录音范唱

B. 欣赏录像带中的优秀表演

C. 倾听教师精湛的弹奏

D. 教师正确地范唱

六、体育游戏

(一)体育游戏概述

1. 体育游戏的概念

体育游戏是根据一定的体育任务设计的，由身体基本动作、情节、角色和规则组成的一种活动性游戏,是幼儿体育活动的一种主要形式。

2. 体育游戏的特点

(1) 趣味性和竞赛性

体育游戏是一种游戏活动,而趣味性是其基本特征,体育游戏的乐趣主要体现在其内容和游戏过程中。体育游戏的内容往往具有一定的情节,幼儿会按照规则扮演某些角色并完成一些活动,例如"小兔子回家"游戏。同时,体育比赛具有一定的竞争性,体育比赛的结果在一定程度上反映了比赛情况,激发了幼儿参加比赛的热情,如"比一比哪只小兔子先回家"。正是由于其趣味性和竞赛性的特点,体育游戏赢得了幼儿的喜爱。

(2) 娱乐性和刺激性

体育游戏是以幼儿的动作活动为基础的,可以是比体力、比运动技巧、比速度、比适应性等,与幼儿活泼好胜的特征相一致,幼儿在游戏的过程中可以体验愉悦和满足感。同时,由于很多活动还没有被幼儿尝试,所以体育游戏看起来充满了挑战和刺激。

(3) 灵活性和规则性

体育游戏是一种规则游戏。在遵守某些规则的前提下,体育游戏具有很大的灵活性。首先,它在时间和空间上具有灵活性,只要幼儿想玩,他们就可以随时随地玩耍;其次,可以根据具体情况改变活动方法和活动规则。

(4) 以发展幼儿的体质和活动能力为目标

体育游戏是幼儿园完成体育教育的目标。这是一种提高幼儿身体素质并提高幼儿运动能力的教学方法。在娱乐和游戏过程中,通过教师的组织和指导,锻炼幼儿的奔跑、跳跃、投掷、平衡和反应的灵活性,从而促进幼儿身心的健康发展。

3. 体育游戏的教育作用

(1) 增强幼儿的身体素质,发展幼儿的基本动作和运动技能

幼儿期是身体发育的关键时期。在体育游戏中,跑步、跳跃、投掷可以促进幼儿的神经系统、循环系统和呼吸系统的运动,加速新陈代谢,锻炼各个器官的功能,并增强幼儿的身体素质。同时,体育游戏中的各种运动训练可提高幼儿的运动能力、柔韧性和身体平衡能力,并使幼儿在游戏过程中发展运动技能。

(2) 促进幼儿认知能力的发展

体育游戏增强了幼儿的身体素质,促进了幼儿的神经系统的发育,这为认知能力的发展提供了良好的物质基础。同时,幼儿在体育游戏中直接触摸并直观地感知到事物,从而增强了他们的感知能力并丰富了他们的知识。幼儿积极探索并考虑完成体育游戏任务,例如如何避免在"捉住鱼"游戏中被捉住,如何在"两人三足"游戏中合作以击败竞争对手等,从而发展他们的游戏能力、思维能力和创造力。

(3) 培养幼儿良好的人格特质

体育游戏有严格的规则,幼儿必须按照规则约束自己的行为,因此幼儿的自我控制能力可以得到发展;体育游戏有时需要克服某些困难才能完成,在克服困难的过程中锻炼了幼儿的坚持性和毅力;对体育游戏中信号的反应以及为获得好的游戏结果而进行的追求和奋斗,有助于幼儿形成机智、勇敢和顽强的人格特质;在分工不同的体育游戏中,幼儿学习与他人合作、互相帮助,体验分享的乐趣,这可以提高彼此的沟通能力,并培养集体荣誉感和责任感;幼儿在努力克服困难的游戏过程中获得成功,体验成功的喜悦,这可以增强幼儿的自信

心，形成自我意识，有利于形成勇敢、活泼开朗的性格。

4. 体育游戏的分类

（1）按游戏组织形式分类

①自由活动游戏：是以幼儿为主，幼儿自定活动形式、自选运动器械、自由组合玩伴的自主性游戏活动。

②体育教学游戏：是以教师为主，为完成一定的教学目标而组织的教学性游戏活动。

（2）按游戏有无情节分类

①主题游戏：是以假定的形式反映生活中的一个片段或童话故事中的情节的游戏。

②无主题游戏：是没有一定情节和角色的游戏，它或者包含幼儿感兴趣的动作内容，或者包含竞赛性因素。

（3）按游戏活动形式分类

接力游戏；追拍游戏；争夺游戏；角力游戏；猜摸游戏。

（4）按游戏活动内容分类

走、跑游戏；跳跃游戏；投掷游戏；攀、爬、钻游戏；平衡游戏。

（5）按提高身体素质的作用分类

速度性游戏；力量性游戏；灵敏性游戏；柔韧性游戏；耐力性游戏。

（6）按器械的不同分类

轻器械游戏；徒手游戏。

（7）按游戏人数分类

单人游戏；双人游戏；集体游戏。

（8）按场地不同分类

室内游戏；室外游戏。

5. 体育游戏的主要内容

（1）基本动作

基本动作是人们生活必需的动作，是人体最基本的活动能力，包括走、跑、跳、投掷、平衡、钻爬、攀登等。

在体育游戏中进行基本动作练习，既能使幼儿身体得到锻炼，促进各器官系统的生理功能，促进幼儿的生长发育和身体健康，又能调动幼儿活动的积极性，促进心理的发展。

（2）器械类活动

基本动作结合各种器械进行练习，不仅有利于增加运动负荷，提高动作难度，而且有利于增加幼儿的运动兴趣，调动幼儿参加体育活动的积极性。

按运动器械不同可分为：

①大中型固定运动器械；

②中、小型可移动运动器械；

③手持的小型运动器械。

（二）体育游戏的组织与指导

1. 自由活动游戏的指导

①提供丰富安全的游戏玩具；

②帮助幼儿建立规则意识；

③观察幼儿的游戏，适时介入。

2. 体育教学游戏的组织和指导

（1）选择游戏

①要根据幼儿的年龄、实际水平，选择体育游戏的内容、动作、玩法、规则，确定游戏的时间、运动量；

②新授内容和复习内容交替进行，前、后游戏之间要相互联系，循序渐进，由浅入深，由易到难，由简到繁；

③要重视幼儿身体的全面发展。

（2）体育教学游戏设计

①分清体育教学游戏的类型；

②明确体育教学游戏的结构。开始部分的时间，一般占总时间的10%~20%；基本部分的时间，一般占总时间的70%~80%；结束部分的时间，一般占总时间的10%~20%。

（3）游戏前的准备

教师要了解全班幼儿的情况，做好知识经验和物质准备，注意幼儿的情绪状态。

（4）游戏的组织教学与指导

具体流程为：集合、排队；讲解示范；分队、分角色；游戏中的指导；结束游戏。

3. 生理负荷量测定

生理负荷量测定，一般采用脉搏测定法；有条件的幼儿园，可以采用遥测心率机或显示仪进行测定，使测试数据更多、更准确。

测定步骤：

①准备好测试表格、秒表，测定和记录人员分工；

②选择测定对象，以中等发展水平的幼儿为宜；

③测定安静时心率（脉搏），一般在活动前5分钟进行；

④采用定时测（2~3分钟）和练习前后测相结合的方法进行；

⑤活动后3~5分钟测定恢复心率；

⑥统计、绘图、分析，得出结论。

一、选择题

1. 儿童最早玩的游戏类型是（　　）。

　A. 练习游戏　　　　　　　　　　B. 规则游戏

　C. 象征性游戏　　　　　　　　　D. 建构游戏

2. 教师根据教育、教学目的，按照一定的目标设计的游戏被称为（　　）。

　A. 规则游戏　　　　　　　　　　B. 结构游戏

　C. 角色游戏　　　　　　　　　　D. 表演游戏

3. 对于0~3个月的婴儿，应提供的玩具和游戏材料有（　　）。

　A. 手工、绘画材料　　　　　　　B. 用手穿的大木珠

C. 色彩鲜明的小球　　　　　　　　D. 不倒翁、拨浪鼓

4. 幼儿按照故事、童话的内容，分配角色，安排情节，通过动作、表情、语言、姿势等来进行的游戏被称为（　　）。

A. 规则游戏　　　　　　　　　　　B. 结构游戏
C. 角色游戏　　　　　　　　　　　D. 表演游戏

二、简答题

1. 分析角色游戏的教育价值，并结合实际谈谈教师在组织指导幼儿开展角色游戏时的注意事项。

2. 简述角色游戏中教师的观察要点及其目的。

【拓展资源】

幼儿建构游戏指导

模块九

幼儿教师

教学目标

1. 知识目标：重点掌握幼儿教师应该具备的专业素质，幼儿教师在幼儿发展过程中扮演的角色，幼儿园教育活动中的教学组织策略以及幼儿教师专业化发展的几个阶段。
2. 技能目标：能够运用学前教育的一般原理，反思幼儿教师专业成长中的一些基本问题，并在教育实践中，逐步和幼儿建立良好关系。
3. 素质目标：初步树立科学的职业发展观，培养爱岗敬业的职业信念。

知识框架

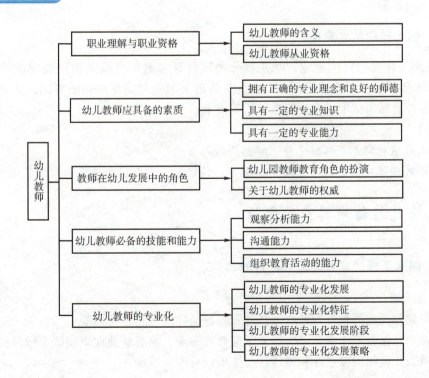

情境导入

在苏联的一所学校，校园的花房里开出了美丽的玫瑰花，每天都有同学前来观看，但都没人去采摘。一天清晨，一个4岁的小朋友进入幼儿园花房，摘下了一朵最大、最漂亮的玫瑰花。当她拿着花走出花房时，迎面走来了该校的校长。校长十分想知道小女孩为什么要摘花，便弯下腰亲切地问："孩子，你可以告诉我你摘下的花是送给谁的吗？""送给奶奶的。奶奶生了重病，我告诉她学校里有一朵很大的玫瑰，奶奶不信，我这就摘下来送给她看，希望她早点好起来，等奶奶看完之后我会把花送回来。"听完孩子的回答，校长的心颤动了。他牵着小女孩的手，在花房里又摘下了两朵大玫瑰花，说道："这一朵是奖给你的，你是一个懂事的孩子；这一朵是送给你妈妈的，感谢她养育了你这样的好孩子。"

这位校长是谁呢？他就是伟大的教育家苏霍姆林斯基。

请思考一下，应该怎样理解教师这个职业，教师的角色应该如何定位，我们应该如何促进自己的专业成长？

一、职业理解与职业资格

（一）幼儿教师的含义

幼儿教师主要对幼儿进行启蒙教育，帮助他们获得有益的学习经验，促进其身心全面和谐发展。幼儿教师不仅是知识的传递者，而且是幼儿学习活动的支持者、合作者、引导者，教师的言谈举止是幼儿模仿的榜样，对幼儿起着潜移默化的作用，甚至对幼儿今后的一生都会产生深远的影响。

（二）幼儿教师从业资格

《幼儿园工作规程》中规定，幼儿教师必须具有《教师资格条例》规定的幼儿教师资格。从2016年开始，无论师范类学生还是非师范类学生均需参加认证考试，并且要在全省统一组织的普通话考试中成绩达到二级乙等以上。

【思考】
1. 我们应该对幼儿教师赋予什么样的价值与意义？
2. 幼儿教师是从什么时候发展了一个专门的职业，这个职业产生的需求是什么？

二、幼儿教师应具备的素质

（一）拥有正确的职业理念和良好的师德

1. 职业认知

①贯彻党和国家的教育方针政策，遵守教育法律法规；
②理解幼儿保教工作的意义，热爱学前教育事业，具有职业理想和敬业精神；
③认同幼儿教师的专业性和独特性，注重自身专业发展；

④具有良好的职业道德修养，为人师表；
⑤具有团队合作精神，积极参与协作与交流。

2. 对待幼儿的态度和行为

①关爱幼儿，重视幼儿身心健康，将保护幼儿生命安全放在首位；
②尊重幼儿人格，维护幼儿合法权益，平等对待每一个幼儿，不讽刺、挖苦、歧视幼儿，不体罚或变相体罚幼儿；
③信任幼儿，尊重个体差异，主动了解和满足有益于幼儿身心发展的不同需求；
④重视生活对幼儿健康成长的重要价值，积极创造条件，让幼儿拥有快乐的幼儿园生活。

3. 幼儿保育和教育的态度与行为

①注重保教结合，培育幼儿良好的意志品质，帮助幼儿形成良好的行为习惯；
②注重保护幼儿的好奇心，培养幼儿的想象力，发掘幼儿的兴趣爱好；
③重视环境和游戏对幼儿发展的独特作用，创设富有教育意义的环境氛围，将游戏作为幼儿的主要活动；
④重视丰富幼儿多方面的直接经验，将探索、交往等实践活动作为幼儿最重要的学习方式；
⑤重视自身日常态度、言行对幼儿发展的重要影响和作用；
⑥重视幼儿园、家庭和社区的合作，综合利用各种资源。

4. 个人修养与行为

①富有爱心、责任心、耐心和细心；
②乐观向上，热情开朗，有亲和力；
③善于自我调节情绪，保持平和心态；
④善于学习，不断进取；
⑤衣着整洁得体，语言规范健康，举止文明礼貌。

【案例】

在幼儿园，教师和幼儿之间有一种好玩的"影子"效应——幼儿是教师的影子。例如，王老师严肃、纪律性强，她所带班级的孩子也比较严肃；李老师性格开朗、直爽随性，她所带班级的孩子比较活泼自由；郭老师崇尚自由民主的教育理念，她所带班级的孩子则表现出和谐、自主性强的特点。这种"影子效应"说明模仿学习是幼儿获得经验的主要方式和途径，幼儿常常按照眼前人的行为方式来指导自己的行为，并做出与之一致的行为。幼儿教师，是除父母之外幼儿接触时间最长、关系最密切的成人，是幼儿模仿和学习的重要对象。所以，幼儿教师的言行对幼儿的影响很大。

【思考】

请结合案例说明，作为一个幼儿教师为什么要重视言传身教呢？

（二）具有一定的专业知识

1. 幼儿发展知识

①了解关于幼儿生存、发展和保护的有关法律法规及政策规定；
②掌握不同年龄幼儿身心发展特点、规律和促进幼儿全面发展的策略与方法；
③了解幼儿在发展水平、速度与优势领域等方面的个体差异，掌握对应的策略与方法；
④了解幼儿发展中容易出现的问题与适宜的对策；

⑤了解有特殊需要的幼儿的身心发展特点及教育策略与方法。

2. 幼儿保育和教育知识

①熟悉幼儿园教育目标、任务、内容、要求和基本原则；

②掌握幼儿园环境创设、一日生活安排、游戏与教育活动、保育和班级管理的知识和方法；

③熟知幼儿园的安全应急预案，掌握意外事故和危险情况下幼儿安全防护与救助的基本方法；

④掌握观察、谈话、记录等了解幼儿的基本方法；

⑤了解0~3岁婴幼儿保教和幼小衔接的有关知识与基本方法。

3. 通识性知识

①具有一定的自然科学和人文社会科学知识；

②了解中国教育基本情况；

③掌握幼儿园各领域教育的特点和基本知识；

④具有相应的艺术欣赏与表现的知识；

⑤具有一定的现代信息技术知识。

（三）具有一定的专业能力

1. 环境创设与利用

①建立良好的师幼关系，帮助幼儿建立良好的同伴关系，让幼儿感到温暖和愉悦；

②建立班级秩序与规则，营造良好的班级氛围，让幼儿感受到安全、舒适；

③创设有助于促进幼儿成长、学习、游戏的教育环境；

④合理利用资源，为幼儿提供和制作适合的玩教具和学习材料，引发和支持幼儿的主动活动。

2. 一日生活组织与保教

①合理安排和组织一日生活的各个环节，将教育灵活地渗透到一日生活中；

②科学照料幼儿日常生活，指导与协助保育员做好班级常规保育和卫生工作；

③充分利用各种教育契机，对幼儿进行随机教育；

④有效保护幼儿，及时处理幼儿的常见事故，危险情况优先救护幼儿。

3. 游戏活动的支持与引导

①提供符合幼儿兴趣需要、年龄特点和发展目标的游戏条件；

②充分利用与合理设计游戏活动空间，提供丰富、适宜的游戏材料，支持、引发和促进幼儿的游戏；

③鼓励幼儿自主选择游戏内容、伙伴和材料，支持幼儿主动地、创造性地开展游戏，充分体验游戏的快乐和满足；

④引导幼儿在游戏活动中获得身体、认知、语言和社会性等多方面的发展。

微课：幼儿教师基本能力

4. 教育活动的计划与实施

①制订阶段性的教育活动计划和具体活动方案；

②在教育活动中观察幼儿，根据幼儿的表现和需要调整活动，并给予适宜指导；

③在教育活动的设计和实施中体现趣味性、综合性和生活化，灵活运用各种组织形式和

适宜的教育方式；

④提供更多的操作探索、交流合作、表达表现的机会，支持和促进幼儿主动学习。

5. 激励与评价

①关注幼儿日常表现，及时发现和赏识每个幼儿的点滴进步，注重激发和保护幼儿的积极性、自信心；

②有效运用观察、谈话、家园联系、作品分析等多种方法，客观、全面地了解和评价幼儿；

③有效运用评价结果指导下一步教育活动的开展。

6. 沟通与合作

①使用符合幼儿年龄特点的语言进行保教工作；

②善于倾听，和蔼可亲，与幼儿进行有效沟通；

③与同事合作交流，分享经验和资源，共同发展；

④与家长进行有效沟通合作，共同促进幼儿发展；

⑤协助幼儿园与社区建立合作互助的良好关系。

7. 反思与发展

①主动收集分析相关信息，不断进行反思，改进保教工作；

②针对保教工作中的现实需要与问题进行探索和研究；

③制定专业发展规划，不断提高自身专业素质。

思政之窗

幼儿教师应该具备的素质包括：思想政治坚定、德技并修、全面发展，适应幼儿教育教学需要，具有良好的职业素质，掌握幼儿园教育活动设计等知识和技术技能。幼儿教师是幼儿教育领域的高素质技能人才，因此需要幼师专业的学生具有扎实的专业基本功，并在此基础上培养良好的职业道德修养。全面贯彻党的十九大精神和党的教育方针，认真落实立德树人根本任务，让学生了解国情和社会现实，通过理论联系实际，能够自觉将马克思主义理论内化于心，并外显于自己的言行，从实践中践行社会主义核心价值观，成为一名合格的社会主义建设者和接班人，成为一名合格的"四有"好老师。

通过这部分内容的学习，学生了解国家实施素质教育的基本要求，并掌握在幼儿教育中实施素质教育的途径和方法；了解教师专业发展的要求，具备终身学习的意识；理解教师职业的责任与价值，具有从事幼儿教育工作的热情与决心。进而学生深入理解"人的全面发展"的思想，树立正确的职业理想，将自己的职业发展和前途命运同社会主义建设的需要结合起来。

习近平总书记在同北京师范大学师生代表座谈时指出："教师是人类历史上最古老的职业之一，也是最伟大、最神圣的职业之一。"并提出了做党和人民满意的老师——"四有"好老师的概念。通过本部分的学习，熟悉教师职业行为规范的要求和职业特点，掌握教师职业行为规范的主要内容，在保教活动中，以高标准要求自己，努力成为一名有理想信念、有道德情操、有扎实学识、有仁爱之心的"四有"好老师。

在建党95周年庆祝大会上，习近平总书记提出将文化自信纳入中国特色社会主义的"第四个自信"，并指出"文化自信，是更基础、更广泛、更深厚的自信"。在党的十九大报告中他也强调："没有高度的文化自信，没有文化的繁荣兴盛，就没有中华民族伟大复兴。"学生可以通过对中国传统文化、中外科技史、中国文学和世界文学的常识的学习，了解常见的幼儿科普读物和中外文学史上重要的作家作品，进而树立文化自信。

【思考】

请根据幼儿教师应具备的素质,评析该幼儿教师的行为。

下午,老师要求孩子在教室里安静地玩玩具,小明因为自己动手搭出了一架飞机,高兴地大叫一声,老师立刻喊道:"是谁啊,说了不许说话,谁还这么闹?"小明吐吐舌头。过了一会儿,邻班的老师来了,两位老师开始聊天,边说边笑,这时教室里孩子的声音也越来越大。终于,老师抬起头来大声喊道:"你们的耳朵到哪里去了,说了不许说话。"教室里立刻安静下来,两位老师接着聊。

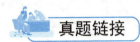

1.(2019下半年《保教知识与能力》)沈老师在指导新教师时说:"学习和掌握幼儿身心发展规律、年龄特点,对做好工作极为重要。沈老师强调的是(　　)。

A. 幼儿发展知识的学习　　　　　B. 通识性知识的学习

C. 保教知识的学习　　　　　　　D. 领域知识的学习

2.(2019下半年《保教知识与能力》)休息时,王老师让孩子们排队接水喝,可队伍总也排不好,你推我,我挤你。王老师只好扯着嗓门提醒孩子们,可队伍刚排好,过一会儿又乱了。这时,王老师也口渴了,她端起杯子走到队伍前面接了一杯水喝,很无奈地看着眼前乱哄哄的接水队伍。这表明王老师(　　)。

A. 未能廉洁从教　　　　　　　　B. 未能公平对待幼儿

C. 未能以身作则　　　　　　　　D. 未能公正对待幼儿

3.(2017下半年《保教知识与能力》)最近徐老师将头发染成了红色。在区域活动中,"理发室"里的几个孩子边玩边说:"请给我染发,我要红颜色的,像徐老师一样的红色。""我也要红颜色的!"徐老师"染头发"的行为(　　)。

A. 恰当,反映幼儿教师合理的审美需求

B. 恰当,促进幼儿审美能力的发展

C. 不恰当,不符合区域活动的组织要求

D. 不恰当,不符合幼儿教师的仪表规范

4.(2016下半年《保教知识与能力》)午餐时,有些幼儿边吃边玩,为了让幼儿专心进餐,李老师的正确说法是(　　)。

A. "没吃完的不准睡觉"

B. "比比看谁吃得最快"

C. "我看看谁吃得最香"

D. "看谁还在那磨蹭"

三、教师在幼儿发展中的角色

教师角色是指处在教育系统中的教师所表现出来的由其特殊地位决定的符合社会对教师期望的行为模式。《幼儿园教育指导纲要(试行)》明确指出:"教师应成为幼儿学习活动的支持者、合作者、引导者。"

（一）幼儿教师的教育角色扮演

1. 幼儿教师是幼儿活动的支持者

"支持"从字面含义来讲就是给予鼓励和帮助。也就是说，幼儿教师在幼儿的学习活动中要给予鼓励和适当的帮助。库特·费舍教授认为，儿童成长环境中来自成人的"高支持"或"低支持"会导致儿童明显不同的发展曲线。教师对幼儿的支持具体表现在两个方面：

①情感支持，表现在日常生活中对幼儿的提议给予必要的肯定、支持；

②活动空间、时间的支持。

幼儿能力有限，当幼儿无法实现自己的想法和愿望时，幼儿教师要及时为他们提供以上两方面的支持。

【案例】

幼儿自发生成主题的"顺"

新的乐高玩具有各种各样车的模型，孩子们看到之后马上产生兴趣。孩子们围在一起，有的说这是消防车，那是救护车，还有的把几辆车拿过来看看有什么不同……乱哄哄的一片。

教师并没有干涉，而是以支持、欣赏的态度鼓励他们去研究，并在教室提供图书、图片、VCD等材料，在看车的过程中，孩子们产生了很多问题，很自然地就去查找资料。

在这个主题活动中，教师为幼儿提供了足够的空间和时间，提供丰富的材料，鼓励和支持幼儿进行探究。

2. 幼儿教师是幼儿活动的合作者

幼儿教师以伙伴的身份参与幼儿活动，才会一步步进入幼儿的活动圈，才会与幼儿建立感情，建立信任，这是教育的前提。同样，在合作者的关系中，幼儿才能放松地表现自己，使幼儿教师观察到最真实的幼儿，掌握幼儿的发展状况，这是教育的基础。

正如意大利瑞吉欧方案教学中提到的，教师有时在儿童的团体内工作，有时在儿童的周围工作。教师研究儿童，提供机会，在重要的时候介入儿童的活动，与儿童分享高昂、热烈的情绪。儿童感到教师不是裁判和评价者，而是在他们需要支援时，可以从教师那里获得帮助。这样的互动包含着智慧的激发与碰撞、经验的交流、情感的共享，每个人都能感受到来自对方的支持。这是合作者的具体体现。

【案例】

师幼共同产生主题时的"引"

孩子们在翻阅资料时，教师发现大部分孩子只注重了车的外形、大小、样式。对孩子的观察引发了教师的思考：如何引导幼儿更深入地探究自己感兴趣的问题呢？教师设置了一些问题："为什么有的车上放着红灯？""救病人用的。""抓坏人的。"不少孩子不加思索地说出来。这一话题又引发了孩子们的兴趣，丁丁说"救病人的车，车身上有红色的十字号，都是白色的"，妞妞说"救火车车身是红色的，里面装了很多水，是为了灭火"，孩子们七嘴八舌地讨论着。教师问："这些车颜色不同、作用不同，说明了什么？""它们有不同的功能。"这样"多种功能的车"这一主题在师生共同的交谈中产生了。

在教师的有效引导下，教师以玩伴的身份参与活动，帮助幼儿发现问题，持续不断地探索。

3. 幼儿教师是幼儿活动的引导者

当前，幼儿学习渠道日益丰富，幼儿教师不再是幼儿获取知识的唯一源泉。如果继续充当课堂上"知识的传递者"的角色不仅没有任何实际意义，而且还会禁锢幼儿的头脑和思维，限制幼儿对外界强烈的好奇心与求知欲，从而妨碍幼儿更好、更全面地认识自己所生长的环境。

幼儿教师作为引导者，就是说幼儿教师以教育目标为导向，指引幼儿不断朝教育预期的目标发展。幼儿教师的引导离不开对幼儿学习状况的了解和对幼儿面临问题或矛盾冲突的把握，幼儿教师需对这些状况进行价值判断，找出它们与教育目标之间的联系，从而指引幼儿向着积极目标方向发展。

【案例】

教师生成主题时的"助"

当孩子们发现了这些不同功能的车时，教师问："他们是怎么样达到救人目的的呢？"有的孩子就说"发生火灾请拨119"，等等。教师就这个问题让孩子们展开研究，怎样正确使用这些车。

教师主动出击，把幼儿的兴趣点转移到生活实际中去，幼儿欣然接纳，从而把幼儿的探索兴趣引向教师要求的方向。

【思考】

《幼儿园教育指导纲要（试行）》中阐述的幼儿教师角色定位与传统教师角色的区别在哪里？请结合文中案例进行说明。

真题链接

（2018下半年《保教知识与能力》）幼儿园教师应该是（　　）。
A. 幼儿学习的引导者、决策者和管理者
B. 幼儿学习的支持者、合作者和引导者
C. 幼儿学习的引导者、传授者和控制者
D. 幼儿学习的管理者、决策者和传授者

（二）关于幼儿教师的权威

1. 幼儿教师权威的成因

（1）幼儿教师与幼儿角色的预设

教师被赋予了教育者、指导者、照顾者，幼儿被定位为被教育者、被指导者、被照顾者，这种预设使得非对称性互动成了幼儿教师和幼儿之间互动的基本形态，即幼儿教师作为师幼互动的主导者，根据自己的计划和意图开启与幼儿之间的行为往来，控制着彼此行为的进程，并且引导和控制彼此行为的发展方向和速度。

（2）幼儿教师与幼儿两个主体间的双向建构

教师自身行为对幼儿所产生的巨大影响力使得幼儿教师很难站在幼儿角度去思考问题，或者主动去揣摩幼儿的内心体验，甚至滋生幼儿教师的自我权威行为定式。幼儿目前的自我意识与他律倾向占上风，易形成这样的判断——幼儿教师是一个最有本领、最不能冒犯的人。

2. 幼儿教师权威的适宜性

①幼儿教师权威有益于帮助幼儿建立起稳定的生活和学习秩序。幼儿的神经系统尚未发展完善,易陷入动荡无序的状态,需要一个权威人物帮助幼儿建立并保持活动的秩序。

②幼儿教师权威可以确保幼儿园保育和教育工作的效率。幼儿教师利用权威,让幼儿和自己的工作计划保持一致。

③幼儿教师权威可以保证知识、技能、规范的快速传递。不论哪种课程模式,都需要幼儿教师的具体操作,教学的每一个环节都仰仗幼儿教师权威作用的发挥。

3. 幼儿教师权威在师幼互动中的正确应用

①完善职业道德素养,用"爱"树威。用真挚的爱和信任去育人,领悟幼儿的行为,为幼儿创造一个安全的心理空间,这样才能拨动幼儿的情弦,叩击幼儿的心扉。

②加强师幼对话,用"公正"强威。对话具有时代精神,是人与人之间的交流;公正对待每一名幼儿,不偏不倚,不仅有利于增强权威正功能的发挥,而且也使师幼伦理关系焕发出迷人的光彩。

③提高专业知识素养,以"才"生威。幼儿教师对幼儿提出的问题无法正确的回答势必会加剧权威负功能的恶化程度,因此,幼儿教师要不断地学习,以"才"生威。幼儿教师应总结一天的活动,根据实际情况制订教育计划,建立幼儿备忘录,在学习新理论的同时,联系实际,这样才能真正做到学以致用。

【思考】

如何在幼儿教育过程中树立教师权威?请列举出具体的教育举措。

 真题链接

(2017下半年《保教知识与能力》)现代教育活动要求教师和学生是知己、朋友的关系;但是在课堂之中,则要求教师又必须运用自身的权威性。这种现象是( )。

A. 教师角色冲突　　　　　　　　B. 教师权威
C. 教师培训　　　　　　　　　　D. 教师自我完善

四、幼儿教师必备的技能和能力

(一)观察分析能力

1. 观察、了解幼儿

观察能力是幼儿教师搞好教育工作不可缺少的能力素质,也是幼儿教师做好教育工作的基本功。观察是最直接地了解幼儿、研究幼儿的有效办法,通过观察、了解幼儿,幼儿教师可以发现幼儿的个别特点,发现他们的长处和不足,对自己的教学进行调整,做到因势利导、因材施教。幼儿教师的观察力直接影响幼儿观察力的培养。

(1)增强教育意识,加强对幼儿的观察

幼儿教师的观察能力是指能从幼儿所表现的动作、语言、表情中发现幼儿身心变化、认知发展、情感需要等。

意大利著名儿童教育家蒙台梭利曾指出："作为一名教育工作者，应该有双敏锐的眼睛。"

（2）掌握正确的观察方法，提高观察水平

幼儿教师的观察能力是一种综合性的能力，不下一番功夫是不能获得的。

①注重观察的整体性，包括幼儿在活动过程中的语言、动作、思维、兴趣、情感、社会交往、动手能力。

②制订科学的观察计划，即观察什么、怎么观察。

③做好观察记录。将观察结果及时记录，再进行汇总分析。

【案例】

年龄：4岁7个月。

儿童数量：1。

成人数量：5。

儿童姓名：Hayley。

环境：看护学校，厕所区域。

目的：再度评估Hayley要求上厕所的能力。

目标：记录Hayley要求上厕所的次数。

观察记录：要求保教人员在带Hayley去上厕所时做相应的记录，包括当Hayley要求时、当她们注意到她不安静地扭动时、常规的如厕时间；她们还要记录Hayley尿裤子的次数。

2. 分析、评价能力

评价能力是指幼儿教师以幼儿为对象，对幼儿的活动、幼儿在教育中的受益和所达到的水平做出判断的能力。

（1）幼儿教师要学会评价，善于运用评价手段

引导式评价可以对幼儿起导向作用，使幼儿行为更具有目的性、主动性；引导幼儿针对问题进行适时分析比较，做出评价，使幼儿不断认识自己，获得进步。

（2）幼儿教师要对幼儿进行正确、合理的评价

幼儿对幼儿教师的评价很敏感，常依据幼儿教师的评价方式作为自我评价和评价他人的重要依据。幼儿教师对幼儿的评价不能一味肯定或模棱两可，甚至对个别幼儿采取敌对态度。

（3）幼儿教师应重视教育评价的作用

正确的评价不仅能满足幼儿的成就感，还能巩固幼儿的正确行为，激发幼儿的学习动机，增强信心。

【案例】

在一次有关蜗牛的教育活动结束后，教师进行活动小结评价："小朋友今天讲得真好，通过活动我们知道了蜗牛的特点和生活习性，活动时大家都能大胆发言，希望小朋友们下次继续努力。"

这种评价方式是对所有参与小朋友总的评价，是一种静态的评价。它只是评价了幼儿的表现、幼儿活动的结果，提出下一次的希望，缺少对幼儿活动细节的评价，给幼儿的感觉是空洞的，对教育活动的内部印象不深，而且只是获得了知识，没有培养幼儿动手、思维、学习的兴趣。在教育活动中，应将对幼儿的评价做适当的调整，不仅对幼儿的活动结果进行评

价,还应使评价自然地伴随着整个教育活动过程,在真实的教学情境中进行,使之成为动态评价,通过评价给予幼儿支持和援助。

【思考】

1. 幼儿教师的评价不应模棱两可,要正确且具有针对性,请举例说明什么是有针对性的评价。

2. 幼儿教师的评价应该避免批评和惩罚,一味地进行"正面"评价吗?

(二) 沟通能力

1. 沟通在幼教工作中的意义

沟通是幼儿教师工作的题中之意。幼儿教师在幼儿园工作的过程中要与园领导、其他幼儿教师、幼儿、幼儿家长等形形色色的人进行沟通。在这些人中,与幼儿和幼儿家长沟通更是重中之重;只有做好这两方面的沟通工作,幼儿教师才能更好地了解对方,有针对性地处理与对方有关的事务。为了更好地沟通,幼儿教师应该采取一些创新性的沟通方式。另外,沟通能满足幼儿精神上的需求,促进幼儿主体性的发展,在沟通过程中幼儿教师也能就多方面问题与家长联系,促进家园合作。

2. 幼儿教师应该如何进行沟通

在幼儿园中,幼儿教师与幼儿的沟通主要包含两个方面:非语言沟通与语言沟通。非语言沟通包括幼儿教师通过微笑、点头、抚摸、蹲下与幼儿交流等。幼儿教师与幼儿的接触有利于安定幼儿的情绪,让幼儿消除紧张,感到温暖、安全。语言沟通是指幼儿教师和幼儿直接交谈。个别或小组中的交谈是幼儿分享情感、心灵沟通的重要途径,它需要幼儿教师在抓住机会、选择话题、引发和延续谈话、激发幼儿谈话的兴趣和积极性等环节上具有灵活机智的策略和丰富的经验技巧。幼儿教师要想更好地做好上述沟通工作,需要具备相应的知识与能力,包括教育学、心理学、生理学等知识,以及观察、沟通、组织小组活动、指导游戏、指导幼儿行为、评价教育活动等能力,这样才能真正做到有效沟通。

(1) 与幼儿沟通的方式

①不否认幼儿的体会。要做到这一点,幼儿教师就要在与幼儿交流的过程中不驳斥他的感受,不贬低他的主张,不污蔑他的人格,不怀疑他的经历。

②不批评幼儿,而是引导他说出错误的所在,并提出可能的解决办法。

③在影响幼儿生活的事情上,给他选择和说话的机会。

(2) 与家长的沟通方式

《幼儿园工作规程》第五十二条指出:"幼儿园应主动与幼儿家庭沟通合作,为家长提供科学育儿宣传指导,帮助家长创设良好的家庭教育环境,共同担负教育幼儿的任务。"因此幼儿教师应主动与家长沟通,积极寻找教育的最佳切入点,从而提高教育质量。沟通,其实主要是指在幼儿的发展与教育上,家长和幼儿教师双方要随时互通信息、交流看法,以求全面了解幼儿发展的情况,取得共识,共同商讨教育策略,协同进行教育。

①真心真意,以诚相待。首先,要记住"微笑",因为微笑的魅力是无穷的。早晨,当家长带着幼儿来到教室门口,看到幼儿教师笑容可掬,他们会觉得幼儿在幼儿园就像在家一样放心;下午,当工作了一天的家长来园接幼儿时,幼儿教师微笑着与家长交流、探讨,分享快乐、分担烦恼,家长一定会非常感动。所以,幼儿教师一定不能吝啬自己的微笑,要用

自己的真心真诚地与家长沟通。其次,要记住三个字:细、勤、亲。"细"即沟通全面,细心细致;"勤"即沟通及时,勤问勤答;"亲"即沟通真诚,亲切亲热。这样的沟通交流一定能让家长对幼儿教师非常信任,并乐意接受幼儿教师的意见和建议,因此许多问题一定会迎刃而解。

②言辞委婉,以礼相待。幼儿教师在与家长交流幼儿存在的问题时要注意用词用语,语言委婉,表情不要太夸张。当产生较大分歧的时候,幼儿教师要以礼相待,更要懂得"忍让",再利用其他途径迂回处理,使双方在互相理解的基础上做进一步的交流,直至达到理想的效果。

③耐心辅导家长运用科学的育儿方式。有些家长由于对幼儿年龄特点不了解,不知道如何教育幼儿,所以有些时候教育幼儿的方式很不恰当,一味地溺爱,甚至放纵;而幼儿教师是有一定育儿知识的专业人员,遇到问题应通过各种方式启发、引导家长,让他们了解幼儿的身心特点,更新教育观念,掌握正确的育儿方法。

④能听懂家长的话。许多家长遇到了问题不会和幼儿教师挑明,而是用暗示的方法向幼儿教师反映,这个时候如果幼儿教师没有反应过来,就会忽视问题,渐渐地,家长就会对幼儿教师产生意见。这也是幼儿教师经常遇见的一种现象:家长为了一件小事大发雷霆。其实这就是"积怨"。因此幼儿教师要听懂家长的"话中话",及时解决问题。

⑤应以"换位"的方式与家长沟通。现在幼儿园中幼儿教师的一大特点就是年轻化,有的年轻教师还不到成家的年龄,也没有为人父母的角色体验,有的即便是已经做了母亲,在与家长沟通时,也经常会遇到难以达成共识的问题,这就要求幼儿教师了解父母的角色,并从父母的角色去体会家长的心情和需求。

⑥应该采取适当的表达方式。俗话说:"一句话让人笑,一句话让人跳。"如何适当表达自己的意思,是幼儿教师必须学会的一项技巧,如一分为二,实事求是,先行肯定、再提意见,预约访谈,全面关注,这些都是非常实用的沟通技巧。对于那些身有缺陷的幼儿,幼儿教师在与家长沟通的过程中要予以特别注意,他们的心思更加敏感,怎么说话才能让他们心里舒服些,不觉得幼儿教师是在轻慢自己的孩子,这就需要讲话的艺术了。很多幼儿教师不注意讲话方式,这会对双方的沟通造成极大的影响。

⑦针对不同类型的家长调整沟通方式。纵观幼儿家长,通常可分为放任型、唠叨型、刁难型、细腻型、高知型、关注学习型、自我中心型、婆媳不和型、托管型等。

a. 放任型家长。此类家长一般都是祖辈们,他们对于孙辈的疼爱几乎全部是无条件的。此类家长的关注点在于让幼儿吃得好、睡得好,而对于幼儿的行为习惯培养则不太注意,有时甚至是纵容。针对这种类型的家长,幼儿教师可以当着他们的面对幼儿提出要求,让他们知道幼儿园对幼儿的要求是什么,教师是如何做的。同时,幼儿教师的严格要求也能让这种类型的家长知道没有规矩不成方圆,幼儿的规矩需要从小养成。相信幼儿教师的做法会对他们有所触动。

b. 细腻型家长。此类家长一般为妈妈,当然还包括少数的爸爸。从性格来讲,他们是感情非常细腻的人,对生活中的小事、细节都会有很多感触,看问题比较喜欢深究,且学历水平比较高。他们对幼儿的关注度非常高,会从心理学的角度看待事件与问题,往往幼儿无意的话语都会令他们思考一整夜,生怕自己的孩子心灵上受到伤害。对于这一类型的家长,幼儿教师的耐心与专业很重要。幼儿教师可以耐心地与他们多交谈,并且在他们有困惑的时候给予很好的建议。幼儿教师平时要多和这类家长交流幼儿的情况,让他们感受到幼儿教师对幼儿的关注与悉心呵护,这样他们才会对幼儿教师产生信任感。

c. 关注学习型家长。这种类型的家长非常重视幼儿的智力开发,但是其中有一部分家长的做法违背了幼儿的身心发展规律,过早地让幼儿学习加减法、学写汉字。对于这种类型的家长,幼儿教师可以尝试这样做:首先,在家长来园接幼儿的时候,和他们交流幼儿在教学活动中的表现;其次,请家长浏览班级网页中的一周活动安排,了解幼儿每天的活动内容;再次,和家长多谈谈幼儿的关键期及发展培养目标,以及幼儿阶段的一些认知特点和学习兴趣;最后,建议家长观察自己孩子的兴趣所在,让孩子做些感兴趣的事情,不用急着让孩子过早接触小学的学习内容,以免伤害到孩子学习的积极性。当家长发生改变时,就说明幼儿教师的建议合理正确,并逐步影响家长,正在转变家长的教育观,改变家长的教育行为。

d. 自我中心型家长。以自我为中心的家长,他们有着这样一种心理:觉得自己孩子是最棒的。他们往往忽略幼儿的年龄特点与发展水平,通常只把幼儿跟从前做比较,所以觉得自己的孩子特别聪明、能干。幼儿教师当然会看到与家长观点相反的方面,但是幼儿教师切不可去伤害家长,打击家长的积极性,尽量不要在家长的面前多说幼儿的"与众不同",而只能在某些事情上、在某个时机适度"点"一下,点到为止。其实这些家长心中都是有数的,只是不愿面对现实。对于这样的幼儿,幼儿教师要更多地给予他爱、细心和耐心,还要及时把他的进步情况反馈给家长,这样就会换来家长的放心。

⑧围绕具体事件进行有效沟通。家长最关心的是孩子每天在幼儿园的具体情况,最喜欢听的自然是发生在自己孩子身上的具体事情。因此,幼儿教师与家长交流时,可以围绕家长关心的方面和需要,讲述一些具体的事情,也可以向家长讲述一些幼儿在园发生的比较特别、有趣的事情或一些生活、活动的细节。对非常注重"学本领"的幼儿家长,可以说说幼儿的学习情况;对在幼儿园表现比较平稳、无太大异常的幼儿,可以与家长说一些活动细节,让家长感受到幼儿教师对孩子的关注;对比较溺爱孩子的家长,可以说说能力培养对促进孩子发展的作用和价值,让家长知道他心目中的爱往往会剥夺孩子成长和发展的机会。和家长聊聊发生在孩子身上的有趣的事,家长会很开心。

⑨要多方面拓展与家长沟通的渠道。幼儿教师除了在每天幼儿上学、放学的过程中采取与家长面对面沟通、进行家访等方式,还可以努力思考,建立多种渠道,采用多种方法与幼儿家长沟通,这样能够让双方对幼儿的情况有更多、更好的了解,进而解决幼儿身上存在的问题,帮助他发展得更好。

【思考】
除了面对面沟通和家访,你还能拓展出哪些方便、快捷有效的沟通方式?

(三) 组织教育活动的能力

教育活动的组织,就是执行一个具体的方案以实现活动目标或教育目标,也包含在执行过程中根据实际情况对活动方案进行调整。一般来说,一个活动的具体开展,包括策划、导入、展开、高潮、结束、延伸等环节。在策划教育活动时,能够根据幼儿的思维特点,准备大量的教学工具,让他们动脑动手动口。活动开始时,充分调动各种感官,以启发诱导的方式和发散式的提问形式,激发幼儿学知识的愿望,要变"让我学"为"我要学",真正形成以幼儿教师为主导、幼儿为主体的正确的师生关系。活动开展的过程中还体现出一定的节奏，并且活动开展的节奏还是影响教育目标的重要因素，因此，幼儿教师要具有能根据各环节在实践操作中的难易程度及对目标实现的价值水平进行自由调控活动过程的能力。

1.（2018下半年《保教知识与能力》）教育过程中，教师评价幼儿适宜做法是（　　）。

A. 用统一的标准评价幼儿　　　　　　B. 根据一次测评结果评价幼儿
C. 用标准化工具测评评价幼儿　　　　D. 根据日常观察所获信息评价幼儿

2.（2018下半年《保教知识与能力》）一天，陈老师正在组织孩子们踢球，方方总是抢球后抱着跑。陈老师看到后就让他站到一边，并对带班老师说："以后都别让他踢球了！"陈老师的做法（　　）。

A. 正确，维护了整个活动的良好秩序　　B. 正确，保护了其他孩子的人身安全
C. 不正确，破坏了同事间的团结协作　　D. 不正确，打击了方方的参与积极性

3.（2017下半年《保教知识与能力》）手工制作后，孩子们都开心地把作品拿在手里。小明兴高采烈地奔向老师，举起手里的作品向老师炫耀，可是老师瞟了一眼说："看你做的是什么呀，难看死了。"老师的做法（　　）。

A. 正确，从小培养幼儿的认真态度　　B. 正确，从小对幼儿进行挫折教育
C. 不正确，挫伤了幼儿的创造热情　　D. 不正确，扼杀了幼儿的竞争欲

五、幼儿教师的专业化

（一）幼儿教师的专业化发展

幼儿教师在其专业生涯中，习得幼儿教育的专门知识和技能，内化幼儿教育的专业规范，形成幼儿教育的专业能力，形成幼儿教育的专业精神，表现专业自主性并实现专业责任。

【资料卡】

美国幼儿教师专业化标准

20世纪，美国的全美幼教协会曾对幼儿教师专业化提出过7条标准。
1. 对儿童发展有着深刻的理解和体悟，将心理学、教育学知识运用于实践；
2. 善于观察和评量儿童的行为表现，以此作为计划课程和个性化教学的依据；
3. 善于为儿童营造健康安全的氛围；
4. 会计划并实施儿童发展的课程，全面促进儿童的社会性、情感、智力和身体各方面的发展；
5. 与儿童建立起积极的互动关系，支持儿童的学习和发展；
6. 与幼儿家庭建立积极有效的关系；

7. 尊重和理解儿童在家庭、社会、文化背景等方面的差异，支持儿童个性的发展和学习。

（二）幼儿教师的专业化特征

1. 专业化幼儿教师是研究型教师

①专业化幼儿教师是幼儿的研究者。幼儿教师根据对幼儿行为的观察和分析确定行动方法，依靠专业知识做出判断，着眼幼儿长远发展。

②专业化幼儿教师是教育教学的研究者。幼儿教师自觉和主动地探索和解决自身教育实践中的问题，从而改进教育实践，提高教育教学质量。

2. 幼儿教师是反思型教师

①自我反思意味着幼儿教师反省、思考、探索和解决自身教育的问题和不足。

②自我反思是幼儿教师专业发展和自我成长的核心因素，同时表明幼儿教师是专业人员，是发展中的人，是学习者和研究者。

（三）幼儿教师的专业化发展阶段

1. 顺应阶段

学习进入角色，摆脱混乱局面，需要精神上的支持（理解、鼓励、肯定、安慰）和班级管理技能方面的具体帮助。

2. 适应阶段

工作1年左右，对幼儿有了解，可以处理幼儿的一般问题，从"控制"局面转向如何组织教育活动、指导幼儿的学习和处理幼儿的特殊问题。

3. 发展阶段

工作4~5年以后，渴望新体验，关注教育新趋势、新观点和新方法，更新和充实自己。建议与专家接触，提升专业素养。

4. 专业化阶段

对幼儿发展和教育原理的理解水平提高，不仅在实践中运用自如，而且能探讨更深层次的问题，善于自我反思。

【资料卡】

教师专业化与教师专业发展关注的重心如图9-1所示。

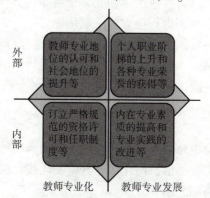

图9-1　教师专业化与教师专业发展关注的重心

真题链接

（2019下半年《保教知识与能力》）教师的主要任务转向组织教育教学活动的具体方面，这表明教师正处于（　　）。
A. 顺应阶段　　　　　　　　　　　B. 适应阶段
C. 发展阶段　　　　　　　　　　　D. 专业化阶段

（四）幼儿教师的专业化发展策略

1. 营造良好的园所文化氛围

创造一个"尊重、合作、创新、发展"为基调的工作环境，提供一个"团结、和谐、愉快、进取"的学习氛围，组织各种丰富多彩的学习活动和文化活动，把文化建设的精髓融入工作中、活动中，让幼儿教师在工作过程中不断学习和自我提升，形成学习的欲望和习惯。

2. 专家指导

专家通过理论指导、专业引领，提高幼儿教师独立教学、独立研究、独立思考的能力。可以通过跟班指导，定期为幼儿教师开展讲座，解决幼儿教师发展中遇到的实际问题，促进幼儿教师专业成长。

3. 业务研讨交流

业务研讨交流是幼儿教师专业化成长的重要途径，也为幼儿教师主动参与开辟了一个轻松自由、无拘无束的平台，把话语权还给幼儿教师。以幼儿教师为主体，从幼儿教师的实际教育情境入手，利用教研组活动，组织幼儿教师讨论，让幼儿教师各自对问题发表见解，提出解决方案和策略。研讨中要鼓励幼儿教师"人人发言"，围绕主题提出对教学活动的个性化意见。幼儿教师各抒己见，畅所欲言，使自己成为探讨者与研究者。如此循环往复，推进幼儿教师专业发展。

4. 优化园本培训，促进幼儿教师专业化培训

（1）丰富培训内容，全面提高幼儿教师的综合素质和专业发展水平

例如，读书分享、美文推荐、教学研讨、个人成长分享等。

（2）分层培训，满足不同幼儿教师的发展需求

①新教师培训重点——针对新教师在"幼儿常规培养""半日活动组织""家长工作技巧"等方面存在的问题，上岗初期进行全方位入职培训。

②骨干教师培训重点——重积淀与发展。骨干教师拥有自身的专业优势和特长，通过"骨干教师例会""教学展示课""经验交流"等方式开展培训活动。

③名优教师培训重点——通过"名优教师沙龙""专题交流""案例研讨""专家对话"等方式开展培训活动。

5. 以案例促思考

案例是教育教学实践活动中总结出来的实例。可以用典型的某一教学内容的案例作为载体，幼儿教师通过自觉的反思、感悟、内化，在分析、比较、探讨中取长补短，从中提出一种或几种可行的、有效的思路和方法。

6. 以评价促提升

形成自我成长和团队成长的内在力量，有效地帮助和敦促幼儿教师激励自己的思考历程，促进幼儿教师在反思中改进教育行为。

【资料卡】

教师专业发展环如图 9-2 所示。

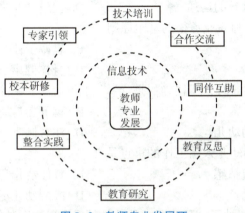

图 9-2 教师专业发展环

一、选择题

1. 幼儿教师专业化发展的核心问题是幼儿教师（   ）。

   A. 职业的专业化　　　　　　　　B. 知识的专业化
   C. 技能的专业化　　　　　　　　D. 职能的专业化

2. 直接决定托幼机构教育质量好坏的是（   ）。

   A. 幼教领导　　　B. 幼儿教师　　　C. 幼教设施　　　D. 幼儿家长

3. 小明在滑梯上突然被小朋友从后面推了一下，飞快地滑了下来，吓得大声哭叫。下列哪种处理方式最为合理？（   ）

   A. 立刻制止小明哭叫，力图尽快恢复秩序
   B. 查看小明是否受伤，同时不制止他哭，让他把内心的恐惧发泄一下
   C. 马上寻找闯祸的小朋友，批评他，以安慰小明
   D. 旁观

4. 职业要求幼儿教师必须在幼儿面前保持开阔的心胸，善于调节、控制自己的不良情绪。这是由于（   ）。

   A. 幼儿的心灵脆弱敏感，易受消极情绪的影响
   B. 幼儿也喜欢美好的形象
   C. 一般园长都要求教师这样做
   D. 幼儿教师大多是女性

5. 能对幼儿实施高素质的教育，促进幼儿主动、活泼、主动地发展，关键在于

( )。

    A. 幼儿园的条件   B. 教师的素质
    C. 园长的领导   D. 良好的课程资源

6. 幼儿教师的沟通能力主要包括幼儿教师与幼儿、幼儿教师与家长的沟通能力和（ ）。

    A. 幼儿教师与幼儿教师之间的沟通   B. 幼儿与家长的沟通
    C. 幼儿教师与上级领导的沟通   D. 促进幼儿之间的相互沟通

7. （ ）是幼儿教师职业道德的基本原则。

    A. 热爱幼儿   B. 忠诚于社会主义教育事业
    C. 品德良好   D. 身体健康

8. 幼儿教师与幼儿沟通时，不正确的是（ ）。

    A. 用专业化语言   B. 蹲下去与幼儿对话
    C. 用点头、抚摸鼓励幼儿   D. 注意倾听

9. 幼儿教师晨间接待幼儿入园工作的重点是（ ）。

    A. 与家长沟通、交流情感   B. 督促幼儿完成作业
    C. 检查幼儿身体状况   D. 提醒幼儿尽早进入学习状态

10. 上课时遇到幼儿尿裤子这种情况，幼儿教师采取以下哪种做法最为恰当？（ ）

    A. 一边组织教学一边给幼儿换裤子
    B. 责备幼儿该上厕所时不去上
    C. 把幼儿领到寝室或卫生间帮他换好裤子，并叮嘱他以后想尿尿要告诉老师
    D. 如果天气比较热就让其自然干

二、简答题

1. 简述幼儿教师应该具备的素质。
2. 简述幼儿教师应该如何树立权威。

【拓展资源】

幼儿教师基本能力和技能

模 块 十

幼儿园班级管理

教学目标

1. 知识目标：重点掌握幼儿园基本组织架构以及幼儿行为辅导的原理和方法。
2. 技能目标：能够根据幼儿园实际情况，制订班级的学期工作计划、月计划、周计划、日计划。
3. 素质目标：逐步形成健康的人格和高尚的品德，树立有效管理、科学育人的观念。

知识框架

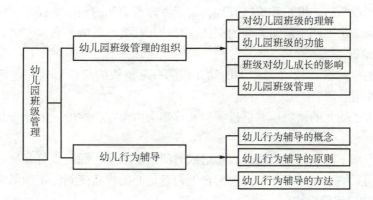

情境导入

户外活动的时间到了，教师对小朋友说："小朋友们出去玩的时候注意安全，滑滑梯的时候不能倒着滑，荡秋千不能和小朋友抢，得和小朋友商量，老鹰捉小鸡的时候慢一点，要遵循规则。"过了一会儿，帅帅就过来和教师"告状"："老师，飞飞荡秋千不给我玩。""老师，宝宝哭了，他倒着滑的。"教师先解决荡秋千的问题，就问帅帅："老师怎么说的呀，第一，你站在小朋友前面玩是不对的，这样多危险；第二，小朋友刚坐上秋千，你要等一会才能和他说让你玩会儿；第三，要和小朋友好好说，他才会给你玩的，每个小朋友都喜欢荡秋千呀。你用老师的方法看看行不行。"帅帅似乎明白了。"宝宝，你为什么哭呀，告诉老师原因。"宝宝继续哭,说:"头疼。"教师继续说:"我听小朋友说,你是倒着滑滑梯的,倒着滑很危险的,看你现在头是不是很疼呀,老师给你揉揉。"宝宝在教师的安抚下不哭了。

班级管理中,教师需要做很多事情,其中处理幼儿的告状行为是件很普遍的事情。每天面对幼儿的告状,教师处理得当,对幼儿的成长很有益处。如果你是教师,你会处理幼儿的告状行为吗?你能解决班级管理中的问题吗?

一、幼儿园班级管理的组织

(一) 对幼儿园班级的理解

所谓幼儿园班级,是幼儿园的"细胞",是幼儿园进行保教活动的基本单位。

1. 班级人员结构

①保教人员。班级保教人员分为教师和保育员,人员配置要求为"两教一保"。我国《幼儿园工作规程》和《幼儿园工作条例》指出,教师和保育员是幼儿园管理的主要承担者,他们肩负着对幼儿进行教育和保育的双重任务,因此对幼儿的身心健康起着核心作用。

②幼儿。幼儿是幼儿园教育的对象,是班级的主体。

2. 幼儿园的编班形式及其特点

(1) 按年龄编班

这是把同一年龄段的幼儿编为一个班级的组织形式,一般小班25人,中班30人,大班35人。

优点:便于教学活动组织和班级管理,利于教师对幼儿的整体掌握。

缺点:不能满足不同年龄幼儿间的交往,对幼儿社会性发展不利。

(2) 混龄编班

混龄班是把年龄相差12个月以上的幼儿编为一个班级的组织形式,包括小中混合、中大混合以及大小混合班。

优点:扩大了幼儿的接触面,促进了幼儿认知能力与社会性的发展,为其形成积极健康的个性奠定基础。

缺点:一般水平的教师难以胜任,易造成时间上的浪费;混龄教育容易造成大年龄幼儿争强好胜,从而影响小年龄幼儿的发展,使他们自信心的树立受到一定的影响。

3. 班级活动的组织结构

幼儿园有目的、有计划地引导幼儿进行多种形式的教育活动,组织教育活动有全班集体、固定小组、自选小组、个别活动和自由活动等方式。

4. 班级的物质条件

①空间条件。空间条件指房屋、场地,包括室内和室外。室内条件中,活动室面积不小于50平方米,寝室面积不小于45平方米,活动室、寝室合用的面积不小于90平方米,每名幼儿不小于2平方米;卫生间使用面积不小于15平方米,地面防滑,有不少于6个水龙头的盥洗室和不少于4个的大小便器或坐蹲便器,设备齐全,功能完备;衣帽间通风良好。

②班级应有区域设置。例如活动区应设置角色区、益智区、科学区、美工区、操作区、

语言区、建构区、表演区、数学区、展示区，活动区布置合理，动静要分开，投放材料要丰富。

③班级应配备适合的桌椅、卫生用具以及必要的玩具、图书、乐器等。

(二) 幼儿园班级的功能

①班级执行着幼儿生活共同体的功能。

a. 一日生活引导功能。一日生活包括来园、晨间检查、游戏、午睡、盥洗、进餐、劳动、自由活动、离园等，如表10-1所示。

b. 卫生保健实施功能。

c. 身体锻炼功能。

表10-1 非寄宿幼儿园一日活动计划表

时间	活动内容	具体要求
7:00~8:00	入园活动	对幼儿进行"一看二摸三问四查"
8:00~8:30	早餐	幼儿能自主进餐，餐后自己漱口、擦嘴
8:30~9:15	集体教育活动	精神饱满，情绪愉快，注意力集中
9:15~9:35	早操活动	动作协调、情绪饱满、动作有力
9:35~10:15	户外活动	幼儿自主选择器械进行游戏
10:15~10:25	休息、饮水、如厕	能排队如厕、饮水，喝水量适中
10:25~10:50	区域活动	自主选择活动区，遵循区域规则，自主游戏
10:50~11:00	午餐前准备工作	如厕、洗手，能自己分发餐具
11:00~11:40	午餐	自主进餐
11:40~12:00	午睡前准备活动	漱口、洗手、如厕、脱衣
12:00~14:30	午睡	能安静地入睡，睡姿正确
14:30~14:55	午点	排队取午点
15:00~15:30	集体游戏活动	遵守游戏规则，乐于参与
15:30~15:50	休息、饮水、如厕	能排队如厕、饮水，喝水量适中
16:00~16:30	幼儿离园	能按照教师要求等待家长

②班级执行着在幼儿中开展共同教育活动的功能。

③班级有利于形成共同的舆论和价值观。

(三) 班级对幼儿成长的影响

①班级加强了幼儿之间的社会性交往；

②班级促进了幼儿之间的相互学习；

③班级有利于培养幼儿的集体观念；

④班级使幼儿产生对班级的归属感；

⑤班级为幼儿提供了表达自我和交流的机会；

⑥班级为幼儿之间提供了观念共享的环境。

（四）幼儿园班级管理

班级管理是指教师通过组织、计划、实施、调整等环节，把幼儿园的人、财、物、时间、空间、信息等资源充分运用起来，以便达到预定的目的。

1. 班级管理的内容

幼儿园班级管理的内容不仅包括幼儿园管理中的一切管理内容，还包括教师之间的协调工作、幼儿班级建设工作和针对每个幼儿的具体工作。按幼儿园活动分类，幼儿园班级管理一般由生活管理和教育管理两方面组成，其他管理工作服务于幼儿的生活、教育管理。

2. 班级管理中的人员分工

微课：幼儿园班级管理重点

（1）教师职责

①观察了解幼儿；

②创设良好的教育环境，合理组织教育内容，提供丰富的玩具和游戏材料，开展适宜的教育活动；

③严格执行幼儿园安全、卫生保健制度，指导并配合保育员管理本班幼儿生活，做好卫生保健工作；

④与家长保持经常联系，了解幼儿家庭的教育环境，商讨符合幼儿特点的教育措施，相互配合共同完成教育任务；

⑤参与业务学习和保育教育研究活动；

⑥定期总结评估保教工作实效，接受园长的指导和检查。

（2）保育员职责

①负责本班房舍、设备、环境的清洁卫生和消毒工作；

②在教师指导下，科学照料和管理幼儿生活，并配合本班教师组织教育活动；

③在卫生保健人员和本班教师指导下，严格执行幼儿园安全、卫生保健制度；

④妥善保管幼儿衣物和本班的设备、用具。

（3）班长职责

①全面负责本班组内的幼儿教育教学、卫生保健、家长工作；

②负责本班组织管理工作，指导本班组人员的工作，确保班组各项工作的完成；

③负责贯彻幼儿园的各项规章制度，制订班组工作计划，总结班组工作；

④检查指导本班保育员工作，如幼儿的生活护理、卫生工作及生活用品、玩教具的管理等，如发现缺少或损坏，要及时上报园务办公室；

⑤负责班上环境布置、活动区的设置和玩教具的投放；

⑥负责召开班务会，讨论研究本班工作目标的实施情况，以及本班对所出现的问题的解决方法，并做好记录本，定期向园长汇报班级工作；

⑦负责安排本班教育活动计划、家长工作、家园联系、幼儿发展测评等工作；

⑧负责班级幼儿安全，班级发生意外时负及时向医务室、办公室汇报，凡属责任事故，班长与责任教师共同承担责任，并向家长做检查；

⑨负责幼儿出勤记录与统计、各项观察记录、新生入园在园情况汇报、期末测评等；

⑩负责协调班内工作人员的关系，创造团结协作、求实进取的和谐氛围。

3. 班级管理的基本环节
①学期初制订班级计划；
②组织实施班级计划；
③反思调整计划；
④总结与评价。

> **思政之窗**
>
> 　　幼儿教师应该将思想政治教育元素有机融入幼儿园班级管理。
> 　　幼儿教师要运用新教学方法，灵活运用教学手段，充分利用多媒体手段来丰富教学形式，采取模块化项目教学法。
> 　　幼儿教师在教学过程中提取典型思政元素，"润物细无声"地让幼儿接受思政教育。

二、幼儿行为辅导

（一）幼儿行为辅导的概念

1. 幼儿行为辅导与行为塑造、行为矫正

幼儿行为辅导主要针对幼儿在发展过程中表现出来的行为进行人为的干预。干预不仅是对幼儿不良行为进行预防和矫正，更重要的是对幼儿良好行为的塑造、支持和鼓励。

2. 幼儿行为的分类

（1）按行为的社会性标准分类
①生物行为：与人生理需要和生理反应相关的行为；
②社会行为：在一定情境下表现出的交往行为，包括物的交往和人的交往。
（2）按行为的社会性影响分类
①亲社会性行为：表现为谦让、互助协作和共享；
②反社会性行为：只从自己的利益出发，甚至不择手段损害他人利益。

（二）幼儿行为辅导的原则

1. 由近及远，循序渐进

例如，年龄小的幼儿，亲社会性行为的动机可能还出于得到物质奖励，这时可以逐步减少物质奖励的次数，并由实际的物质奖励转向物质的代替用品，如小红花等，然后过渡到精神奖励。

2. 联系幼儿生活实践

幼儿还处于具体形象思维阶段，抽象的说教幼儿难以理解，因此切忌空洞的说教。

3. 同步教育

幼儿园与家庭之间、家庭成员之间、幼儿园内部进行一致的教育。

(三) 幼儿行为辅导的方法

1. 奖赏

奖赏是指操作性行为在某种情境或刺激下，行为表现出来后及时得到一种奖赏物，如果这种奖赏物能够满足行为者的需要，以后这种操作行为出现的概率会升高。教师在使用奖赏方法时，将教师希望的行为告知幼儿，在幼儿出现希望行为时立即强化。

例如，安安做家务换取积分，积分达到一定数量，父母允诺他可以养一只狗。

2. 模仿

模仿是指幼儿通过观察"楷模"学习到一连串新的行为。这是幼儿园经常用到的方法，最适用于幼儿行为矫正。模仿对象可以是同伴、教师、电视中的人物等。

【资料卡】

bobo 玩偶实验

将3~6岁的儿童分成三组，先让他们观看一个成年男子（榜样人物）对一个像成人那么大小的充气娃娃做出种种攻击性行为，如大声吼叫和拳打脚踢。然后，让第一组儿童看到这个"榜样人物"受到另一成年人的表扬和奖励（果汁与糖果）；让第二组儿童看到这个"榜样人物"受到另一成年人的责打（打一耳光）和训斥（斥之为暴徒）；第三组为控制组，只看到"榜样人物"的攻击性行为。最后把这些儿童一个个单独领到一个房间里去，房间里放着各种玩具，其中包括洋娃娃，在10分钟里，观察并记录他们的行为。

结果表明，看到"榜样人物"的攻击性行为受惩罚的一组儿童，同控制组儿童相比，在他们玩洋娃娃时，攻击性行为显著减少；反之，看到"榜样人物"攻击性行为受到奖励的一组儿童，在自由玩洋娃娃时模仿攻击性行为的现象相当严重。

3. 削弱

削弱指幼儿任何一种行为一连发生多次都未能带来满意后果，无法获得奖赏物，幼儿这种行为渐趋衰弱，最后不发生。

4. 塑造

塑造是一种目标导向，是幼儿形成尚不具体的新行为的过程。教师让幼儿学习复杂行为时，不能让幼儿完成终点行为才给予奖励，而是将新行为细化为多个小目标，分段予以奖励。

例如，"不积跬步无以至千里"说的就是这个道理。

5. 隔离

隔离指幼儿表现出某种"不受欢迎"的行为时，教师马上终止其正在进行的活动，让幼儿从群体中离开，并让幼儿失去奖励做代价，对自己所做的事情负责。

幼儿这种行为是突发的，但已经影响其他幼儿游戏，这种行为是经常性的。

6. 惩罚

惩罚是指个体在某一情境中做了某件事后立即引起某些厌恶结果，个体在下次遇到同样情境时再做这种事情的概率降低。

原则：坏行为，必惩罚。

注意：惩罚有批评、警告等方法，在使用这些方法时，一方面要注意幼儿的年龄和接受能力；另一方面，矫正幼儿的行为是为了把幼儿的不良行为变成良好行为，不是教师自己情绪的宣泄，所以惩罚要就事论事，不要对幼儿乱发脾气、谩骂恐吓等。

【案例】
小明总是喜欢咬手指甲，他的妈妈想让他改正这个错误毛病，所以每当看到他咬指甲就重重地拍他的手，这样做的目的就是让他咬指甲的频率降低，慢慢消失。

1. （2019下半年《保教知识与能力》）幼儿园管理中园长应注意坚持"（　　）"的管理理念。
   A. 以人为本　　　　B. 以事为本　　　　C. 重用权利　　　　D. 尊重教工
2. （2017下半年《保教知识与能力》）幼儿园各项管理活动的根本目标就是（　　），这是幼儿园管理活动的出发点。
   A. 为了实现幼儿园的双重任务
   B. 充分利用园内外的人力、财力、物力
   C. 努力提高幼儿园
   D. 做到保育好幼儿服务好家长
3. （2017下半年《保教知识与能力》）幼儿园特色发展要注意以整体实现幼儿园（　　）总目标为基础。
   A. 保教　　　　　　B. 质量　　　　　　C. 发展　　　　　　D. 成功

一、选择题

1. 幼儿园的（　　）的一大特色，也是我国幼儿园的社会使命。
   A. 发挥一日活动整体教育功能　　　　B. 以游戏为基本活动
   C. 教育的活动性和活动的多样性　　　D. 保育和教育
2. 制定幼儿班级生活常规的主要目的是（　　）。
   A. 维持纪律　　　　　　　　　　　　B. 便于教师管理
   C. 让幼儿学会服从　　　　　　　　　D. 帮助幼儿学会自我管理
3. 目标有利于园长明确职责，整体把握幼儿园的（　　）。
   A. 日常管理　　　　　　　　　　　　B. 人员调配
   C. 教师培训　　　　　　　　　　　　D. 未来发展
4. 幼儿园（　　）工作，是幼儿园的中心工作。
   A. 教育　　　　　　B. 后勤　　　　　　C. 总务　　　　　　D. 培训
5. 要（　　）保教管理人员。
   A. 加强培训　　　　B. 悉心调教　　　　C. 合理调配　　　　D. 加强教育
6. （　　）是幼儿园保教工作的开始。
   A. 计划　　　　　　B. 评价　　　　　　C. 发展　　　　　　D. 总结

7. （　　）是幼儿的基层组织，是实施保教工作管理的基本单位。

A. 教师　　　　　　B. 园长　　　　　　C. 班级　　　　　　D. 家长

8. 班级保教人员要具有（　　）意识。

A. 整体合作　　　　B. 个体沟通　　　　C. 整体努力　　　　D. 和谐沟通

9. （　　）是班级生活和游戏活动的主体。

A. 幼儿　　　　　　B. 教师　　　　　　C. 园长　　　　　　D. 家长

二、简答题

1. 简述幼儿园班级管理的内容。
2. 简述幼儿园班级常规管理包括哪些内容。
3. 简述幼儿园班级的功能。

【拓展资源】

幼儿园班级工作管理及措施

模块十一

幼儿园班级生活的年龄特点与指导

教学目标

1. 知识目标：了解2~6岁各年龄段幼儿的心理特点。
2. 技能目标：掌握2~6岁各年龄段幼儿班级生活管理的内容。
3. 素质目标：树立正确的教育观，形成因材施教的观念。

知识框架

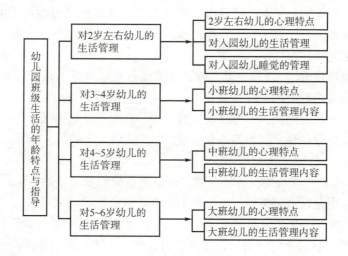

情境导入

户外活动的时间到了，今天孩子们玩的游戏是"小老鼠钻山洞"。一开始，教师先让孩子们自由地玩小老鼠找食物的游戏，孩子们个个都很兴奋，有的孩子还大声说话，尤其是糖糖，到处跑来跑去，还不时推别的孩子。一些被推的孩子跑来告状，教师发现后也及时提醒了糖糖，可是没什么效果。当孩子们玩小老鼠钻山洞的游戏时，教师设计了小老鼠跟妈妈去偷奶酪的游戏，并告诉孩子们在路上有个山洞，山洞旁边还有黑猫警长在守着山洞，孩子们在过山洞时要小心，不能发出声音，还不能碰到山洞的铃铛，否则黑猫警长听到了就来抓大家了，还特意告诉糖糖别被黑猫警长抓走了。教师带着孩子们过山洞时，每个孩子都静悄悄地钻过山洞，还弯腰钻过山洞。糖糖也跟着其他孩子一起钻山洞，可是刚走到洞口，糖糖就开始大声喊叫，结果整个游戏以失败告终。其他孩子都觉得是糖糖不对，不愿意和糖糖一起玩游戏了。

班级管理中，教师需要面对很多的突发状况，其中处理幼儿间的矛盾是很普遍的。每天面对幼儿间的矛盾，教师处理得当，对幼儿的成长很有益处。如果你是教师，你会怎样处理幼儿间产生的矛盾？

一、对2岁左右幼儿的生活管理

（一）2岁左右幼儿的心理特点

1. 充满依赖与独立的矛盾

【案例】

小美是个2岁的小宝宝，她是妈妈的"小尾巴"，每次妈妈出门的时候她总是拉着妈妈的裙子，有人过来说话，她就藏在妈妈的身后。

豆豆是个2岁的小男孩，他喜欢去公园里玩滑滑梯。在外面玩久了，妈妈跟他说："回家吧。"他却说："我不回家，我还要玩呢。"

从案例中可以看出，对于2岁的幼儿来说，他们同时具有许多明显矛盾的特点：既有依赖性，又有独特性。他们处于两个世界中：温暖安逸并且依赖父母的过去世界和充满刺激、独立自主的未来世界。由于许多令人兴奋的事件都发生在这个阶段，所以无论对父母、教师还是对幼儿来说都是挑战。

从小美的案例可以看出，2岁的幼儿在某些方面依赖心理强，他看起来非常明白谁能给他带来安全感，而且会以不同的方式表现出来。从豆豆的案例可以看出，2岁幼儿独立行动的愿望更加强烈，表现为固执，不听从成人的吩咐，有时不让他做的，他非要做。幼儿反抗的行为处理不当会导致任性、执拗等不良品质。2岁既是人生的第一个转折期，又是人生的第一个危机期。

2岁幼儿一般不在一起玩耍，各玩各的，这也正是他们独立性的一面。虽然他们喜欢看着别的幼儿玩耍，但是在大多数情况下，他们都喜欢自己玩自己的玩具。

2岁幼儿的词典里没有"分享"这个词，他们不会把自己的东西给任何人，而只会说："这是我的。"但是，这并不意味着我们需要费力去教一个2岁的幼儿懂得"分享"，因为这样做违背了幼儿的天性。幼儿在2岁时是否懂得与别人分享与他长大后能否成为一个慷慨的人并无任何关系。但这并不是说家长必须接受孩子的不良行为，相反，家长应该坚决而又和气地把玩具拿走，并还给它的小主人，同时应该马上用另一个使孩子感兴趣的东西来分散他的注意力。只有在幼儿真正明白"分享"这个概念以后，他才能与他人分享。

2. 害怕分离

许多正常的幼儿在1岁左右时都有一种害怕与父母分离的心理，这表明幼儿对寻找安全感的程度有了新的认识，即在父母身边就感到安全，能得到保护。也许就是这种本性，使得其他动物的幼崽总是紧紧地跟随在妈妈的身后,如小羊羔就是如此,一与母羊分开,就会低声咩咩地叫唤。小羊羔从一出生就具有这种焦虑感是很自然的,因为它们一出生便会走失。但是幼儿到了 1 岁左右的时候,也就是他们学会走路的时候,才具有这种恐惧感,一旦他们离开了家长,就会马上返回。由此可见,适龄幼儿离开父母和家庭进入幼儿园游戏和生活,是其迈向社会化进程的重要一步,在这一进程中由于直接面临与父母长时间的分离,幼儿经受着分离焦虑带来的"痛苦"。

3. 愿意模仿成人

2 岁幼儿是通过模仿来进行学习的。比如,在一家诊所里,一个 2 岁的小女孩认认真真地用听诊器的探头放在自己胸部的各个部位,然后又戴上耳塞,可是她什么也听不到,因此流露出困惑的表情。在家中,小女孩跟着父母到处转,父母扫地时她也拿起扫把一起扫地;父母擦桌子时,她也拿起一块布来擦;父母刷牙时,她也拿起牙刷刷牙。这一切她都做得极为认真。通过反复不断地模仿,小女孩在技能上和理解力上均有了很大的进步。

幼儿通过模仿行为来习得相关经验,提高了自身的社会化进程。模仿行为就像小鸡啄米一样,是幼儿的一种天性,我们没有办法去避免;但是,我们却有能力让这种行为变得更加有利于教师的发展,有利于幼儿的成长。

(二) 对入园幼儿的生活管理

1. 运用转移注意力的方法

对于入园哭闹不止的幼儿,要坚持运用多种能够转移其注意力的方法,比如,给幼儿准备小点心、小糖果、新颖的玩具,多抱抱、多走走、到室外大型玩具那儿玩一玩等。鼓励幼儿多和同伴交流、游戏,互相建立信任。用科学的方法可以帮助幼儿度过入园的焦虑期,避免幼儿上火,减少疾病的发生,让家长放心。

2. 要求家长配合

家长每天送完幼儿出门时要亲切地向幼儿说"再见",要表现得愉快,态度要坚决。如果家长脸上挂着一种苦恼的表情,那就只能加重幼儿焦虑不安的心情,家长可以承诺下午早一点儿来接。对于幼儿特别依赖的家长,可以采用更换其他家人的方法来接送。

对幼儿进行能力培养,如睡觉、吃饭、穿鞋、上厕所等细小环节都让幼儿自己去试一试,鼓励幼儿独自完成力所能及的事情。

2 岁左右的幼儿离开妈妈温暖的怀抱,离开熟悉的家庭,面对一个新的集体和陌生的教师,必然会哭闹、紧张,但是一定要坚持送幼儿上幼儿园,让幼儿适应集体,如果送两天歇三天,或者中途到园看望幼儿,都不利于幼儿适应集体生活。

(三) 对入园幼儿睡觉的管理

2 岁幼儿害怕睡觉怎么办?最有效也是最难实施的办法就是放松地坐在他的小床边,一直陪他睡着为止。在他入睡前,教师不要急于悄悄离开,以防再一次引起幼儿的警觉,从而使他更难以入睡,要坚持陪伴一段时间,这样幼儿就会慢慢地顺利入睡了。对于依赖性特别强且非常胆怯的幼儿,可以抱着他直到睡着为止。如果幼儿由于家长离家而受到过严重的惊吓,由此而产生分离焦虑,建议家长在数周内尽量避免再次外出。

 **真题链接**

1. （2015年下半年《保教知识与能力》）2岁幼儿的心理特点不包括哪一项？（　　）
   A. 愿意模仿大人　　　　　　　　B. 既依赖又独立
   C. 活泼好问　　　　　　　　　　D. 害怕分离
2. （2016年下半年《保教知识与能力》）幼儿睡觉时，你该如何管理？

二、对3~4岁幼儿的生活管理

（一）小班幼儿的心理特点

1. 情绪性强

小班幼儿有一个突出的特点——情绪性强，他们的行为常常受情绪的支配，而不受理智支配。小班幼儿容易激动，常常越哭越兴奋，甚至全身抖动，当他哭得很厉害的时候，对他讲道理更是听不进去。这时只能用行动使他安静下来，拿毛巾给他擦擦脸，用爱抚的声调说话，让他感到亲切，情绪上渐渐不再对立。等他完全冷静下来以后，才能对他进行说理教育。

小班幼儿对成人表现出强烈的依恋，有的初次离开父母，会表现得极为不安。小班幼儿不仅依恋成人，同伴之间的交往对他们的情绪也有很大的影响。他们的认知主要受外界事物和自己的情绪支配，他们的许多活动都是"情绪化"的。

【案例】
丽丽第一天上幼儿园，妈妈跟她说好不哭，做个勇敢的小女孩。丽丽一开始真的没有哭，可是等到妈妈离开了，她看到身边有几个宝宝都在哭，她也跟着哭了起来。

案例中丽丽本来已经不哭，但因为受到了周围的影响也开始哭，体现出她情绪的不稳定性，极容易受到周围环境的影响。

2. 独立性差，爱模仿

小班幼儿独立性差，爱模仿别人，看见别人玩什么，自己也玩什么，看见别人有什么，自己也想要什么，所以小班玩具不用很多，但同样的玩具要多准备几套。例如：幼儿看见别人在玩气球，就想玩气球，看见别人在吃东西，他也就想要去买。

这个年龄的幼儿在游戏中，喜欢和别人担任同样的角色，比如在游戏活动中，玩"开汽车"，大家都要当"司机"，一辆车上有好几个"司机"，甚至没有"乘客"，他们并不在乎，反而玩得高兴。

模仿是幼儿学习的主要方式，他们常常会不自觉地模仿自己的父母和教师。例如，如果看到父母有不喜欢的饭菜，幼儿也会不想吃。小班的教师很少采用批评性态度，如果教师表扬某个幼儿，那么其他幼儿会向他投来羡慕的眼光。在这个年龄，良好的行为习惯常常是通过模仿学习并巩固下来的，同时，成人所没有察觉到的一些行为小细节，也可能被幼儿模仿而形成不良习惯。

小班幼儿在模仿中学习、成长，模仿可以成为他们的学习动机，也可以成为他们学习他人经验的过程。幼儿的模仿并不是消极被动的临摹，他们在模仿中同样有创造，有自己个性与情感的表达。

3. 思维具体直接

【案例】

上课时，有的孩子要上厕所，其他几个孩子一个跟着一个学，也要去，老师不高兴了，说："都去都去！"结果孩子们一下子全跑光了。

从案例中可以看出小班幼儿的思维很具体、很直接，他们不会做复杂的分析综合，只能从表面去理解事物，他们听不懂老师说的反话。因此，对幼儿教育要注意正面教育，讲反话往往会引起违反本意的不良效果。

小班幼儿是在使用物体、摆弄玩具的动作过程中进行思维活动的，思维仍然带有很大的直觉能动性。他们掌握实物概念只能按物体的颜色、形状等外部特征进行概括，对数的概念掌握处于动作感知阶段，即从对实物的感知来认识数，掌握到"5"左右；理解事物常常要依靠具体形象，往往按照自己的生活经验或个人情绪来进行判断、推理。随着幼儿知识经验的不断丰富，所储存的表象日益增多，幼儿的记忆思维开始形成和发展。

小班幼儿管理的好坏直接影响到以后年龄班的管理，如果幼儿在小班没有养成良好的习惯，会给中班、大班的管理带来一定困难，因此加强小班的管理是非常必要的。

（二）小班幼儿的生活管理内容

1. 让幼儿尽快适应环境

（1）要培养幼儿喜欢幼儿园，必须让他熟悉幼儿园的环境

心理学研究表明，当人来到陌生环境时，会产生恐惧。幼儿年龄小，对父母的依恋感强，刚到陌生环境，充满恐惧。消除恐惧的最好办法就是让幼儿熟悉环境，开学前可让家长带着幼儿到园里走走。现在大部分幼儿园的做法是，幼儿没入园前不能随便来园，这使幼儿入园前几乎没有机会了解幼儿园。幼儿园应该更多地站在幼儿与家长的角度上考虑，给幼儿提供参观的机会，让他们有更好的心理准备。幼儿入园后，教师不要急于教他们各种知识和技能，而首先要带他们到处走走、看看、玩玩，熟悉本班和周围环境。

在培养幼儿积极情感中，教师是关键因素。教师要对幼儿有耐心，态度要温和，要及时帮助幼儿解决困难，赢得他们的信任。试想：如果一个幼儿刚到一个陌生环境就看到一副冷面孔，他怎么会喜欢幼儿园呢？入园后最初几天，幼儿的分离焦虑很强，教师要特别关心他们，想尽一切办法让他们放松，以积极的情感代替消极的情感。

（2）多与家长沟通

幼儿刚入园，经常会大哭大闹，家长没有经验，也会心神不宁，甚至会打退堂鼓，不送或间断送幼儿入园，这很不利于幼儿战胜消极情绪，早日适应环境。教师应与家长建立紧密的联系，随时了解幼儿的动态，做好家长工作，争取家长的配合，以便共同帮助幼儿克服不良的情绪。教师可做家访，或者请家长来园，还可以召开家长会，请他们共同交流经验。

2. 狠抓常规管理

俗话说："无规矩不成方圆。"家庭对幼儿的要求不像幼儿园那么严格，有的家长溺爱幼儿，包办代替较多，致使幼儿缺乏良好的生活习惯。常规训练既可以帮助幼儿养成良好的

生活习惯，又可以使幼儿生活具有节奏性。

常规包括生活常规和教育常规两方面：

（1）生活常规

生活常规包括盥洗活动常规、饮食活动常规、睡眠活动常规、卫生习惯常规、入园与离园常规、散步常规。幼儿应该按照各项常规的要求去做，逐渐养成良好的习惯。生活常规的养成需要反复强化，多次练习，教师要讲究方法，对幼儿要有耐心，可采用示范、模仿法。

（2）教育常规

教育常规包括教学活动常规、游戏活动常规、班级环境管理常规、家园活动管理常规等。各项活动都有自身的规律，教师要根据各自不同的规律训练幼儿的教育常规，为幼儿今后的学习奠定良好的基础。

【思考】

如何进行小班幼儿的生活管理？

微课：3~4岁幼儿生活管理

三、对4~5岁幼儿的生活管理

（一）中班幼儿的心理特点

①中班幼儿自我服务能力明显提高，生活处理能力增强，穿衣服、吃饭等简单动作不再需要成人帮助，他们有了很强的为他人、为集体服务的意识，愿意承担教师布置的任务并努力去完成。

②中班幼儿的注意力、观察力及语言表达能力都有明显提高，游戏活动更丰富，与同伴交往的能力更强，也有了一定的创造力。中班幼儿不但爱玩而且会玩，他们能够自己组织游戏，自己规定主题。他们不再像小班时那样，出现许多平等的角色。中班幼儿游戏情节也比较丰富，内容多样化，例如在沙池玩沙，能够发展"钻地洞"的游戏。中班幼儿在游戏活动中逐渐结成同龄人的伙伴关系，他们不再总是跟着成人，他们用更多的时间跟同伴相处，一同游戏，只有遇到困难的时候才会求助于成人。

③中班幼儿活动的目的性明显增强，当他们接受一定的任务时，能坚持较长时间，初步的责任意识和任务意识开始萌芽。给小班幼儿布置任务，一般需要结合他们的兴趣；而中班幼儿则开始能够接受严肃的任务，并对自己所担负的任务出现最初的责任感。如值日生任务，小班幼儿完成值日生任务常常还是出于对完成任务过程（如分发用具）的兴趣，中班幼儿则开始理解任务的重要性，对自己或别人完成任务的质量有了一定要求。

④中班幼儿爱告状，攻击行为严重，致使班级冲突性行为较多。活泼好动的特点在中班幼儿中尤为突出。小班的幼儿比较听话，愿意顺从教师的意见，说话和动作的速度也相对缓慢；中班幼儿就不同了，他们的动作比小班幼儿要灵活得多，头脑里主意也多，使教师感觉他们"调皮"了很多。因此，在教育活动中要更加注意教育内容与技巧。

（二）中班幼儿的生活管理内容

中班与小班的班级管理一样，包括生活常规管理与教育常规管理两部分，但与小班又有所不同。

①生活常规包括：清洁卫生习惯，如洗手、大小便、正确使用手帕、保持清洁等；饮食习惯，如进餐的情绪、文明习惯、坐姿、卫生习惯等；睡眠习惯，如睡眠姿势、睡眠时间等；来园与离园要求，如穿着、语言、行为等。对中班幼儿可采用行为练习法，有针对地加以训练，帮助他们养成良好的习惯，纠正不正确的行为。

②教育常规包括：集体活动常规，如上课、参观、劳动、操作、体育活动等；游戏活动常规，如培养游戏活动的兴趣、掌握游戏规则等；其他教育活动常规，如阅读、散步、参观等。

【思考】
如何进行中班幼儿的生活管理？

四、对 5~6 岁幼儿的生活管理

（一）大班幼儿的心理特征

①大班幼儿的知识面不断扩大，语言表达能力明显增强，能掌握更高级、抽象、概括的词语。他们不仅能熟练运用简单句，而且还会使用各种复杂句，突出表现在讲述活动中，能够做到发音准确、咬字清楚，而且能分出四声，能按语句内容调节自己的音调。他们对许多事情都表现出强烈的兴趣。

②幼儿在大班时期，成人体验到的情感，他们也大多能体验到，而且此时幼儿的情感体验与社会的需要有较多的联系，并且能有意识地控制自己的感情。高级情感特别是道德感明显发展，幼儿已能把自己的行为和行为的规划相比较，产生强烈的道德体验，是非感、集体感、友谊感、爱周围人的情感已具有一定的稳定性。这时期幼儿的理智感也得到了较快的发展，突出的表现为好奇好问，对一些智力活动、智力游戏产生了浓厚的兴趣。

③大班幼儿的责任心明显增强，对教师布置的任务能认真对待努力完成。在正确的教育下大班幼儿观察事物的目的性、标准性、概括性都有了一定的增长，并且出现了有意地抑制和调节自己心理活动的方法。

④大班幼儿交往中，游戏的社会化程度大大增强，幼儿的合作能力、社会能力、解决问题的能力、协调人际关系的能力得到发展，规则意识不断提高，并且比较自觉地按照道德规范和行为调节约束自己的行为，建立与维持同伴关系。幼儿交往的主动性、目的性也有明显变化，他们更喜欢集体活动，喜欢与周围人交往，并能按自己的兴趣独立地选择玩伴和活动内容。大班幼儿特别重视结果，如比赛结果、评比结果、获奖结果等，有时会为了结果忽略过程。

（二）大班幼儿的生活管理内容

①进一步加强常规教育，逐渐养成幼儿良好的习惯，例如良好的饮食、睡眠、卫生、行为、学习等习惯和能力。建立良好的师幼关系，真正走进幼儿的内心。

②要培养幼儿自我管理的能力，让幼儿学习管理自己，包括管理自己的行为、自己的生活、自己的物品、自己的语言等，让幼儿成为班级管理的自主管理者。

③要让幼儿学会正确处理自己与集体之间的关系，意识到自己是集体中的一员，应该遵

守集体规则与纪律，增加责任感，在活动时不仅考虑自己，也要考虑他人。教师应组织集体竞赛等活动，激发幼儿的集体意识和责任感。

【思考】
如何进行大班幼儿的生活管理？

思政之窗

《中华人民共和国教师法》

这部法律的基本精神就是用法律来维护教师的合法权益，保障教师待遇和社会地位的不断提高，加强教师队伍的规范化管理，确保教师队伍整体素质不断优化和提高。

按照这部法律，各级人民政府应当采取措施，加强教师的思想政治教育和业务培训，改善教师的工作条件和生活条件，保障教师的合法权益，提高教师的社会地位，全社会都应当尊重教师。法律还规定，每年9月10日为教师节。按照法律，教师的平均工资水平应当不低于或者高于国家公务员的平均工资水平，并逐步提高，建立正常晋级增薪制度。地方人民政府对违反本法规定，拖欠教师工资或者侵犯教师其他合法权益的，应当责令其限期改正。违反国家财政制度、财务制度，挪用国家财政用于教育的经费，严重妨碍教育教学工作，拖欠教师工资，损害教师合法权益的，由上级机关责令限期归还被挪用的经费，并对直接责任人员给予行政处分，情节严重，构成犯罪的，依法追究刑事责任。法律还规定，教师体罚学生，经教育不改的或者品行不良、侮辱学生，影响恶劣的，由所在学校、其他教育机构或者教育行政部门给予行政处分或者解聘，情节严重，构成犯罪的，依法追究刑事责任。

《中华人民共和国教师法》已由中华人民共和国第八届全国人民代表大会常务委员会第四次会议于1993年10月31日通过，自1994年1月1日起施行。

真题链接

1．（2013年下半年《保教知识与能力》）幼儿园的（　　）双重任务是我国幼儿园的一大特色，也是我国幼儿园的社会使命。

    A．发挥一日活动整体教育功能

    B．以游戏为基本活动

    C．教育的活动性和活动的多样性

    D．保育和教育

2．（2012年下半年《保教知识与能力》）制定幼儿班级生活常规的主要目的是（　　）。

    A．维持纪律

    B．便于教师管理

    C．让幼儿学会服从

    D．帮助幼儿学会自我管理

 巩固练习

一、单选题

1. 教师通常在班级设置许多活动区,提供多层次活动材料,让幼儿自选,遵循的心理发展原则是(　　)。

A. 阶段性原则　　　　　　　　　　B. 社会性原则

C. 操作性原则　　　　　　　　　　D. 差异性原则

2. 幼儿认真听完教师讲故事,这一现象反映了幼儿注意的什么特征?(　　)

A. 注意的选择性　　　　　　　　　B. 注意的广度

C. 注意的稳定性　　　　　　　　　D. 注意的分配

二、简答题

1. 如何解决小班幼儿分离焦虑的问题?
2. 举例说明在幼儿园中如何做好中班幼儿的班级管理工作。
3. 简述大班幼儿的心理特点。

【拓展资源】

浅谈幼儿园一日生活

模块十二

幼儿园与家庭、社区和小学

教学目标

1. 知识目标：了解家庭教育、社区教育、幼小衔接的含义。
2. 技能目标：掌握幼儿园和家庭、小学合作的内容与途径。
3. 素质目标：重视幼小衔接问题，帮助幼儿顺利进入小学。

知识框架

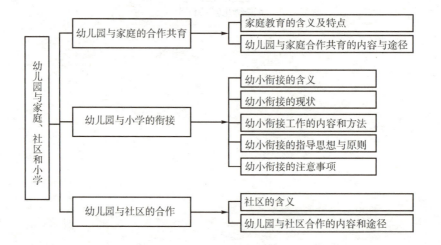

情境导入

在幼儿园的一次在线家庭教育咨询活动中，很多家长积极地提出问题，希望得到教师的解答、帮助、建议。

家长A："今天早上送宝宝去幼儿园，看到教室门口又贴了一大堆通知，仔细一看，原来老师又给我们布置作业了：准备些饮料瓶；准备大小纸；准备些大小玩具。上了两周学，这已经是第二次布置作业了，第一周的作业是带盆植物装饰教室，老师一发话，我就赶紧办了，没想到又来了。"

家长 B："我女儿刚入园，哭得厉害，不愿意我离开她的视线，用什么样的方法好呢？"
家长 C："我儿子马上要读小学了，不仅晚上睡觉晚，还留恋幼儿园的生活，怎么办？"
家长 D："我家就住在广场旁边，每天晚上跳广场舞的群众开的音响的音量非常大，轰轰作响，导致孩子在家无法保证充足的睡眠，在幼儿园不能集中注意力。我因此找过广场舞的负责人，也找过当地的社区主管领导，但是都没有能解决任何实际问题。这对孩子产生不好的影响，我该怎么办？"

从家长的对话中，你可以体会到什么？

一、幼儿园与家庭的合作共育

（一）家庭教育的含义及特点

1. 家庭教育的含义

广义的家庭教育：家庭成员之间的相互影响和教育。在家庭生活中，实际上不仅父母或其他年长者对幼儿实施教育、施加影响，而且他们还会受到幼儿的教育和影响。如民主型的家庭氛围，父母以及其他长辈也会从幼儿的言行中受到教育。

狭义的家庭教育：在家庭生活中，由家长（主要是父母或其他长辈）对幼儿进行的教育和施加的影响。它以亲子关系为中心。

2. 家庭教育的特点

与其他教育方式相比，家庭教育主要有以下优点：

（1）灵活性

家庭教育没有固定的教学模式，不需要制订教学计划，父母可以在日常生活中随时抓住教育的契机，对幼儿实施教育。可以这么说，家庭是幼儿天然的学校，家长是幼儿天然的教师。

（2）有效性和针对性

在家庭教育的过程中，父母或其他长辈对幼儿的一些不良现象的教育比在幼儿园中进行的教育要及时有效。

父母和幼儿相处的时间最长，对他们存在的问题可以说是了如指掌，幼儿的行为举止稍有变化，即便是一个眼神、一个微笑都能使父母心领神会。比如，在幼儿还处在咿呀学语的时期，父母特别是母亲能很好地明白幼儿要表达的想法。因此，对幼儿的行为表现，父母能及时掌握幼儿内心的所思所想，发现幼儿身上存在的问题，及时教育，把不良行为习惯消灭在萌芽状态之中。

（3）优越性

幼儿园的教育资源要照顾到所有的幼儿，不可能把所有的师资力量都放到某个幼儿身上。现在的幼儿大多是独生子女，家庭的人力、财力等都集中到一个幼儿身上，幼儿在家庭所受到的关注程度远远高于在幼儿园的。

（4）连续性与一致性

人们在家庭中接受长辈对自己的教育，在自己成年后组建新的家庭，也用同样的思想观念、教育内容和方式方法去教育自己的后代。

（5）初始性

家长是幼儿的第一任教师，即启蒙之师，所以家长对幼儿所施的教育具有早期性。一般来说，婴儿出生后经过三年的发育，进入幼儿时期，这一阶段是人的身心发展的重要时期，人的许多基本能力是在这个年龄阶段形成的，如语言表达、基本动作以及某些生活习惯等，性格也在逐步形成。

（6）长期性

家庭教育具备长期性这一特点，是因为家庭教育对人的影响是伴随其一生的，与学校教育相比，在连续性和持久性上表现得更加明显。人从出生那一刻开始就受家庭教育的影响，虽然不同阶段家庭教育的作用大小不一样，但始终伴随着人成长。

尽管家庭教育与其他教育方式相比有众多的优点，但是家庭教育也存在一定的不足之处，主要有以下几个方面：

（1）家庭教育表现出不均衡性

【案例】

隆隆是班上比较好动、爱打架的孩子之一，有时候会有意无意打到其他小朋友，星星被隆隆打到的次数比较多。后来，渐渐地星星的攻击行为开始增多。老师问星星后得知，他以前把隆隆打他的行为告诉了父母，他爸爸得知后便教育他，"如果其他小朋友欺负你，你一定要打回去，不能受欺负。"星星的爸爸还教他如何和别人打架，让别人不许欺负他。

小胖有时候会有意或无意中打到毅毅。后来渐渐地，有时候毅毅先打了小胖，惹得小胖去攻击毅毅。事后，毅毅却跑到老师面前去告状说小胖打他。毅毅回家后告诉爸爸小胖经常打他，最后毅毅的爸爸沉不住气跑到幼儿园来找老师，还打算找小胖的父母理论。

上述两个案例折射出了每个幼儿的家庭教育是不同的。一个民主的家庭，有着良好的家庭生活氛围和健康的生活方式，家庭成员之间和谐相处，父母及其他长辈有着良好的道德修养和文化素质，重视对幼儿的教育，并且有能力主动地承担对幼儿的教育工作。

（2）家庭教育中家长的情绪化现象严重

有的家长在对幼儿进行教育的时候往往缺乏应有的理智，容易感情用事。很多家长在家庭教育上的失败，就是源于家长在教育幼儿时不能很好地控制自己的情绪，完全依据自己的心情来对待幼儿的学习或其他事情，导致幼儿对自己所做事情的对错缺乏基本的判断力，自信心也会受挫。

（3）家庭教育的封闭化倾向比较突出

现在高楼林立，人们都入住高大的楼房，但是居住的相对集中并没有给人们的交往带来多大的便利，反而起到一定的反作用。有个别家庭入住好几年，与对面的邻居从来没有见过面，彼此之间不了解，更谈不上坐下来沟通一下教育孩子的心得体会。家庭生活与社会生活相比是较为封闭的状态，家庭教育是由家长对自己的孩子在家庭生活范围内进行的教育，家长的性格、爱好、教育理念、文化修养及家庭教育的掌控能力等因素都会影响到家庭教育的实际效果。

（二）幼儿园与家庭合作共育的内容与途径

幼儿园与家庭合作简称为家园合作。《幼儿园教育指导纲要（试行）》指出，家庭是幼儿园重要的合作伙伴，应本着尊重、平等、合作的原则，争取家长的理解、支持和主动参与,并积极支持、帮助家长提高教育能力。家园合作是学前教育工作的重要组成部分。

1. 幼儿园与家庭合作的内容

(1) 幼儿园主动向家长了解幼儿的家庭环境及在家的表现

家庭是幼儿成长过程中最先接触到的环境与教育资源,尽管家长和教师都是幼儿成长过程中教育的主要实施者,但是家庭对幼儿的发展,特别是个性方面的发展,具有不可替代的作用。幼儿园应本着尊重、平等、合作的原则,向家长了解一下幼儿所处的家庭环境与成长过程中有代表性的资料,争取家长最大限度地理解、支持和主动参与,帮助家长尽快地形成对自己孩子行为的正确判断与评价,协助幼儿园做好幼儿的教育工作。

【案例】

轩轩的外公有一天来送轩轩时支支吾吾地对老师说:"沈老师,轩轩回去说在幼儿园没有吃饭,是怎么回事?"老师微笑着摸摸轩轩的头说:"轩轩每天都吃完自己的一份饭菜,都是自己吃,很能干的。"

外公将信将疑地回去了。事后,老师及时和轩轩的妈妈电访,老师了解到轩轩每天在放学的路上都要外公买各种零食给他,外公不依,他就大吵,说肚子饿,在幼儿园没吃饭,搞得外公舍不得,只是依他,要买什么就买什么给他吃。可是,到吃晚饭时,他就什么也不肯吃了,搞得家人也很无奈。了解情况以后,老师向轩轩的外公做解释:"轩轩在老师的鼓励下,每天饭吃得很好,我们经常给他贴笑脸花。"可轩轩的外公觉得老师在敷衍他,不相信轩轩在幼儿园的表现。第二天早晨,老师特意邀请轩轩的外公中午吃饭时"偷偷"来园观摩。外公过后激动地握住老师的手说:"沈老师,这下我真正放心了,轩轩在幼儿园是自己吃饭的。"

轩轩的老师通过电访及时与家长沟通,主动与家长了解轩轩的具体情况,得知轩轩是为了外公给他买零食而说在幼儿园没吃饭,老师有针对地对轩轩进行鼓励,吃饭吃得好还贴笑脸花。因此,幼儿园向家长主动了解幼儿的情况,就会有针对性地对幼儿实施教育,真正做到因材施教,从而维护幼儿的自尊心和自信心,这对于幼儿园来说,是让家长更加坚信幼儿园存在的合理性,更是对学前教育信誉的一种认可。总之,了解幼儿的家庭环境及成长经历是幼儿园有效实施教育的前提与基础。

(2) 确保家长的知情权,及时地让家长了解幼儿园管理及幼儿在幼儿园的行为表现

家长知情权主要包含信息对等性、可操作性等方面。对家长知情权的尊重是幼儿园与家庭合作的重要保障,在某种程度上影响着幼儿园与家庭合作的效果。教师在向家长了解家庭情况及幼儿的一些成长信息的同时,也应该注意把家长关心的教学质量、教师情况、收费标准及幼儿在幼儿园的日常生活和学习的情况等与家长及时交流和沟通。这就需要幼儿园采取多种形式向家长宣传和解释幼儿园的教育理念,让家长明白教育立足于幼儿身心发展规律上的重要性,激发家长参与教育的积极性,从而使得家长通过幼儿园更加全面地了解幼儿,结合幼儿在家与学校的表现,对幼儿实施更加有针对性的家庭教育。

(3) 保障家长参与幼儿园管理的力度,发挥家长的监督作用

家庭、幼儿园、社区共同构成了影响幼儿发展的环境。因此,家长在教师、家长、幼儿三者中所起的教育作用显得尤为重要。幼儿园要给予家长更多的教育指导,使家长成为幼儿园教育活动的主动参与者。

家长参与幼儿园管理主要通过以下几个方面来实施:

①家长为幼儿园的发展献计献策;
②家长参与幼儿园的教育评价工作;
③利用新课程改革的有利时机,让家长有效地参与学前教育课程的选择与制定;
④向家长传递科学的育儿观,让家长树立正确的教育观,提高家长养育幼儿的能力。

【案例】

梵梵是中四班的小朋友,她聪明、好问、语言表达能力强,但自理能力差、依赖性强、任性、霸道、好反抗。由于她体质不太好,易感冒,爸爸妈妈上班繁忙,平时由姥姥姥爷照顾她,老人对她更加疼爱,对她做到有求必应。一次,中午午睡时,梵梵坐着不动,老师问她:"你怎么不脱裤子?"她辩解道:"妈妈说,裤子不要脱。"老师说:"小朋友裤子里面穿了秋裤,如果不脱裤子睡觉,被子会被弄脏的,再说穿秋裤就可以了,否则盖好小被子也太热,也睡得不舒服。"在老师的一再坚持下,梵梵脱去了外裤,睡了。第二天,她妈妈告诉老师让梵梵穿着外裤睡觉,说如果脱了外裤就睡不着,起床后自己也不会穿外裤,经常前后穿反,还比其他小朋友慢。老师说了这样不好的道理,她妈妈笑笑说:"她喜欢这样就让她这样。"她妈妈说的这句话让老师感受到了家中对孩子的教育态度,难道只要她喜欢就可以无原则地迁就吗?妈妈的包办代替与一味迁就换来了依赖性强、动作慢、不会自理的孩子。老师有责任提醒梵梵妈妈,帮助她认识到培养孩子自理能力的重要性。

家庭是幼儿出生后最先接触到的教育环境,父母是幼儿成长过程中的第一任老师。一般情况下,由于受教育程度的不同及所学知识的单一等因素的影响,家长并不清楚幼儿身心发展的规律及科学育儿的知识,就像梵梵的妈妈一样,一味地包办、代替、迁就,换来的就是幼儿依赖性强、动作慢、不会自理。这种错误的育儿观念,违背了幼儿身心发展的特点。

现如今,在家长所掌握的有限的教育幼儿的知识中,大部分还是来自自己的长辈。不管幼儿所在的家庭环境如何,只要教育措施不当,就会给幼儿今后的成长带来很大的弊端。幼儿园作为正规的教育机构有这个责任去帮助家长普及科学的育儿知识,有效地发挥自己所拥有的教育资源的优势,提升家长的育儿理念,改善家长的教育行为和教养方式。

要做好这方面的工作,幼儿园需要了解幼儿所在家庭的成员构成、经济状况、受教育水平等因素,了解各个成员在家庭中的地位及与幼儿的关系,了解每个家庭成员关于养育幼儿的教育观念及对幼儿的期盼。在充分了解的基础上,幼儿园对幼儿所在家庭的教育能力做出一个客观的评估,肯定和认可值得继续发扬的地方,并让保教人员在日常生活中对幼儿实施保育和教育的时候加以借鉴,发现家庭教育中的不足之处,采取有效的措施帮助家长去改进,提高幼儿所在家庭的整体教育水平,为实现家庭教育和幼儿园教育的一致性打好基础。

2. 学前教育与家庭合作的途径

(1) 家长直接参与的方法

①家长开放日。家长开放日是指幼儿园在特定的时间里安排家长参与幼儿园组织的开放式办学的一种形式。在家长开放日,家长可以进入幼儿园内部进行参观,参与相关的教学活动。它为家长进一步了解幼儿园的办学条件、教育水平及教学模式等提供了一个良好的机会,也是实现家庭与幼儿园合作的重要途径之一。幼儿园中的教师和保育员可以将保教结合的一些教育理念通过组织活动的形式向家长展示,让家长感受幼儿在幼儿园中接受学前教育的重要性,完善家长对学前教育、保教人员的正确认识,了解和学习有关学前教育的规律,针对幼儿的个别差异采取适宜的教育策略。

②亲子活动。亲子活动也是家庭与幼儿园合作的主要途径。相对传统的合作方式，班级QQ群、微信、电话、短信等则是随着科技的发展与普及，幼儿园与家长沟通的现代化的手段。传统的合作方式与现代化的沟通手段相结合，为家庭与幼儿园的合作提供了多种有效、便捷的渠道，更有利于幼儿园与家长及时地交换信息，交流各自就某一问题的看法，从而在如何有效地教育幼儿方面达成共识。

（2）家长间接参与的方法

①家长会。家长会是由幼儿园在学期的某个时间段，针对幼儿在接受教育过程中的行为表现以及采取的相应教育策略，与家长交流并达成教育共识的一种形式（如图12-1所示）。一般情况下，由幼儿园告知家长开会的时间及地点。

图12-1　家长会

家长会的召开带有明确的目的性，有助于家庭与幼儿园就幼儿在某个时间段的发展情况做一下沟通，为家庭、幼儿园更加全面、客观地评价幼儿的发展及采取有效的教育措施提供便利条件。

②家访。家访是幼儿园根据教学计划在一个学期中所开展的家庭与幼儿园合作的常规安排，是加强幼儿园与家庭的联系、争取家长最大限度的支持、共同教育幼儿的重要手段。家访的时间可以根据教学计划来实施，也可以根据实际情况灵活调整。比如，幼儿患有重大疾病、突发事件，或有严重不良行为习惯等都要及时地进行家访。教师进行家访要有计划、有准备。根据幼儿的具体表现确定家访的目的，要对被家访的幼儿及其家长有比较全面的了解。在到幼儿家里之前可以通过电话或短信等方式与家长提前预约，告知家长进行家访的具体时间，以提高家访的有效性。家访时教师应与家长密切合作，对幼儿的发展进行合理化的约束，促进幼儿健康成长。

③家长培训班。家长培训班主要是向家长讲解关于幼儿身心和谐发展的一般规律与特性，诠释正确的育儿观念及教育的基本原则、方法、途径等知识的一种辅助形式的培训方式，可以由幼儿园、街道办事处或者专门的教育培训机构定期或不定期地对家长进行培训。通过让家长有效地共享这些教育机构中关于科学育儿的知识资源，达到向家长普及科学的育儿知识，提高家庭教育的质量，促进幼儿身心和谐发展的目的。在对家长进行培训的过程中，首要的是转变家长的教育观念，端正教育思想。例如，有的家长片面地追求幼儿在学校开展的一些活动中所取得的成绩，让幼儿上各种各样的辅导班，加重幼儿的课业负担，家庭教育的方式简单粗暴，导致幼儿学习兴趣的缺乏，某种程度上扼杀了幼儿的个性发展。因此，通过举办家长培训班，让家长知晓自己在教育理念上的不足，了解幼儿的生理及心理发展特点，从实际出发，科学养育幼儿。

图12-2　家园联系栏

④家园联系栏。幼儿园在过道、走廊或活动室门口专门开辟一个家园联系栏，作为教师和家长联系的一个平台，使教师和家长的联系更加丰富、更加全面（如图12-2所示）。

⑤个别谈话。如利用接送幼儿的机会与家长沟通。

⑥家长委员会。由家长民主推选产生，参与协助幼儿园工作，反映家长的意见和要求。

这样，教师和家长之间的联系不仅仅是单纯的工作关系，也不仅仅是教育幼儿方面的研讨，而是以教育幼儿为出发点，但又超越育儿的范围，变成互相启发、主动体察教育真谛的友谊关系。

【思考】
家访前教师需要做什么准备？

3. 幼儿园与家庭教育衔接

作为家长，需要为幼儿做好入园的心理准备和能力准备，让幼儿较好地实现入园适应。这种衔接，既有幼儿园的责任，也有家长的责任。具体来看，作为家长应该从心理准备和能力准备两个方面对幼儿进行相应的引导。

（1）心理准备

①帮助幼儿了解幼儿园的生活，激发幼儿对幼儿园的兴趣。家长可以带幼儿参观附近的幼儿园，让幼儿知道幼儿园是个有趣的地方。幼儿园可以通过家访、邀请幼儿来园熟悉环境等方法，让幼儿和教师有一种亲切感，消除幼儿的紧张心理，减缓他们的不适应感。

②正视幼儿的入园不适应，帮助其克服心理紧张感。

【案例】

多多刚上托班的时候每天离开妈妈都要哭。妈妈想如果老这样，多多就不能像其他孩子那样适应幼儿园的生活了，于是妈妈总是对多多说："多多是乖孩子，上幼儿园不哭的，不哭妈妈才喜欢。"听了妈妈的话，多多不哭了，妈妈放心离开。可是妈妈发现晚上多多老是在梦里哭。为此妈妈去咨询了幼儿园的老师。老师告诉她，其实孩子在刚入托的时候哭泣是不安全感的一种释放，不要压抑孩子的这种情感宣泄，一般孩子哭几天就会好的。妈妈听了老师的建议，每天送多多到幼儿园就告诉多多："如果你舍不得离开妈妈，想哭就哭一下，只要不影响其他小朋友就行。"多多听了妈妈的话，眼泪就掉下来了，但妈妈发现晚上多多再也没有在梦里哭过。

幼儿在刚刚进入幼儿园时，大多会有一些焦虑性的行为表现，如苦恼、不愿父母离开等。正如多多，刚入托班，从家庭环境转入幼儿园的环境，对她而言属于陌生环境，需要慢慢适应。幼儿入园，短则一周就适应，长则一两个月可能还没有完全适应。对于幼儿这种不适应，无论家长还是幼儿园教师都应该是一种理解的态度。要缓解幼儿这种焦虑，家长需要做的是理解包容幼儿的情感表达需要；对于幼儿园而言，则需要为幼儿提供一个可预期的、充满安全感的环境，多组织幼儿参与感兴趣的丰富多彩的活动，为幼儿提供一个交往、表现、分享的机会，使幼儿对周围的人和环境感兴趣，对此产生归属感。

（2）习惯和能力准备

①养成幼儿良好的生活习惯和规则意识。作为家长，需要在幼儿入园前就着意培养其良好的生活习惯和行为规范，同时帮幼儿理解、遵守这些规则。作为幼儿园的教师，则需要通过不断的训练和反复的要求使幼儿理解这些规则的意义，并对其进行行为训练。在行为习惯的培养过程中，父母要言教，对幼儿进行指导，明确告诉幼儿应该做什么、应该怎样做、不应该怎样做。

②培养孩子的生活自理能力。

【案例】

小可入园的第一天，妈妈就向老师请求："小可不会拿勺子，在家里每次吃饭都是奶奶喂。一顿饭要花费一个多小时，喂一口吃一口。希望刚入园这几天，老师多关照关照，帮助喂一下。以后让她慢慢学！"其实，小可不光是吃饭依靠奶奶喂，还有穿脱衣服、系鞋带、扣纽扣、盖被子、洗手等很多生活小事都不能独立完成，大多依靠奶奶。

培养自理能力，是学前教育的重要内容。幼儿自己吃饭、穿衣、叠被子、系鞋带等活动是一系列动作的组合，能使幼儿双手协调活动，同时促进智力的发展。这些也是幼儿进入幼儿园之后必须掌握的一些基本生活技能。如果在家庭生活中家长不注意对幼儿的生活自理能力进行训练，剥夺幼儿锻炼的机会，那么幼儿会缺乏自己的事情自己做的意识，各种相关的能力也会发展滞后。因此，家长应该主动培养幼儿的生活自理能力，让其掌握一些基本的生活技能，这样幼儿在入园之后能顺应教师的教育要求，同时也更容易对自我产生肯定性的认知。

【思考】
你作为幼儿园教师，应该指导家长为幼儿入园做哪些准备？

4. 家园合作存在的问题

①家园合作不够深入，较多地停留在表面，表现为"三多"和"三少"。即家长虽然进入了幼儿园，但参观多、参与少；间接参与多、直接参与少；一次性参与多、经常参与少。

②家庭和幼儿园的教育内容脱节，表现在家长来园参与活动时常常和幼儿一起玩，回家后很少与家庭教育联系起来。

> **思政之窗**
>
> **我们是养小孩，不是养花**
>
> 父亲正在教两个儿子学用割草机。当他转身回答一个儿子的问题时，另一个儿子却用割草机把花圃破坏得"花尸"满地。父亲怒吼起来，这时母亲却说："要知道，我们是养小孩，而不是养花。"她的一番话如一道耀眼的闪电，使我眼前一亮，心灵不禁为之一震："是啊，孩子与花谁重谁轻？"既然花圃已经被损坏了，不能复原，我们又何必再去打破一个孩子稚嫩纯洁的心灵呢？孩子的心灵一旦被打破，可能就永远无法弥补。所以，在我们的工作中，整天跟孩子在一起，他们难免会出现这样那样的过失，我们一定要牢记，工作的最终是为了什么，我们的责任是什么，我们到底应该持怎样的态度对待工作。

二、幼儿园与小学的衔接

（一）幼小衔接的含义

幼小衔接期是指由幼儿园大班进入小学一年级，此时期恰好是结束幼儿园生活，开始接受正规小学教育的初期，也是儿童心理发展的一个转折期。幼小衔接指的是幼儿园教育和小学教育的衔接，其核心是这个时期的儿童怎样顺利地从思维方式、学习习惯、社会技能等方面适应小学生活。

（二）幼小衔接的现状

1. 幼儿园与小学教育的差异

（1）生活作息制度的变化

在幼儿园，大班一般是 30~35 分钟一堂课，而且每天的户外活动不少于 1 小时，轻松舒适，管理上不强制，没有出勤的要求，作息时间比较灵活。如果幼儿生病离园好几天，可以继续跟班学习和生活，对幼儿的各种活动并不影响。儿童上了小学以后，每节课约 40 分钟，上午 3~4 节课，下午 1~2 节课。而且课间自由活动时间、游戏的时间和午休时间也相应变短了，儿童的生活节奏是快速而紧张的，有较为严格的作息时间，对儿童的纪律和行为规范要求带有一定的强制性。智力活动的时间骤然增加，使儿童的神经系统负担加重，儿童玩的时间变少了，坐着不能动的时间变长了，很多儿童可能会出现上课坐不住、精神不集中等现象，以至于对学习产生厌倦心理。

（2）学习方式和内容的不同

依据儿童身心发展的规律和需要，在学前教育阶段，丰富多彩的游戏是儿童的主导活动，幼儿园强调在游戏中学习，以玩为主，通过动手操作等实践活动获得各种感官性经验和社会生活知识，没有家庭作业和考试，教师主要是以幼儿的兴趣为出发点，创设丰富的环境和各种条件，使幼儿主动参与各种活动，从而获得成长。小学教育阶段的主要形式是通过课堂教学，使儿童掌握系统的科学文化知识并在学习中获得身心各方面的健康发展。小学阶段的教育带有一定任务性、强制性，有严格的学习进度和各种考核形式，强调的是学生知识的积累和学习自理能力的养成。

（3）人际关系的变化

在幼儿园，儿童的生活、学习都在教师的精心照料之下，师生关系非常密切，儿童之间也是一种有好的玩伴关系。进入小学，教师把更多的精力放在教学上，生活方面多需要儿童自理完成，儿童因此很容易产生一种被漠视感和对教师的期待落差。和同学之间有了学习等方面的竞争，这也带给儿童一定压力。

（4）期望水平的断层

在学前教育时期，只要儿童快乐健康，家长一般不会对儿童的学习和能力提出实际的期望和要求。幼儿园大部分时间致力于促进儿童正常发育和身心健康发展，培养儿童求知欲，发展口头语言，开发智力，丰富感性经验和积累粗浅的知识经验，学习掌握事物的简单方法和技能，培养良好的习惯和性格，参与一些艺术和体育活动。幼儿园学习不强调系统性，没有压力。但儿童上小学以后，家长和教师都会对儿童产生新的、明确的期望，施加学习压力，这也是引发儿童不适应感的重要原因之一。

（5）学习环境的变化

幼儿园为幼儿提供了丰富的游戏材料，环境的布置比较活泼生动，学习、生活设施一般都相对集中，活动室、盥洗室、餐厅等紧密相连，幼儿生活起来比较方便。活动室还有区域活动，幼儿可以自由选择自己喜欢的活动方式。玩教具也是以幼儿活动自主为准则。

进入小学阶段，儿童对陌生的环境，宽阔的场地很不适应，有时候可能找不到厕所甚至自己的班级。教室环境布置也相对简单和严肃，桌椅的摆放是固定的，自由活动空间受限制。

我国每年千万儿童离开幼儿园进入小学，面对小学教育不适应的情况很普遍，部分儿童会出现疲劳、睡眠不足、食欲下降、体重下降、注意力不集中等现象，导致身心负担加重、压力过大、课堂学习不适应、自信心不足等。许多儿童怀念幼儿园的感觉，产生害怕上学的念头。

【案例】

文文今年刚上一年级，开学20多天了，刚开始还有点儿新鲜，可是这几天，文文回到家就哭。文文的妈妈很心疼："一年级有什么作业？每天回家就是读读拼音、音节，我女儿平时玩性大，读书可能不太快，也没用心，每天的认读作业她2个多小时也只能完成一半。"现在文文学拼音学到翘舌音了，舌头不太会打卷儿，所以就不会读。这几天文文天天哭，读不出来更不愿意读，妈妈就把她关在小黑屋子里直到她说愿意读为止，结果到晚上10点也没有完成读10遍的任务。

"文文在幼儿园的时候读得好好的，怎么上了一年级就不行了呢？"文文的妈妈感到疑惑，"文文上的幼儿园，很注重孩子的兴趣和素质教育，不刻意教孩子学习，文文在幼儿园学会了表达，心态也好，懂礼貌，有自己的兴趣，个性发展也不错。本来文文上小学一年级我一点儿都不担心，现在弄得我失眠，压力太大了。"

文文刚从幼儿园阶段进入小学阶段，由于小学教育与幼儿教育具有很大的差别，比如作业完成、上课学习内容都有所不同，所以文文显然不适应一年级小学阶段的教育。刚上小学时，有的儿童听不懂教师布置的作业；有的儿童注意力不集中，没听到教师布置的作业；有的儿童记不住或记不下来教师布置的作业；有的儿童对教师布置的作业理解有出入，于是由家长帮忙打电话问其他同学当天作业内容，结果连续问好几个人，说的全不一样；有的儿童虽然能听懂教师布置作业，但为了逃避做作业或为了看动画片说没有作业；有的儿童感觉拼音和算术都很难学；有的儿童对一笔一画写字感到厌烦。这些现象都说明了有相当一部分儿童对小学的学习缺乏兴趣，不知所措，自信心不足，甚至少数儿童产生厌学情绪。

【案例】

某小学一年级学生兰兰，已经上小学一年级第二学期了，却天天嚷嚷要回幼儿园上课，说小学学的东西没意思，每天都是抄抄写写的，胳膊酸死了，作业又多，一点儿玩的时间都没有。她很想回到幼儿园，脾气变得很糟糕，家长为此很苦恼。

2. 幼小衔接存在的问题

目前幼小衔接存在诸多问题，最普遍的就是幼儿园"小学化"。此外，在幼儿园大班，教师对幼儿的教育更多地侧重知识学习，而忽视了综合能力的培养，如人际交往能力、不同阶段的适应能力。

【案例】

小伟个子不高，长得很结实，白净的脸上架着一副黑框眼镜，看上去文质彬彬的。大部分一年级新生还在小心谨慎地适应新环境、新老师、新伙伴的时候，小伟的表现则显得非常"老道"。语文课上，老师刚刚提示学习内容，小伟就在下面随口背诵起来，并且很得意地告诉同桌："这本书上的所有内容我都会背了。"数学课上，小伟最期盼的就是做题，因为他做得又快又好，常常能得到满分。同学们向他投来羡慕的眼光，第一名的感觉让小伟很有成就感。在小伟看来，老师讲的东西他都会了，所以课堂上听讲很不专注，而且还经常影响同桌。随着其他同学入学逐渐适应和良好习惯的逐步养成，小伟"我都会了"的优越感和自豪感逐渐不再凸显，而且作业也经常出现"卡壳"，每当这时，小伟就会觉得特别委屈，有时候甚至怪奶奶之前没有教过。

幼小衔接中之所以出现问题，原因有以下3个：

①家长对幼小衔接的错误理解。就像小伟，他的奶奶已经提前教会他上小学后要背的内容。现在家长为了不让自己的孩子输在起跑线上，就会要求幼儿园提前教孩子学习小学的知识，这是幼小衔接出现的一些家长的错误观念。

②幼儿园违背相关规定，提前开设小学课程。

③学前阶段与小学阶段的不同教育特点。

【思考】
儿童初入小学会存在哪些问题？

（三）幼小衔接工作的内容和方法

1. 加强儿童入学适应所具备的素质培养

儿童进入小学会出现诸多不适应的现象，其原因是多方面的。因此，除了需要幼儿园和小学双方在环境、对儿童的要求以及教学方法等方面缩小差异，儿童的自身素质也是适应的主要方面。而入学适应所具备的素质培养不是靠儿童入学之前的衔接工作就可以突击的，从这个意义上看，培养儿童入学适应有关的素质，应该贯穿于幼小衔接的整个教育过程。儿童入学适应所具备的素质培养包括：

①培养主动性；
②培养独立性；
③培养人际交往的能力；
④培养规则意识和任务意识；
⑤发展基本动作，增强体质。

微课：幼小衔接工作的内容与方法

2. 做好幼儿园专门的幼小衔接工作

（1）激发入学情感

组织儿童参观附近学校，调整幼儿园的作息时间制度，逐步养成小学生应有的行为习惯，进行毕业离园教育。儿童对小学生活的态度、看法、情绪状态等，与入学后的适应关系很大。因此，幼儿园阶段应注意培养儿童愿意上学，对小学怀着兴趣和向往，为做一个小学生感到自豪的积极态度，并让儿童有机会获得对小学生活的积极情感体验。

（2）提高学习能力

培养儿童倾听能力、书写能力、语言表达能力、阅读能力、安全意识。儿童入学后，是否适应小学的新环境，适应新的人际关系，对其身心健康影响很大。有一种认识是，儿童只要提前认一些字，学一点拼音、算术等就没有问题了，这是十分片面的。培养儿童的社会适应性，特别是主动性、独立性、人际交往能力等，不仅关系着儿童入学后的生活质量，也关系着他们在小学的学习质量，是幼小衔接的重要内容。

（四）幼小衔接的指导思想和原则

①长期性而非突击性。
②整体性而非单向性。

从内容上看，幼小衔接工作要涉及儿童发展的各个方面，而不仅仅是知识准备。研究表明：健康的身体、积极的学习态度、浓厚的学习兴趣及求知欲、充足的自信心与自我控制能力、稳定的情绪、良好的习惯以及人际交往能力、独立性等，对儿童顺利适应小学生活是至关重要的。

③培养入学的适应性而非小学化，幼小衔接不等于知识衔接。

（五）幼小衔接的注意事项

①以提高儿童可持续发展的素质为核心，做到幼小衔接既贯穿于学前教育全过程，又抓大班后期具体衔接工作的重点，反对形式上的衔接和突击衔接，确保衔接工作的有效。

②应该深入分析幼小衔接所面临的问题，明确幼儿园做好衔接的任务。

③充分发挥学前教育自身的优势，全面整合资源做好幼小衔接工作。

真题链接

1.（2013年下半年《保教知识与能力》）下列有关幼小衔接的说法，正确的是（　　）。

A. 幼儿入学适应困难，是因为幼儿园教育过于游戏化
B. 幼小衔接完全是幼儿园的责任
C. 幼儿园的幼小衔接工作不仅仅在大班，小中班也应该开展
D. 幼小衔接主要是教幼儿拼音、认字等内容

三、幼儿园与社区的合作

（一）社区的含义

"社区"一词源于拉丁语Communist，意思即伴侣或共同的关系和感情。"社区"一词最早由德国社会学家滕尼斯于1887年提出，我国学者在20世30年代将其译成中文"社区"。社区是我们生活中不可缺少的一个具备多种元素的基础机构，主要指在一定的地理位置、空间及环境的影响下，通过人们在长期的生活交往中形成的一种以生活为主要内涵的共同体。可以说，一个成熟的社区通常是一个微型的社会，有着深厚的历史与错综复杂的邻里关系，既受外界环境的影响，同时也有自己的行为逻辑与价值判断标准。

（二）幼儿园与社区合作的内容和途径

1. 幼儿园与社区合作的内容

幼儿园深入社区宣传幼儿园先进的教育理念和管理方法，获得社区居民的接纳和认可。

幼儿园要合理有效利用社区资源，弥补幼儿园教育资源的不足。资源种类包括人力资源、物力资源、文化资源。

以社区管理创新为契机，积极参与社区文化建设，服务社区，融入社区，根据社区的反馈改进幼儿园管理和完善教育理念，促进教育质量的提高。

2. 幼儿园与社区合作的途径

家庭是社区的基本构成单位。家长作为社区居民，在对幼儿实施家庭教育的时候必然会受到社区舆论的影响。幼儿园要积极主动地与社区展开合作，引导家长正确对待社区舆论，分析社区舆论的利弊，消除社区舆论所带来的不利影响，巩固幼儿园与家庭合作过程中取得的教育成果。幼儿园作为专门的教育部门，可以利用周末或其他的节假日向公众开放，让家长陪同幼儿享用幼儿园内部的设施，既能增加幼儿与父母之间的感情，也有助于家长更好地了解幼儿园的教学条件与管理方式；利用幼儿园的有效资源定期对家长开展早期教育培训，提高家长的教育水平；社区文化联欢会、社区资源及社区宣传橱窗等也可以充分利用起来，作为幼儿园与社区合作的纽带。幼儿园应当积极地接纳优秀的社区文化，有效利用社区精神文明建设的成果，通过一定的教育方式将之转化为学前教育的一部分，让社区教育在幼儿园精神文明建设中起到良好的促进作用。

目前，人们对学前教育的重视程度逐步提高，有条件的甚至开始实施胎教。总之，幼儿园、家庭、社区三方面齐心合力，充分发挥各自的资源优势，为幼儿身心的健康、和谐、全面发展创设良好的成长条件。

巩固练习

一、选择题

1. （　　）是幼小衔接的重要内容。
   A. 适应小学的新环境
   B. 培养儿童对小学生活的适应性
   C. 培养儿童对小学生活的热爱和向往
   D. 帮助儿童做好入学前的学习准备

2. 家园合作中，（　　）处于主体地位。
   A. 家庭　　　　　　　　　　　　B. 幼儿园
   C. 家庭和幼儿园　　　　　　　　D. 以上都不正确

3. 以下哪个不是家长间接参与学前教育的方式？（　　）
   A. 家访　　　B. 家长会　　　C. 家园联系园地　　　D. 亲子活动

二、简答题

1. 简述幼儿园教育与小学教育的主要区别。
2. 幼儿园要为儿童入学做哪些准备？
3. 幼儿园为什么要与社区合作？
4. 如何做好幼小衔接工作？

【拓展资源】

幼儿园与家庭、社区合作

模块十三

幼儿园教育评价

教学目标

1. 知识目标：重点掌握幼儿园教育评价的概念和意义，幼儿园教育评价的功能，幼儿园教育评价的主要类型以及幼儿园教育评价应遵循的原则。

2. 技能目标：能够解释幼儿园教育评价的概念，初步掌握幼儿园教育评价以及合理运用幼儿园教育评价的方法。

3. 素质目标：形成良好的教育反思意识，培养观察能力，构建新型的良好师幼关系。

知识框架

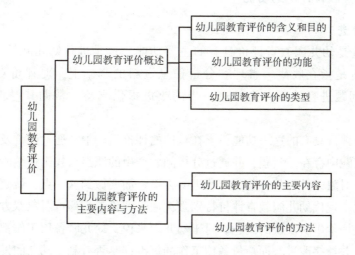

情境导入

教师利用图片，给孩子们讲述了两个故事：第一个故事是妈妈洗碗时，小明帮助把碗送到碗橱柜里，一不小心打碎了3只碗。第二个故事是妈妈做饭时，小方吵着要巧克力，妈妈不同意，说："马上就要吃饭了。"小方生气了，故意把桌子上的一个碗摔在地上。故事讲完后，教师问孩子们："老师刚才讲的这两个故事，你们听懂了吗？第一个故事里的小明做了什么？第二个故事里的小方做了什么？如果你是妈妈，你觉得更应该批评谁？"

这是对幼儿哪个方面的评价？运用了什么评价方法？如何通过幼儿的回答进行有针对性的教育？

一、幼儿园教育评价概述

（一）幼儿园教育评价的含义和目的

幼儿园教育评价是幼儿园教育体系的重要组成部分，是对教育活动有关的各个方面和各种问题进行系统的描述和科学的价值判断的过程。幼儿园教育是一种有目的的活动，教育活动是否针对目标而实施，是否产生适宜的教育效果，是否反映了正确的教育价值观与儿童观，是否达到预期的目标，是否促进幼儿按照社会的要求而健康发展，等等，这一切都需要通过评价来获得答案。

《幼儿教育指导纲要（试行）》指出，教育评价是促进每一个幼儿发展，提高教育质量的必要手段，强调评价的过程是"教师自我成长的途径"。可见，这些要求清晰地突显了当今幼儿园教育评价的目的在于：促进每一个幼儿的发展，促进幼儿教师的自我成长和提高教育质量。评价以促进教育的可持续发展为根本目的，使评价的过程成为一个学习、诊断、改进和逐步完善的过程，从而使幼儿园教育评价获得巨大的教育力量和教育质量的提高。

（二）幼儿园教育评价的功能

1. 诊断与改进

诊断与改进是幼儿园教育评价具有的主要功能，也是进行幼儿园教育评价的主要目的。诊断与改进是指在收集、整理和分析信息资料的基础上，对评价对象的客观情况特别是存在的问题进行诊断，为其进一步的改进提供支持，帮助其寻求增值的途径和方法。

幼儿园教育评价具有的这一功能要求在具体的评价活动中，通过评价及时地找出评价对象在日常保教实践中存在的问题，并通过分析问题产生的原因，找出症结所在，然后及时将结果反馈给评价对象，并与其一起制定改进的方案。而要做到这一点，就离不开评价对象的积极参与。因此，现代幼儿园教育评价特别强调通过评价者与评价对象双方的积极参与和配合，真正地解决评价中所发现的问题。对于幼儿园来说，幼儿园各项工作都可以通过评价的方法进行诊断，并最终改进，而衡量各项工作的标准即是否有利于幼儿的发展。例如，目前幼儿教师在日常教学中，对幼儿的评价语言过于泛化和随意（如：你真好、你真聪明），导致幼儿教师对幼儿发展行为评价效果不好。针对这一问题，可以进行调查分析，制定相关图表，如表13-1所示。

表 13-1　幼儿教师日常教学评价语言观察等级量表

项目	描述	非常好（5分）	好（4分）	一般（3分）	差（2分）	非常差（1分）
语速	语速适中，并能根据评价内容灵活调整语速					
音量	音量适中，并能根据评价需要灵活调整音量					
语调	语调的高低适度，强弱适中，轻重得当，缓急协调					
重复	重复的次数适度，位置恰当，有效地引起幼儿注意					
时间	能够对幼儿的各种行为及时地给予评价					
反馈	对幼儿进行反馈时有针对性					
评价用语	具有丰富性、创新性、针对性					
感性语言	在课堂中能适时、适量应用感性语言					
理性语言	在课堂中能适时、适量应用理性语言					
目光交流	目光有神，与不同的幼儿有交流					
教师活动覆盖范围	经常变换位置，但保证让全体幼儿都能看见自己的范围					
肢体语言	身体放松，表现得自信、坦诚、友好，令幼儿开心					
手势	讲解的同时经常配合手势，手势自然不夸张					
表情	表情丰富且恰当，不夸张					

备注：感性语言指教师在教育的过程中用来激发幼儿情感、渲染课堂气氛以帮助幼儿理解课程内容，达到教学目的所使用的语言技巧，例如生动性语言、趣味性语言和生活性语言等。理性语言是相对感性语言而说的，教师在教学过程中，务必要保证所授内容的准确性和科学性，以及授课语言的逻辑性。另外，授课者还要运用启发性语言和深刻性语言引导幼儿，使其加深对课程内容的理解。

2. 鉴定与选拔

幼儿园教育评价具有的鉴定与选拔功能，是指通过对所搜集的信息资料的整理和分析，对评价对象的客观情况做出证明或说明，为评价对象以后的发展或晋级提供依据。这既包括对幼儿发展的鉴定、对幼儿教师发展的鉴定、对幼儿园工作的鉴定，还包括对幼儿进一步发展所提供的促进条件、对幼儿教师专业晋级所做的准备，以及对幼儿园工作的全面衡量与发展机制的建立。

3. 导向与调节

教育评价是评价者依据一定的评价准则进行评价的活动，评价活动的结果对评价对象有很强的"明示"效果,这种"明示"的结果会直接影响评价对象的行为取向与方式,并促使评价对象朝着评价者所预定的目标发展。幼儿园教育评价的结果一方面给教育管理和决策者提供信息,另一方面也给评价对象反馈了信息,调动评价对象工作或学习的积极性。例如,幼儿园管理者和决策者在幼儿教师的绩效考核中传递了反馈和激励的信息,如表13-2所示。

表13-2 幼儿教师考核基本内容一览表

教师个人专业能力（45分）				班级常规工作（30分）											教师职业道德修养（15分）			突出贡献（10分）	
根据教师类型而定27分	教学观摩8分	专题总结5分	随机工作5分	财产2分	节约2分	幼儿出勤2分	幼儿安全2分	卫生3分	班级常规3分	班级环境4分	作业栏3分	教学计划3分	户外活动3分	随机工作3分	遵守制度5分	教师互评5分	家长评议5分	班级贡献5分	个人贡献5分

评价的导向作用促使评价对象进一步明确努力方向,弥补不足。例如,对教学活动的评价,如果只以幼儿获得知识技巧的多少来评价教学效果,那么就会误导幼儿教师忽略在教学过程中培养幼儿的态度和情感,不重视幼儿主动参与活动,不重视发展幼儿的创造性,而热衷于采用"满堂灌""骑兵式"的教学形式,让幼儿死记硬背,机械模仿,反复训练。因此,评价的导向作用是十分重要的,必须依据正确的教育观来确定评价标准。

实践的改进与完善,离不开评价的调节功能。通过将评价过程中发现的问题或评价结果反馈给评价对象,不仅可以帮助评价对象调节幼儿园教育活动的目标或进程,从而向着正确的方向、以正确的方式不断发展,还可以使其了解自身发展中的优势与不足,明确努力方向及改进措施,以实现自我调节。随着教育评价理论与实践的不断发展与完善,幼儿园教育评价将不再仅仅把评价作为对评价对象的检查和鉴定的一种方法,而是把评价的功能更多地放在改进和提高幼儿的教育与保育质量上,将越来越重视评价的诊断、改进、激励、调节等功能,重视发挥评价的教育作用。

（三）幼儿园教育评价的类型

幼儿园教育评价的类型,是按照一定标准划分的幼儿园教育评价的种类。明确幼儿园教育评价的类型,可以根据幼儿园教育的不同情境选择和使用不同类型的教育评价,使评价功能和作用发挥到最大限度。

1. 按评价范围划分

（1）宏观评价

宏观评价是指以幼儿园教育的全部问题或涉及宏观决策方面的幼儿园教育问题为对象做

出的评价。例如，对 20 世纪 80 年代以来幼儿园教育内容方面的评价。

（2）中观评价

中观评价是指以幼儿园内部各方面工作为对象做出的评价，主要包括幼儿园教育评价、幼儿园保育评价、幼儿园管理工作评价、幼儿园环境评价、幼儿园人员评价等。例如，对幼儿园环境进行评价，如表 13-3 所示。

表 13-3　幼儿园户外游戏场地评价表

评价项目	评价标准	评价方法	得分
场地面积	1. 无游戏场地	对照国家相关规定实地检测	0
	2. 未达标，尚无有效变通措施		1
	3. 未达标，但已采取有效变通措施		2
	4. 达标		3
场地质量	1. 全部为水泥地或其他不合格地面	实地观察、测量	0
	2. 沙土、土地占 60% 以上，其他为水泥地		1
	3. 沙土、土地并有一定的草坪		2
设备器械	1. 无或数量极少，不能满足游戏活动需要	实地观察	0
	2. 数量适宜，质量一般		1
	3. 数量达标，并且器械具有多功能和经济实用的特点		2
结构安排	1. 有不同区域的安排	实地观察	1
	2. 各区域安排合理		1
	3. 各区域之间有过渡		1
	4. 能满足幼儿不同需要		1
安全	1. 地面上无危险物	实地观察、检查	1
	2. 器械安装牢固		1
	3. 设备功能完善		1
	4. 设备适合幼儿身体和运动特点		1
其他	1. 有绿化带	实地观察	1
	2. 绿化带安排合理		1
	3. 有防雨棚或其他防雨设施		1

（3）微观评价

微观评价是指以幼儿发展的某个方面或侧面为对象进行的评价，主要包括幼儿情感与社会化、认知与语言、健康与动作技能等方面的评价。例如，要了解大班幼儿在一学期中生活能力发展的某些指标状况，幼儿教师可以定期（半个月或一个月）按照表 13-4 给予观察评价。

表 13-4　大班幼儿生活能力评价表

评价项目	观察内容	观察记录（在达到的项目上填写日期或具体事件）
自我服务能力	1. 自己独立用餐，使用餐具正确	
	2. 自己独立穿脱衣服，整齐迅速	
	3. 能自理大小便	
	4. 自己会系鞋带	
	5. 自己会整理床铺	
自我保健能力	1. 饭前便后洗手	
	2. 懂得眼睛、牙齿的简单保健知识	
	3. 会根据天气的冷暖增减衣服	
	4. 会处理简单的危险	
	5. 对陌生人保持一定的警惕	
简单劳动技能	1. 能自己收拾玩具，整齐迅速	
	2. 会当值日生，能做好擦桌椅等事情	
	3. 能正确使用简单的劳动工具	
	4. 能运用工具、材料自制简单玩具	
……	……	

从幼儿园管理者的角度来说，幼儿园教育评价主要是以中观评价和微观评价为主，这是幼儿园自身可控的活动。

2. 按评价基准划分

（1）相对评价

相对评价是指在被评价对象集合中选取一个或几个对象作为标准，然后将各个评价对象与所确定的标准进行比较，判断其达到标准的程度，或者确定被评价对象在集合总体中所处的位置的评价。例如，在某一个组织中树立一个榜样，将组织中其他成员的行为表现都与该榜样相对照，这种做法就属于相对评价。

微课：幼儿园教育评价的类型

相对评价的标准是在评价对象内部产生，通过横向比较，可鼓励竞争和相互促进，操作简便，较为适用。但需要注意的是：如何在评价对象所处的集合中确定相宜的标准；所确定的标准是否适用于这一集合之外的评价对象。

（2）绝对评价

绝对评价是指在评价对象的集合之外确定一个标准作为客观标准，然后把各个评价对象与客观标准进行比较的评价方法。通过绝对评价可明了评价对象与标准之间所存在的距离。需要注意的是所设立的标准要客观。例如对幼儿园教育环境创设的评价，如表 13-5 所示。

表 13-5　幼儿园教育环境创设评价表

项目	目标要求	好	较好	一般	较差	得分
墙壁	1. 体现目标内容	8	6	4	2	
	2. 幼儿参与性强，符合幼儿年龄特点	8	6	4	2	
	3. 可变性强，如体现季节性等	4	3	2	1	
	4. 布置新颖、美观、有特色	4	3	2	1	
活动区	1. 种类不少于5个（计算、美工、智力、语言、交往、自然、音乐等）	8	6	4	2	
	2. 内容丰富、可供幼儿操作的材料不少于10种，每月根据目标放新材料	8	6	4	2	
	3. 材料投放体现层次性	4	3	2	1	
	4. 充分利用废旧物品	4	3	2	1	
	5. 有活动区标记	4	3	2	1	
	6. 充分利用环境条件设置角色游戏角	8	6	4	2	
自然角	1. 内容丰富，包括动物、植物等，品种不少于6个	4	3	2	1	
	2. 体现幼儿参与性	4	3	2	1	
	3. 布置美观，符合年龄特点，季节性强	8	6	4	2	
家园联系栏	1. 栏内布置美观、新颖	4	3	2	1	
	2. 内容丰富，向家长宣传的材料不少于两种，每月更换一次	4	3	2	1	
	3. 按时公布月、周目标及教育内容	8	6	4	2	
幼儿作品栏	1. 有幼儿作品栏，专栏布置美观	4	3	2	1	
	2. 设有幼儿作品收集袋，全部作品按时展览	4	3	2	1	
	3. 幼儿作品要及时更换（每月至少一次）	4	3	2	1	
总分						

（3）个体内差异评价

个体内差异评价是对评价对象集合中的各个对象的过去和现在进行比较，或者把某一个对象的若干个侧面相互比较的评价。例如，一个幼儿园的硬件设施由条件很差发展到硬件设施很全面，就可以说这个幼儿园进步了，这个对幼儿园"进步了"的评价实际就是运用个体内差异评价做出的。这种评价方式较为常用，不会给评价对象带来压力，容易调动其积极性。需要注意的是：如何克服因为没有客观的评价标准相比较和不与其他评价对象相比较所带来的评价的局限性。

3. 按评价主体划分

（1）自我评价

自我评价是评价者根据一定的评价准则对自身的表现进行评价，它是一种自己对自己进行的评价。例如，一位幼儿教师在结束教学活动后，对教学内容、方法、资源利用等方面进行自我总结和自我鉴定就是自我评价。自我评价不受时间的限制，自我评价是评价对象本身自我反思、自我提升的过程，也是评价对象自身发展的一种重要的方式。这种评价易于进行，但客观性较差，容易出现评价对象评价过高或者过低的情况。

（2）他人评价

他人评价是指除自身以外的任何人或任何组织所进行的评价，如幼儿园园长对幼儿教师的评价，幼儿教师对幼儿的评价，家长对幼儿教师的评价等。在幼儿园中，绝大多数的评价采用的都是他人评价这种类型。这种评价相对来说客观性较强、信息全面，但评价对象常居于被动地位。在实际工作中，应把自评和他评结合起来使用。

4. 按评价功能划分

（1）诊断性评价

诊断性评价是指在某项幼儿园教育计划或方案开始之前进行的测定性或预测性评价。幼儿园教育中的诊断性评价类似于医生给病人诊病，诊断性评价这一概念也是由此而来的。诊断性评价是选择、制订幼儿园教育计划和方案的基础。例如，在幼儿刚入园时，幼儿园要对所有幼儿的发展情况，包括身心发展情况，进行摸底测试和测验，目的是让幼儿教师了解幼儿的发展情况。诊断性评价通过了解评价对象的基础、现状，有利于对评价对象的变化情况开展有针对性的工作。

（2）形成性评价

形成性评价是指在某项幼儿园教育计划或方案实施的过程中进行的评价。其主要目的是在计划或方案实施过程中不断获得改进计划或方案的依据，从而不断调整、修改幼儿园教育计划或方案，以期提高计划或方案的质量。例如，在幼儿园的工作中，每隔一段时间都要对幼儿的身体发育情况进行一次测试，以便幼儿教师及时了解幼儿的发育状况，调整和改革保教工作，以帮助幼儿更好地发育和发展。形成性评价始终处于动态之中，能不断进行，并及时地调整改善，使目标顺利实现，是幼儿园采用的主要评价方式之一。

（3）终结性评价

终结性评价是指在某项幼儿园教育计划或方案结束后对其最终的结果进行的评价。其主要目的是以预先设定的教育目标为基准，对幼儿园教育计划或方案达到目标的程度，即最终取得的成绩和目标之间的距离进行评价。例如，全国普遍实行的幼儿园分级分类验收就是一种终结性评价。又如，幼儿园对幼儿教师的年终鉴定、幼儿教师对一学期工作的总结等都是终结性评价。终结性评价通常用于评比、划分等级、类别、资格认定等。

终结性评价也存在一定的弊端：对最终结果进行的评价导致无法控制过程中出现的问题，不能及时修正、改进；只重视结果而忽视过程，会导致一些不正当的竞争。

二、幼儿园教育评价的主要内容与方法

（一）幼儿园教育评价的主要内容

根据幼儿园教育评价的含义，幼儿园教育评价应涉及幼儿园教育的各个方面、各个层

次、各个部门，将它的主要内容划分为幼儿发展评价、幼儿教师发展评价和幼儿园教育活动评价。

1. 幼儿发展评价

幼儿发展评价是依据幼儿教育目标以及与此相适应的幼儿发展目标，运用教育评价的理论与方法，对幼儿的身体、认知、品德与社会性等方面的发展进行价值判断的过程。它是幼儿园教育评价的重要组成部分。具体的评价内容可以根据评价的目的、教育工作的需要进行选择。

一般而言，幼儿发展评价的内容及其切入点可包括以下几个方面：

①可选择按课程领域来对幼儿发展进行评价。

②可选择按课程进行的主题所经历的不同阶段对幼儿发展进行评价。

a. 开始阶段：幼儿已有的经验是什么，对哪些方面发生兴趣。

b. 进行阶段：幼儿收集了哪些与主题有关的材料，哪些内容可以进行深入的研究。

c. 主题的深入阶段：幼儿是如何解决问题的，采用了哪些方法和途径，在解决问题的过程中幼儿有哪些差异等。

d. 主题的结束阶段：幼儿在这个主题中获得了哪些发展，还存在什么问题，这些问题如何解决等。

③可选择多元智能的各个方面来对幼儿进行评价。

④可选择按某一事件、某一活动对促进幼儿发展的作用进行评价。

⑤可选择对幼儿的活动风格进行评价。

在对幼儿发展状况进行评价时，要注意以下几个问题：

①要明确评价的目的是了解幼儿的发展，以提供更多合适的帮助和指导。例如，幼儿教师在评价幼儿的舞蹈作品时，可以了解到幼儿的掌握情况，并给予相应的帮助和指导。

②要全面了解幼儿的发展状况，防止片面性，尤其要避免只重知识和技能、忽略情感的倾向。

③在日常活动与教学过程中采用自然的方法进行评价。平时观察所获得的具有典型意义的幼儿行为表现和所积累的各种作品等，是评价的重要依据。

④承认和关注幼儿的个体差异，避免用"整齐划一"的标准评价不同的幼儿，在幼儿面前慎用横向比较。

⑤以发展的眼光看待幼儿，既要了解其现有水平，更要关注其发展的速度、特点和倾向等。例如，幼儿对事情的看法会随着时间的推移而改变，幼儿教师应及时了解幼儿的变化情况和存在的问题。

除此之外，对于幼儿发展评价，要树立正确的评价观，要注意幼儿基本素质的提高，理解幼儿发展速度的差异性；幼儿发展评价要与日常教育工作相结合，充分合理地运用评价结果；正确地处理幼儿发展评价与幼儿教师工作评价的关系。

【案例】

在中班幼儿的舞蹈课上，老师教完幼儿基本动作，让幼儿单独进行操练，展示给老师看。只见娜娜的动作很不灵活，并且和其他幼儿的动作方向相反，完全不符合动作标准。老师多次示范给娜娜看，娜娜依旧表现得不好。这时，老师叫来其他幼儿，给娜娜做示范，娜娜依旧没有很大的进步，并表现得有些紧张不安。此时，老师发现了娜娜动作和表情的变化，终止了娜娜的动作，让其他幼儿去操练，自己则蹲下身和娜娜聊天，安抚娜娜的情绪，鼓励她，使她的情绪开始变好，再一次接受老师的指导，并表现转好。

分析：面对不同的幼儿，要承认幼儿的个体差异性，不可用单一的标准去衡量幼儿，也不可进行横向比较，这会对幼儿的身心发展造成不良影响，对幼儿表现不好的地方应给予鼓励和帮助。

2. 幼儿教师发展评价

幼儿教师发展评价是在一定目标的指导下，遵循一定的程序，运用科学的方法，借助现代技术广泛收集评价信息，全面地对幼儿教师的教学和自身素质进行价值判断，促进幼儿教师更好地发展。

幼儿教师发展评价主要是为了全面、客观地了解和评价每位幼儿教师各项教育工作的质量。对幼儿教师的评价，主要着眼于幼儿教师各项教育、教学工作，以及幼儿教师工作的技巧和态度。幼儿教师发展评价的内容主要包括幼儿教师教学评价和幼儿教师素质评价两个方面。

（1）幼儿教师教学评价

对幼儿教师教学的评价包括以下几个方面的内容：

①教育计划和教育活动的目标是否建立在了解本班幼儿现状的基础上。所有的教育计划和教育活动的目标都应该建立在幼儿已有的知识和生活经验上，这要求幼儿教师掌握幼儿的发展现状，把握幼儿发展的关键期和最近发展区，合理地促进幼儿的发展。

同时，在教学实施的过程中，幼儿教师可以根据幼儿的反应调整教学目标与内容，以便更好地促进幼儿发展，无论是以幼儿教师为主的直接教学，还是以幼儿为主的间接教学，都要求幼儿教师了解幼儿的发展现状。

②教育的内容、方式、策略、环境条件是否能调动幼儿学习的积极性。兴趣和爱好是第一任教师，只有符合幼儿的兴趣和爱好才能有效地提高幼儿学习的积极性。因此，要选择既满足教育目标要求又满足幼儿兴趣爱好的内容，最直接的方法就是从幼儿的兴趣中寻找与教育目标相吻合的内容。

③教育过程是否能为幼儿提供有益的学习经验，并符合其发展需要。教育的根本目标是要促进幼儿的发展，除了要满足幼儿的需要和兴趣，也要为幼儿提供有益的学习经验，以促进幼儿更好的发展。

④教育内容是否能兼顾群体需要和个体差异，使每个幼儿都能得到发展，都获得成功感。幼儿教师要尊重每个幼儿独特的发展优势和个性特点，为每个幼儿提供全面发展的机会，为每个幼儿提供表现自己长处和获得成功的条件，同时主动、及时地进行反馈，帮助幼儿充分认识自己，增强他们的信心，帮助其获得全面发展。

⑤幼儿教师的指导是否有利于幼儿主动、有效地学习。幼儿教师和幼儿的互动应该是动态的，幼儿教师要紧密跟随幼儿的学习、活动，把握时机，提供适宜的帮助，锻炼幼儿独立解决问题的能力，提高幼儿教师教学和幼儿学习的价值和意义。

（2）幼儿教师素质评价

对幼儿教师的素质评价可从其职业道德、专业知识、教学能力、文化素养、参与和合作能力、自我反省能力等方面进行。

3. 幼儿园教育活动评价

（1）对活动目标的评价

活动目标是由幼儿教师按照一定的教育要求和幼儿本身发展的需要制定的一种对活动结果的期望。对活动目标的评价可以从3个方面进行：

①评价活动目标与教育总目标、年龄阶段目标及单元目标是否有紧密的联系；

②评价活动目标是否包括了认知、情感与态度、操作技能三个方面的要求；

③评价活动目标是否与幼儿的实际情况相适应。

（2）对活动内容的评价

对活动内容的评价是指对活动内容的选择和设计两个方面的评价。

①要评价教育活动内容的选择是否与幼儿教育目标相一致，是否与幼儿教育所涉及的范围、领域相一致，是否与幼儿的能力水平相一致。

②评价活动内容的选择还要考虑所选择的审美性和艺术性。

另外，还要评价活动的设计和组织；评价在一个具体的教育活动中各部分内容间的比例关系是否合理；评价活动内容与形式是否相适应；评价活动内容的组织安排是否突出重点、难点；评价活动内容各个部分之间的过渡衔接是否流畅。

（3）对活动方法的评价

活动方法是实现活动目标的手段和途径。它既包括幼儿教师主动地引导和教学的方法，也包括幼儿主动地探索和操作的方法。对活动方法的评价，主要体现在：

①评价活动方法的选择和运用是否与活动的目标和内容相呼应；

②评价活动方法的选择和运用是否顾及幼儿的年龄特点与水平；

③评价活动方法是否强调并体现幼儿的自主性和主体性；

④评价活动方法是否注意到与活动环境和有关设备相联系。

（4）对教育活动过程的评价

活动过程是一个综合而复杂的过程，因而，对活动过程的评价也是一个动态的评价过程，它涉及幼儿教师、幼儿及其他方面。一般来说，对活动过程的评价包括：评价幼儿教师的行为；评价活动中师幼互动情况；评价活动的组织形式；评价活动的结构安排。

（5）对活动环境和材料的评价

活动的环境和材料与目标、内容有着必然的联系，因而，在幼儿园教育活动的内容中也包含着对活动环境和材料的评价。这一评价主要包括4个方面：

①是否与该活动内容相适应；

②是否能适合幼儿的实际需要和能力；

③是否适合于教育活动的展开；

④是否充分地发挥了环境和材料的作用。

（6）对活动效果的评价

活动效果的评价主要是指从幼儿方面反映出来的教育结果。它包括3个方面的评价：

①评价幼儿在活动过程中参与和学习的态度，例如，注意力是否集中，表现是否主动积极；

②评价幼儿在活动过程中的情绪情感的反应，例如，精神是否饱满，情绪是否愉快和轻松；

③评价幼儿的活动预期目标是否都达成。

(二) 幼儿园教育评价的方法

1. 幼儿发展评价的方法

只有贯彻了解幼儿的多元智能，发展幼儿智能成果，才能全面客观评价幼儿，验证幼儿教育整体观念的教学成果。

(1) 观察法

观察法是指有目的、有计划地对评价对象进行系统和连续的考察、记录、分析，并对观测结果做出评定的一种方法。由于观察是在日常生活的自然状态下进行的，可以保证获得真实、具体的信息。观察法的应用范围很广泛，主要包含自然观察法和情境观察法。

①自然观察法。自然观察法是指在日常生活的自然状态下，有目的、有计划地对幼儿的行为进行直接的观察、记录，从而获得幼儿发展信息的方法。3~6岁的幼儿语言表达能力很有限，难以用语言表达更多的信息，其发展变化常常表现在自己外显的动作行为之中。因此，通过幼儿教师的自然观察得到的评价信息，不仅真实而且十分丰富。

自然观察法的主要特点是，不对幼儿的行为进行人为干预与控制，幼儿教师与幼儿都处于自然状态下，这样才能观察到幼儿在日常生活中最真实的表现。例如，在活动区游戏中，通过观察幼儿与其他幼儿的交往情况，可收集到反映幼儿交往能力的大量信息，特别在幼儿情感、社会性交往发展评价中很适用。

运用自然观察法时应注意以下问题：

a. 要明确观察目的，选择与目的有关的行为和重要事实进行观察记录。

b. 创造自然的观察环境和气氛。幼儿教师应避免幼儿注意或发现自己的观察意图，避免幼儿出现紧张非自然的行为，保证观察结果的真实自然。

c. 要做好观察记录，精确地记下反映幼儿行为的事实及发生的条件、环境，以便对幼儿的发展做出正确的判断。

d. 要对幼儿的行为多次观察，这样的观察结果才具有可靠性。

②情境观察法。情境观察法，即在教育的实际情境下，将幼儿置于与现实生活场景类似的情境下，由幼儿教师观察在特定环境下幼儿的行为。例如，在幼儿园举行的"合格小公民"比赛中，幼儿教师事先把活动室的图书、桌椅、玩具等乱摆乱放，然后在这种情境下让幼儿进入活动室，看看幼儿的行为反应，可以考察一下幼儿的行为习惯，看幼儿会不会自觉收拾整理物品。

情境观察法的优点：一是可以在一次活动中集中获得大量信息；二是可以改变某些条件，保证观察的效果，又可保持情境的真实自然，易于观察幼儿的自然表现；三是方法比较简便，完全可以和幼儿园各种教育活动结合起来使用。

运用情境观察法收集评价信息应注意以下问题：

a. 要围绕观察目的设计情境，所创设的情境要能引发幼儿表现出评价者观察的行为。

b. 设计的观察情境应尽量与幼儿的日常生活情境相似，应是幼儿较感兴趣的活动，能够使幼儿积极参与并产生真实感。

c. 情境观察应与日常观察相结合。幼儿在某一特定情境中的行为，不一定代表在日常生活中所有的情况。所以不能以一次情境观察得到的信息为依据对幼儿进行评价，经过多次情境观察与日常生活观察相结合，才能使幼儿教师对幼儿的评价有比较充分的事实依据。

【资料卡】

写观察记录更能促进成长

在幼儿教育实践中做观察记录，能够拉近我们和孩子的距离，帮助我们仔细地观察孩子的行为，认真解读孩子的语言，使我们真正地关注孩子的发展，不断提升自己的专业素养。通过观察记录，我们感受到自己观察的视角在逐渐地转变，教育理念在不断地提升。通过观察记录，我们感受到只有走近孩子，从孩子的立场思考问题，才能公正、客观地了解每一个孩子，满怀爱心地欣赏每一个具有不同个性和能力的孩子，从而让我们的教育更好地贴近孩子，有效地推动每一个孩子的发展。

例如，观察记录《我会自己收拾》写道：活动结束了，孩子们忙着收拾材料。这时，出现了吵吵闹闹的声音。原来政政刚做完"几何体阶梯"的工作，还没收拾好，旁边的几个小朋友就七手八脚地上去帮忙，还催他："政政，快点呀，都吃水果了！"政政急了，他夺下被拿走的几何体，红着脸说："我会摆，不要你们弄！"我过去一看，五组几何体中还有两组没有摆回盒子，政政先把他们无序地一个个排成一排，忙活了好一会儿终于按高矮排成了一排，然后再一一放回盒子。放好了棕色的三棱柱，又开始放绿色的六棱柱。一开始，他还是像以前一样无序地忙活，这时旁边的凯轩说："你先放做高的！"政政这次没有拒绝凯轩的建议，先把最高的一个放回盒子，想了想又放回了剩下四个中最高的一个，这样他一下子明白了，依次放回了其余三块，很快地收拾好了材料。

通过观察分析，老师知道政政是个很认真、很有主见的孩子，凡事喜欢自己动手，不愿意别人插手。由于年龄较小，在整理玩具的过程中因为着急和经验不足，他的思维显得比较混乱。但小家伙还是锲而不舍地要把事情做好，虽然尝试了好多次但并不气馁，直到放对为止，这种精神值得肯定。

在记录中我们也感受到，观察记录幼儿的活动过程只是了解幼儿的开端，解读幼儿、反思教学、关注幼儿发展才是目的。而我们也会在这个过程中积累经验，不断促进自己的专业成长。观察记录让我们养成了反思总结的习惯，为以后的教育教学工作积累了经验。

（资料来源：《中国教育报》2013年11月24日第3版）

（2）谈话法

谈话法，又称访谈法，是通过与幼儿面对面地交谈收集评价信息的方法。谈话法可以弥补观察法的不足，能较快地了解幼儿发展中某些难以用行为表现出来的认识方面的问题，丰富已有资料。面对面的谈话有助于幼儿教师深入地了解幼儿。谈话法常用于收集有关幼儿动机、态度、自我认识等方面的信息。例如，幼儿教师问："你喜欢和班上的小朋友一起玩吗？为什么？"通过谈话，幼儿教师可以了解到幼儿是否对人际交往有积极的态度。在幼儿园教育评价中，针对幼儿进行谈话的方式有以下几种形式：

①直接问答的谈话。谈话者提问，幼儿回答，采用一问一答的形式。这类谈话一般针对低年龄幼儿，问题简单、明了、客观。例如，谈话问幼儿，你叫什么名字？你今年几岁了？

你家里有几口人?

②选择答案的谈话。谈话者列举问题的多种选项,让幼儿进行选择。例如在赤、橙、黄、绿、青、蓝、紫等颜色中,让3~4岁幼儿选择最喜欢的两种,这可以考察幼儿对颜色的辨识能力和其颜色视觉的发展能力。

③自由回答的谈话。谈话者围绕一个或几个问题进行提问,直到了解问题为止。例如,你最喜欢班上的哪个老师?你为什么喜欢这个老师?别的小朋友喜欢哪个老师?他们为什么喜欢这个老师?

④自然谈话。谈话没有具体顺序和问答形式,无固定问题限制,主要是以聊天的方式进行。

使用谈话法搜集信息评价时应注意:要有明确的目的,围绕一定的主题进行;应选择适当的时间和地点;在自然状态下进行,对谈话对象不能暗示和启发,不能有偏见,记录要客观;应选择适合谈话对象的语言。

(3) 问卷调查法

问卷调查法是由评价者根据评价目的,向家长发放问卷调查表,广泛收集幼儿发展信息的一种方法。幼儿的行为在不同条件下往往会有不同的表现,为了全面地了解幼儿的发展情况,还必须向家长了解幼儿在家庭环境中的行为表现。使用问卷调查法时,要做好家长工作,对家长多做宣传与解释。另外,要掌握问卷设计的技能,编制出易于家长理解接受的调查表,这样,问卷调查才能收到实效。

问卷调查法的一般过程:

①设计前的探索;

②设计问卷结构、问题的理论结构和逻辑结构;

③设计问卷初稿;

④试用和修改问卷;

⑤发放和回收问卷。

(4) 档案袋评定法

档案袋评定法又称成长记录袋评价法,是指幼儿教师和家长收集幼儿在学习过程中具有代表性的作品和典型性的表现记录,以幼儿的现实表现作为判断幼儿学习质量依据的评价方法。这种评估活动从多种渠道收集资料,旨在提供有关幼儿实际水平的各种材料,重视幼儿发展的过程,从多角度、多侧面地了解幼儿的发展状况。

通常档案袋覆盖的内容可包括:幼儿在幼儿园和家中的各种作品(如绘画、泥塑、折纸等);幼儿在各种活动中的照片或录像;语言和音乐表现的录音;幼儿教师和家长对幼儿活动的观察记录;幼儿自己通过语言录音、图画或文字的方式表达的自我反思、探究设想和活动过程等。

【案例】

档案袋里装什么
——一则反思日记

今天是"牙齿"主题活动的第三个活动,老师决定让幼儿学习刷牙操。活动的目的是帮助幼儿看懂图示,掌握正确的刷牙方法和步骤,并能跟着音乐一起做"刷牙操"。在活动过程中,小朋友们遇到一个问题,因为他们的识字量有限,只认识"上、下、左、右、牙"

等几个字,看不懂图片上面复杂的文字解释,因此就不知道每张图片究竟是什么意思。怎么办呢?老师组织小朋友一起讨论,最后文文小朋友想出了一个办法,得到全体小朋友的认同,就是在每张图片上面标上箭头,根据箭头指示的方向学习刷牙。他们再一次尝试,还真是个好办法。为了鼓励文文,老师觉得把这个伟大发现"载入史册"。可是,整个过程都没有"有形"的作品产生,也没有录音和录像,怎么办呢?老师重新查找了档案袋评价的一些资料,终于发现了一个好办法——可以把这次活动的过程用文字写下来,配上那张画有箭头的图片,一起放到文文的档案袋里。真是一个好办法!而且,老师还为这种刷牙方法起了一个好听的名字——文文刷牙法。

分析:在这个反思案例中,教师思考了在档案袋评价中作品收集的问题,并开始尝试一种自己从未使用过的方法进行作品收集,并做到了图文并茂的呈现,能再现活动情景,是非常有价值、有说服力的材料。

幼儿"成长记录袋"成为幼儿浓缩的时空,为幼儿教师在更长尺度上把握幼儿发展质量提供了全面而丰富的动态信息。通过定期或不定期地收集幼儿成长发展的各种资料,可以使幼儿教师掌握幼儿发展的状况,评价幼儿的发展水平。在创建和收集幼儿"档案"的过程中,幼儿教师也通过评价更全面地了解到幼儿的个体特征、思维特点、所取得的成就、能力以及弱点,为教育策略的调整和制定提供了良好的支持。

下面为某幼儿园幼儿个体档案的主要内容:

a. 将幼儿在幼儿园的各种活动和各领域的发展状况全面呈现,主要以照片附文字的形式,反映活动中的情境,包括在一日生活活动中幼儿的表现、在家中的表现等。

b. 表现幼儿具有个性发展的内容,不同年龄有不同的小栏目,例如,小班的"我的第一次",中、大班的"我最骄傲的"和"我需要努力的"等,以幼儿的照片、作品等形式反映。

c. 搜集反映幼儿某项技能活动的过程资料,记录幼儿教师的分析。

d. 根据课程实施的内容,对幼儿进行月度或学期的综合评价,对幼儿某个阶段的发展作分析,在分析的基础上,了解课程实施的效果及幼儿发展的现状与问题,如表13-6所示。

表13-6 ××幼儿园小班下学期综合评价(健康部分)

项目	内容	评价标准	发展情况			
			★	★★	★★★	★★★★
健康	盥洗	餐前便后指导洗手				
	进餐	正确使用小勺,独立进餐				
	午睡	能安静入睡,姿势正确				
	自我保护	不将异物塞入自己或他人的耳、鼻、口内				
	自我服务	会使用自己的毛巾擦手、擦嘴				
	动作发展	在各种活动中身体灵活、动作敏捷				
	协调性	在活动中身体各部分的动作协调				

（5）测验法

测验法主要是指对幼儿身体、认知、语言、社会性发展等方面的测量，它是幼儿园教育评价的一种重要工具。测验法分为以下两种：

①标准测验法。是指专门组织人力、物力，由教育专家制定的测验，例如，比纳智力量表。这种标准测验法具有一定的科学性和合理性，但是操作起来也较为复杂。针对较小的幼儿来说，这种测验法具有一定的难度，因为较小幼儿的认知能力和理解能力都处于发展中，幼儿需要借助他人的帮助才能完成。

②幼儿教师自制测验法。在幼儿园教育评价中，幼儿教师为了解本班幼儿在某些方面的发展情况，自制测验题目，对幼儿进行测验。例如，幼儿教师为了解幼儿观察力的发展水平，自制一个测验——带幼儿参观理发店，然后引导幼儿描述观察到的事物，根据幼儿的回答对其观察力做出评价。

a. 出示理发店图片，问幼儿："这是什么地方？""为什么来这里？"以此来考察幼儿观察的概括性。

b. "人们去理发店干什么？"根据幼儿回答问题项目的多少，评论幼儿观察的精确性、细致性和顺序性。.

c. 理发店内的叔叔、阿姨穿什么颜色的衣服？

d. 理发店内的顾客会和理发师之间产生什么类型的对话？

这种方法具有方便性和直观性，便于幼儿教师直观地掌握幼儿在某方面的发展情况。

2. 幼儿教师发展评价的方法

幼儿园教育工作实行以幼儿教师自评为主，园长和有关领导、其他幼儿教师和家长参与评价的制度。因此，对幼儿教师发展进行评价可采用以下几种方法：

（1）幼儿教师自我评价

自我评价法是依据一定的评价原则和标准，主动对自己的思想和行为做出评价的方法。幼儿教师自我评价是幼儿教师教学评价的主要形式。自我评价方法可以帮助幼儿教师提升自我意识，促进幼儿教师的发展，提高幼儿教师的积极性。

（2）幼儿对幼儿教师的评价

幼儿经常和幼儿教师生活在一起，所以对幼儿教师的教学情况和幼儿教师的素质都非常了解。幼儿评价幼儿教师的形式可以采用个别谈话、座谈会等。

（3）幼儿教师互评

幼儿教师之间互相评课，可以起到互相了解、互相交流，取他人之长、补己之短的作用。幼儿教师之间互评，可以以教学研究组结合听课等方式来进行。

（4）领导评价

教育督导部门的专家和教育行政部门的领导、园长、教学主任等都需要掌握幼儿教师的教学情况，收集教学信息，以便有计划地帮助幼儿教师提高教学水平和掌握情况。

（5）家长评价

家长评价也是对幼儿教师发展评价的一种手段。通过家长问卷、家长座谈等形式了解幼儿教师的情况，这也是幼儿园经常运用的一种方法。

思政之窗

习近平总书记曾这样描述自己心中的好老师："当老师，就要心无旁骛，甘守三尺讲台，'春蚕到死丝方尽，蜡炬成灰泪始干'。""教师不能只做传授书本知识的教书匠，要成为塑造学生品格、品行、品味的大先生。"对教师习近平总书记满含敬重之情，更怀有殷殷期望和希冀。

陶行知先生说过："捧着一颗心来，不带半根草去。"作为教师，不仅要在思想上严格要求自己，还要在教学上刻苦钻研，在行动上提高工作责任心，用一片赤诚之心培育人，用高尚的人格魅力影响人，用崇高的师德塑造人。所以在面对幼儿时，我们首先，要热爱幼儿，对所有的幼儿一视同仁，不能偏爱一部分幼儿，对幼儿的行为进行客观评价，公正对待。每一位幼儿都是可爱的，教师对幼儿要有信心，有热情，相信幼儿们可以学会、学好。其次，学高为师，身正为范，教师要时刻树立自身的师范性和示范性，用自己的人格魅力感染幼儿，让幼儿时刻生活在一个健康、舒适的环境中，促进他们健康成长。最后，教师要多善于鼓励幼儿，培养他们自我评价和自我总结的能力，并时刻发现他们的进步，树立他们的自信心，注重促进他们的身心健康发展。今天的幼儿就是未来实现中华民族伟大复兴的主力军，广大教师就是打造这支民族"梦之队"的筑梦人。

巩固练习

一、选择题

1. 托幼机构教育质量评价的中心内容是（ ）。
   A. 人员条件 B. 物质条件
   C. 园所管理 D. 以教师行为为核心的班级教育活动

2. 以下关于幼儿园教育评价的基本理念的叙述，错误的一项是（ ）。
   A. 评价内容多元化
   B. 评价的目标应是促进幼儿发展
   C. 应使评价经常化
   D. 以量化评价为主，适度结合质性评价

3. 幼儿园教育评价根据评价参照体系的不同可以分为（ ）。
   A. 诊断性评价、形成性评价、总结性评价
   B. 相对评价、绝对评价、个体内差异评价
   C. 自我评价、他人评价
   D. 定性评价、定量评价

4. 幼儿园教育工作评价实行以（ ）为主的制度。
   A. 其他幼儿教师评价 B. 园长评价
   C. 家长评价 D. 幼儿教师自评

5. 以学前教育的全部问题为对象的教育评价属于（ ）。
   A. 宏观评价 B. 中观评价
   C. 微观评价 D. 总结评价

6. 某幼儿园在保教活动中使用了自己开发的新教材，为了及时发现问题、进一步完善教材，幼儿园每隔一段时间就会对教师使用情况和幼儿发展情况进行评价。这种评价方法属于（　　）。

  A. 诊断性评价　　　　　　　　　　　　B. 形成性评价
  C. 相对性评价　　　　　　　　　　　　D. 绝对性评价

7. 在完成某个阶段教育活动之后，对教学成果进行的价值判断叫作（　　）。

  A. 绝对性评价　　　　　　　　　　　　B. 诊断性评价
  C. 相对性评价　　　　　　　　　　　　D. 总结性评价

8. 在幼儿刚入园时幼儿教师会对幼儿的发展水平进行摸底测试和测验，以便了解幼儿发展的特点，发现不同特征，因材施教，这种评价类型属于（　　）。

  A. 总结性评价　　　　　　　　　　　　B. 诊断性评价
  C. 形成性评价　　　　　　　　　　　　D. 结果性评价

9. 幼儿园在评示范性幼儿园前，对照评价标准进行自评的方法叫作（　　）。

  A. 自我评价　　　　　　　　　　　　　B. 他人评价
  C. 个体内差异评价　　　　　　　　　　D. 总结性评价

10. 幼儿教师将幼儿在语言、动作方面的表现做前后比较，发现该幼儿有很大的进步。这种评价方法属于（　　）。

  A. 个体内差异评价　　　　　　　　　　B. 自我评价
  C. 他人评价　　　　　　　　　　　　　D. 总结性评价

11. 幼儿教师用奖励大红花的方式激励幼儿，体现了评价的（　　）。

  A. 鉴定功能　　　　　　　　　　　　　B. 诊断功能
  C. 育人功能　　　　　　　　　　　　　D. 导向功能

12. 幼儿发展评价的方法不包括（　　）。

  A. 作品分析法　　　　　　　　　　　　B. 谈话法
  C. 问卷调查法　　　　　　　　　　　　D. 家长评价

13. 幼儿园教育评价最基本的方法是（　　）。

  A. 观察法　　　　B. 谈话法　　　　C. 调查法　　　　D. 测验法

14. 在运用谈话法进行教育评价的过程中，下列做法错误的是（　　）。

  A. 通过面对面交流，能加深对评价对象的了解
  B. 创造友好的气氛，与谈话对象谈得越投机越好
  C. 评价者可采用录音或者文字的方式保存谈话资料
  D. 谈话法费时费力，评价时可以结合其他方法进行

15. 幼儿园教育评价是否科学、恰当，主要取决于（　　）。

  A. 幼儿教师是否重视　　　　　　　　　B. 学生是否积极配合
  C. 幼儿园领导是否大力支持　　　　　　D. 评价方案是否科学

16. 幼儿园以"成长档案记录袋"的形式记录幼儿成长、评价幼儿的现有水平，这体现了幼儿园教育评价的（　　）原则。

  A. 全面性　　　　B. 客观性　　　　C. 个别化　　　　D. 情境性

二、简答题

1. 简述幼儿园教育评价的功能。

2. 幼儿园教育评价按评价范围可分为哪几种？
3. 幼儿园教育评价按评价基准可分为哪几种？
4. 幼儿园教育评价按评价功能可分为哪几种？
5. 简述幼儿园教育评价的主要内容。
6. 简述幼儿发展评价的方法。

三、材料分析题

阅读下列材料，回答问题。

在一节以"冬天"为主题的美术活动结束后，王老师像往常一样在最后环节评价每位小朋友上交的作品。王老师拿出李艺璇的作品，一个劲儿地表扬她画得好看，但是在看到于彬彬的画一点儿也不像冬天的雪景后，就将两幅画拿到一起作对比："你们看，彬彬的画就没有璇璇的好……"接下来有好几个小朋友都画得不好，王老师就拿画得好的小朋友的作品与之比较。

第二天，有的家长送孩子到幼儿园时，跟王老师反映孩子回家后心情很不好。

问题：通过上述案例中王老师的做法分析，评价幼儿作品时应注意什么？

【拓展资源】

《幼儿园教育指导纲要（试行）》
第四部分：教育评价

参考文献

[1] 李生兰. 学前教育学 [M]. 上海：华东师范大学出版社，2014.

[2] 姚伟. 当代外国学前教育学 [M]. 长春：东北师范大学出版社，2013.

[3] 福禄贝尔. 人的教育 [M]. 北京：人民教育出版社，1991.

[4] 陈秀云，陈一飞. 陈鹤琴文集. [M]. 南京：江苏教育出版社，2007.

[5] 田景正. 中外学前教育史 [M]. 北京：北京师范大学出版社，2014.

[6] 唐淑，钟昭华. 中国学前教育史 [M]. 北京：人民教育出版社，2000.

[7] 姜勇. 国外学前教育学基本文献讲读 [M]. 北京：北京大学出版社，2013.

[8] 桑标. 儿童发展心理学 [M]. 北京：高等教育出版社，2019.

[9] 陈琦. 教育心理学 [M]. 北京：高等教育出版社，2001.

[10] 虞永平. 学前教育学 [M]. 北京：高等教育出版社，2012.

[11] 刘晓东. 学前教育学 [M]. 南京：江苏凤凰教育出版社，2009.

[12] 朱家雄. 幼儿园课程 [M]. 2版. 上海：华东师范大学出版社，2011.

[13] 简楚瑛. 学前教育课程模式. [M]. 上海：华东师范大学出版社，2005.

[14] 王春燕. 幼儿园课程概论 [M]. 北京：高等教育出版社，2007.

[15] 王平，万超. 学前教育学 [M]. 长春：东北师范大学出版社，2017.

[16] 杭梅. 学前教育学 [M]. 北京：高等教育出版社，2014.

[17] 蔡迎旗. 学前教育概论 [M]. 武汉：华中师范大学出版社，2016.

[18] 莎曼，等. 观察儿童：实践操作指南 [M]. 单敏月，王晓平，译. 3版. 上海：华东师范大学出版社，2008.

[19] 张金陵. 幼儿园班级管理 [M]. 上海：华东师范大学出版社，2015.

[20] 李季湄，冯晓霞. 《3-6岁儿童学习与发展指南》解读 [M]. 北京：人民教育出版社，2013.

[21] 劳拉·E. 贝克. 儿童发展 [M]. 吴颖，等译. 5版. 南京：江苏教育出版社，2002.

[22] 虞永平. 回到过程之中——幼儿园课程建设的路向 [J]. 学前课程研究，2007（2）：6-9.

[23] 陈鹤琴. 活教育 [M]. 南京：南京师范大学出版社，2012.

[24] 姚伟. 学前教育学 [M]. 长春：东北师范大学出版社，2012.

[25] 朱智贤. 儿童心理学 [M]. 北京：人民教育出版社，2005.

[26] 刘晓东，卢乐珍. 学前教育学 [M]. 南京：江苏教育出版社，2004.

[27] 虞永平. 学前课程的多视角透视 [M]. 南京：江苏教育出版社，2006.

[28] 郭元祥. 生活与教育——回归生活世界的基础教育论纲 [M]. 武汉：华中师范大学出版社，2002.

[29] 雅思贝尔斯. 什么是教育 [M]. 上海：三联出版社，1991.

[30] 杜静. 教育会诊——一种高效的园本培训模式 [J]. 学前教育研究，2005（7）：

84-85.

[31] 郑三元. 论幼儿园课程本质［J］. 学前教育研究，2005（3）：5-8.

[32] 石中英. 教育哲学［M］. 北京：北京师范大学出版社，2007.

[33] 金生弘. "规训化"教育与儿童的权利［J］. 教育研究与实验，2002（4）：10-15.

[34] 桑志坚. 作为一种规训策略的学校时间［J］. 湖南师范大学教育科学学报，2015（5）：31-35.

[35] 左瑞勇，杨晓萍. 在文化哲学视域下重新审视幼儿园课程内容的选择［J］. 学前教育研究，2010（9）：31-35.

[36] 朱宗顺. 学前教育原理［M］. 北京：中央广播电视大学出版社，2011.

[37] 黄人颂. 学前教育学［M］. 北京：人民教育出版社，2015.

[38] 岳亚平. 不同专业发展阶段幼儿教师知识结构的特征比较［J］. 学前教育研究，2011（9）：43-46.

[39] 彭兵. 成就专业的幼儿教师——幼儿教师专业发展阶段研究［M］. 北京：北京师范大学出版社，2012.

[40] 王春燕. 张雪门幼稚园行为课程及其现代意义［J］. 华东师范大学学报（教育科学版），2008（12）：73-78.

[41] 李蓉. 实践"五指活动"贯彻新《纲要》精神［J］. 学前教育研究，2006（3）：33-35.

[42] 顾克. 幼儿园利用社区教育资源组织教育活动之思考［J］. 学前教育研究，2004（7）：75-77.

[43] 杨慧，王芳. 整合教育资源，创新幼儿园、家庭、社区三结合教育［J］. 天津教育，2017（10）：41-42.

[44] 朱家雄. 对幼儿园教师培训问题的再思考［J］. 幼儿教育（教育教学），2012（4）：4-5.

[45] 刘占兰，廖贻. 促进幼儿教师专业成长的理论和实践策略［M］. 北京：教育科学出版社，2006.

[46] 刘占兰. 改善幼儿园在职教师培训方式与过程的研究［J］. 幼儿教育（教育科学），2006（1）：29-33.

[47] 霍习霞. 学前教育概论［M］. 武汉：华中师范大学出版社，2014.

[48] 张兰香，华希颖. 学前教育学［M］. 3版. 北京：高等教育出版社，2019.

[49] 施玉洁，吕姝. 幼儿教育学［M］. 北京：北京理工大学出版社，2018.

[50] 中华人民共和国教育部. 教育部关于印发《幼儿园教育指导纲要（试行）》的通知［EB/OL］.［2001-07-02］. http：//www.moe.gov.cn/srcsite/A06/s3327/200107/t20010702_81984.html.

附 录

《幼儿园教育指导纲要(试行)》

第一部分 总则

一、为贯彻《中华人民共和国教育法》《幼儿园管理条例》和《幼儿园工作规程》,指导幼儿园深入实施素质教育,特制定本纲要。

二、幼儿园教育是基础教育的重要组成部分,是我国学校教育和终身教育的奠基阶段。城乡各类幼儿园都应从实际出发,因地制宜地实施素质教育,为幼儿一生的发展打好基础。

三、幼儿园应与家庭、社区密切合作,与小学相互衔接,综合利用各种教育资源,共同为幼儿的发展创造良好的条件。

四、幼儿园应为幼儿提供健康、丰富的生活和活动环境,满足他们多方面发展的需要,使他们在快乐的童年生活中获得有益于身心发展的经验。

五、幼儿园教育应尊重幼儿的人格和权利,尊重幼儿身心发展的规律和学习特点,以游戏为基本活动,保教并重,关注个别差异,促进每个幼儿富有个性的发展。

第二部分 教育内容与要求

幼儿园的教育内容是全面的、启蒙性的,可以相对划分为健康、语言、社会、科学、艺术等五个领域,也可作其它不同的划分。各领域的内容相互渗透,从不同的角度促进幼儿情感、态度、能力、知识、技能等方面的发展。

一、健康

(一) 目标

1. 身体健康,在集体生活中情绪安定、愉快;
2. 生活、卫生习惯良好,有基本的生活自理能力;
3. 知道必要的安全保健常识,学习保护自己;
4. 喜欢参加体育活动,动作协调、灵活。

(二) 内容与要求

1. 建立良好的师生、同伴关系,让幼儿在集体生活中感到温暖,心情愉快,形成安全感、信赖感。
2. 与家长配合,根据幼儿的需要建立科学的生活常规。培养幼儿良好的饮食、睡眠、盥洗、排泄等生活习惯和生活自理能力。
3. 教育幼儿爱清洁、讲卫生,注意保持个人和生活场所的整洁和卫生。
4. 密切结合幼儿的生活进行安全、营养和保健教育,提高幼儿的自我保护意识和能力。
5. 开展丰富多彩的户外游戏和体育活动,培养幼儿参加体育活动的兴趣和习惯,增强体质,提高对环境的适应能力。
6. 用幼儿感兴趣的方式发展基本动作,提高动作的协调性、灵活性。
7. 在体育活动中,培养幼儿坚强、勇敢、不怕困难的意志品质和主动、乐观、合作的态度。

（三）指导要点

1. 幼儿园必须把保护幼儿的生命和促进幼儿的健康放在工作的首位。树立正确的健康观念，在重视幼儿身体健康的同时，要高度重视幼儿的心理健康。

2. 既要高度重视和满足幼儿受保护、受照顾的需要，又要尊重和满足他们不断增长的独立要求，避免过度保护和包办代替，鼓励并指导幼儿自理、自立的尝试。

3. 健康领域的活动要充分尊重幼儿生长发育的规律，严禁以任何名义进行有损幼儿健康的比赛、表演或训练等。

4. 培养幼儿对体育活动的兴趣是幼儿园体育的重要目标，要根据幼儿的特点组织生动有趣、形式多样的体育活动，吸引幼儿主动参与。

二、语言

（一）目标

1. 乐意与人交谈，讲话礼貌；

2. 注意倾听对方讲话，能理解日常用语；

3. 能清楚地说出自己想说的事；

4. 喜欢听故事、看图书；

5. 能听懂和会说普通话。

（二）内容与要求

1. 创造一个自由、宽松的语言交往环境，支持、鼓励、吸引幼儿与教师、同伴或其他人交谈，体验语言交流的乐趣，学习使用适当的、礼貌的语言交往。

2. 养成幼儿注意倾听的习惯，发展语言理解能力。

3. 鼓励幼儿大胆、清楚地表达自己的想法和感受，尝试说明、描述简单的事物或过程，发展语言表达能力和思维能力。

4. 引导幼儿接触优秀的儿童文学作品，使之感受语言的丰富和优美，并通过多种活动帮助幼儿加深对作品的体验和理解。

5. 培养幼儿对生活中常见的简单标记和文字符号的兴趣。

6. 利用图书、绘画和其他多种方式，引发幼儿对书籍、阅读和书写的兴趣，培养前阅读和前书写技能。

7. 提供普通话的语言环境，帮助幼儿熟悉、听懂并学说普通话。少数民族地区还应帮助幼儿学习本民族语言。

（三）指导要点

1. 语言能力是在运用的过程中发展起来的，发展幼儿语言的关键是创设一个能使他们想说、敢说、喜欢说、有机会说并能得到积极应答的环境。

2. 幼儿语言的发展与其情感、经验、思维、社会交往能力等其它方面的发展密切相关，因此，发展幼儿语言的重要途径是通过互相渗透的各领域的教育，在丰富多彩的活动中去扩展幼儿的经验，提供促进语言发展的条件。

3. 幼儿的语言学习具有个别化的特点，教师与幼儿的个别交流、幼儿之间的自由交谈等，对幼儿语言发展具有特殊意义。

4. 对有语言障碍的儿童要给予特别关注，要与家长和有关方面密切配合，积极地帮助他们提高语言能力。

三、社会

(一) 目标

1. 能主动地参与各项活动,有自信心;

2. 乐意与人交往,学习互助、合作和分享,有同情心;

3. 理解并遵守日常生活中基本的社会行为规则;

4. 能努力做好力所能及的事,不怕困难,有初步的责任感;

5. 爱父母长辈、老师和同伴,爱集体、爱家乡、爱祖国。

(二) 内容与要求

1. 引导幼儿参加各种集体活动,体验与教师、同伴等共同生活的乐趣,帮助他们正确认识自己和他人,养成对他人、社会亲近、合作的态度,学习初步的人际交往技能。

2. 为每个幼儿提供表现自己长处和获得成功的机会,增强其自尊心和自信心。

3. 提供自由活动的机会,支持幼儿自主地选择、计划活动,鼓励他们通过多方面的努力解决问题,不轻易放弃克服困难的尝试。

4. 在共同的生活和活动中,以多种方式引导幼儿认识、体验并理解基本的社会行为规则,学习自律和尊重他人。

5. 教育幼儿爱护玩具和其他物品,爱护公物和公共环境。

6. 与家庭、社区合作,引导幼儿了解自己的亲人以及与自己生活有关的各行各业人们的劳动,培养其对劳动者的热爱和对劳动成果的尊重。

7. 充分利用社会资源,引导幼儿实际感受祖国文化的丰富与优秀,感受家乡的变化和发展,激发幼儿爱家乡、爱祖国的情感。

8. 适当向幼儿介绍我国各民族和世界其他国家、民族的文化,使其感知人类文化的多样性和差异性,培养理解、尊重、平等的态度。

(三) 指导要点

1. 社会领域的教育具有潜移默化的特点。幼儿社会态度和社会情感的培养尤应渗透在多种活动和一日生活的各个环节之中,要创设一个能使幼儿感受到接纳、关爱和支持的良好环境,避免单一呆板的言语说教。

2. 幼儿与成人、同伴之间的共同生活、交往、探索、游戏等,是其社会学习的重要途径。应为幼儿提供人际间相互交往和共同活动的机会和条件,并加以指导。

3. 社会学习是一个漫长的积累过程,需要幼儿园、家庭和社会密切合作,协调一致,共同促进幼儿良好社会性品质的形成。

四、科学

(一) 目标

1. 对周围的事物、现象感兴趣,有好奇心和求知欲;

2. 能运用各种感官,动手动脑,探究问题;

3. 能用适当的方式表达、交流探索的过程和结果;

4. 能从生活和游戏中感受事物的数量关系并体验到数学的重要和有趣;

5. 爱护动植物,关心周围环境,亲近大自然,珍惜自然资源,有初步的环保意识。

（二）内容与要求

1. 引导幼儿对身边常见事物和现象的特点、变化规律产生兴趣和探究的欲望。

2. 为幼儿的探究活动创造宽松的环境，让每个幼儿都有机会参与尝试，支持、鼓励他们大胆提出问题，发表不同意见，学会尊重别人的观点和经验。

3. 提供丰富的可操作的材料，为每个幼儿都能运用多种感官、多种方式进行探索提供活动的条件。

4. 通过引导幼儿积极参加小组讨论、探索等方式，培养幼儿合作学习的意识和能力，学习用多种方式表现、交流、分享探索的过程和结果。

5. 引导幼儿对周围环境中的数、量、形、时间和空间等现象产生兴趣，建构初步的数概念，并学习用简单的数学方法解决生活和游戏中某些简单的问题。

6. 从生活或媒体中幼儿熟悉的科技成果入手，引导幼儿感受科学技术对生活的影响，培养他们对科学的兴趣和对科学家的崇敬。

7. 在幼儿生活经验的基础上，帮助幼儿了解自然、环境与人类生活的关系。从身边的小事入手，培养初步的环保意识和行为。

（三）指导要点

1. 幼儿的科学教育是科学启蒙教育，重在激发幼儿的认识兴趣和探究欲望。

2. 要尽量创造条件让幼儿实际参加探究活动，使他们感受科学探究的过程和方法，体验发现的乐趣。

3. 科学教育应密切联系幼儿的实际生活进行，利用身边的事物与现象作为科学探索的对象。

五、艺术

（一）目标

1. 能初步感受并喜爱环境、生活和艺术中的美；

2. 喜欢参加艺术活动，并能大胆地表现自己的情感和体验；

3. 能用自己喜欢的方式进行艺术表现活动。

（二）内容与要求

1. 引导幼儿接触周围环境和生活中美好的人、事、物，丰富他们的感性经验和审美情趣，激发他们表现美、创造美的情趣。

2. 在艺术活动中面向全体幼儿，要针对他们的不同特点和需要，让每个幼儿都得到美的熏陶和培养。对有艺术天赋的幼儿要注意发展他们的艺术潜能。

3. 提供自由表现的机会，鼓励幼儿用不同艺术形式大胆地表达自己的情感、理解和想象，尊重每个幼儿的想法和创造，肯定和接纳他们独特的审美感受和表现方式，分享他们创造的快乐。

4. 在支持、鼓励幼儿积极参加各种艺术活动并大胆表现的同时，帮助他们提高表现的技能和能力。

5. 指导幼儿利用身边的物品或废旧材料制作玩具、手工艺品等来美化自己的生活或开展其他活动。

6. 为幼儿创设展示自己作品的条件，引导幼儿相互交流、相互欣赏、共同提高。

（三）指导要点

1. 艺术是实施美育的主要途径，应充分发挥艺术的情感教育功能，促进幼儿健全人格的形成。要避免仅仅重视表现技能或艺术活动的结果，而忽视幼儿在活动过程中的情感体验和态度的倾向。

2. 幼儿的创作过程和作品是他们表达自己的认识和情感的重要方式，应支持幼儿富有个性和创造性的表达，克服过分强调技能技巧和标准化要求的偏向。

3. 幼儿艺术活动的能力是在大胆表现的过程中逐渐发展起来的，教师的作用应主要在于激发幼儿感受美、表现美的情趣，丰富他们的审美经验，使之体验自由表达和创造的快乐。在此基础上，根据幼儿的发展状况和需要，对表现方式和技能技巧给予适时、适当的指导。

第三部分　组织与实施

一、幼儿园的教育是为所有在园幼儿的健康成长服务的，要为每一个儿童，包括有特殊需要的儿童提供积极的支持和帮助。

二、幼儿园的教育活动，是教师以多种形式有目的、有计划地引导幼儿生动、活泼、主动活动的教育过程。

三、教育活动的组织与实施过程是教师创造性地开展工作的过程。教师要根据本《纲要》，从本地、本园的条件出发，结合本班幼儿的实际情况，制定切实可行的工作计划并灵活地执行。

四、教育活动目标要以《幼儿园工作规程》和本《纲要》所提出的各领域目标为指导，结合本班幼儿的发展水平、经验和需要来确定。

五、教育活动内容的选择应遵照本《纲要》第二部分的有关条款进行，同时体现以下原则：

（一）既适合幼儿的现有水平，又有一定的挑战性。

（二）既符合幼儿的现实需要，又有利于其长远发展。

（三）既贴近幼儿的生活来选择幼儿感兴趣的事物和问题，又有助于拓展幼儿的经验和视野。

六、教育活动内容的组织应充分考虑幼儿的学习特点和认识规律，各领域的内容要有机联系，相互渗透，注重综合性、趣味性、活动性，寓教育于生活、游戏之中。

七、教育活动的组织形式应根据需要合理安排，因时、因地、因内容、因材料灵活地运用。

八、环境是重要的教育资源，应通过环境的创设和利用，有效地促进幼儿的发展。

（一）幼儿园的空间、设施、活动材料和常规要求等应有利于引发、支持幼儿的游戏和各种探索活动，有利于引发、支持幼儿与周围环境之间积极的相互作用。

（二）幼儿同伴群体及幼儿园教师集体是宝贵的教育资源，应充分发挥这一资源的作用。

（三）教师的态度和管理方式应有助于形成安全、温馨的心理环境；言行举止应成为幼儿学习的良好榜样。

（四）家庭是幼儿园重要的合作伙伴。应本着尊重、平等、合作的原则，争取家长的理解、支持和主动参与，并积极支持、帮助家长提高教育能力。

（五）充分利用自然环境和社区的教育资源，扩展幼儿生活和学习的空间。幼儿园同时应为社区的早期教育提供服务。

九、科学、合理地安排和组织一日生活。

（一）时间安排应有相对的稳定性与灵活性，既有利于形成秩序，又能满足幼儿的合理需要，照顾到个体差异。

（二）教师直接指导的活动和间接指导的活动相结合，保证幼儿每天有适当的自主选择和自由活动时间。教师直接指导的集体活动要能保证幼儿的积极参与，避免时间的隐性浪费。

（三）尽量减少不必要的集体行动和过渡环节，减少和消除消极等待现象。

（四）建立良好的常规，避免不必要的管理行为，逐步引导幼儿学习自我管理。

十、教师应成为幼儿学习活动的支持者、合作者、引导者。

（一）以关怀、接纳、尊重的态度与幼儿交往。耐心倾听，努力理解幼儿的想法与感受，支持、鼓励他们大胆探索与表达。

（二）善于发现幼儿感兴趣的事物、游戏和偶发事件中所隐含的教育价值，把握时机，积极引导。

（三）关注幼儿在活动中的表现和反应，敏感地察觉他们的需要，及时以适当的方式应答，形成合作探究式的师生互动。

（四）尊重幼儿在发展水平、能力、经验、学习方式等方面的个体差异，因人施教，努力使每一个幼儿都能获得满足和成功。

（五）关注幼儿的特殊需要，包括各种发展潜能和不同发展障碍，与家庭密切配合，共同促进幼儿健康成长。

十一、幼儿园教育要与0~3岁儿童的保育教育以及小学教育相互衔接。

第四部分　教育评价

一、教育评价是幼儿园教育工作的重要组成部分，是了解教育的适宜性、有效性，调整和改进工作，促进每一个幼儿发展，提高教育质量的必要手段。

二、管理人员、教师、幼儿及其家长均是幼儿园教育评价工作的参与者。评价过程是各方共同参与、相互支持与合作的过程。

三、评价的过程，是教师运用专业知识审视教育实践，发现、分析、研究、解决问题的过程，也是其自我成长的重要途径。

四、幼儿园教育工作评价实行以教师自评为主，园长以及有关管理人员、其他教师和家长等参与评价的制度。

五、评价应自然地伴随着整个教育过程进行。综合采用观察、谈话、作品分析等多种方法。

六、幼儿的行为表现和发展变化具有重要的评价意义，教师应视之为重要的评价信息和改进工作的依据。

七、教育工作评价宜重点考察以下方面：

（一）教育计划和教育活动的目标是否建立在了解本班幼儿现状的基础上。

（二）教育的内容、方式、策略、环境条件是否能调动幼儿学习的积极性。

（三）教育过程是否能为幼儿提供有益的学习经验，并符合其发展需要。

（四）教育内容、要求能否兼顾群体需要和个体差异，使每个幼儿都能得到发展，都有成功感。

（五）教师的指导是否有利于幼儿主动、有效地学习。

八、对幼儿发展状况的评估，要注意：

（一）明确评价的目的是了解幼儿的发展需要，以便提供更加适宜的帮助和指导。

（二）全面了解幼儿的发展状况，防止片面性，尤其要避免只重知识和技能，忽略情感、社会性和实际能力的倾向。

（三）在日常活动与教育教学过程中采用自然的方法进行。平时观察所获的具有典型意义的幼儿行为表现和所积累的各种作品等，是评价的重要依据。

（四）承认和关注幼儿的个体差异，避免用划一的标准评价不同的幼儿，在幼儿面前慎用横向的比较。

（五）以发展的眼光看待幼儿，既要了解现有水平，更要关注其发展的速度、特点和倾向等。